自閉症兒童

社會情緒及語言行為
教學實務手冊（第二版）

鳳華、孫文菊、周婉琪、蔡馨惠　著

目次

圖次

表次

作者簡介

鳳　華

學歷：美國俄亥俄州州立大學碩士、哲學博士
　　　　國立臺灣師範大學教育心理學系畢

證照：行為分析師（博士級）、中等輔導教師

經歷：現任國立彰化師範大學復健諮商研究所教授、行為輔導研究發展中心
　　　　主任、中彰投區身心障礙者職業重建資源中心輔導團委員。曾任國立
　　　　彰化師範大學特殊教育學系副教授、國立彰化師範大學復健諮商研究
　　　　所副教授兼所長、中區身心障礙者職業輔導評量資源中心主任及副主
　　　　任、加州州立大學沙加緬度分校訪問學者、省立臺東農工專任輔導教師

孫文菊

學歷：國立彰化師範大學復健諮商研究所畢業
　　　　美國猶他州州立大學家庭與人類發展系畢

經歷：現任國立彰化師範大學復健諮商研究所行為輔導研究發展中心外聘督
　　　　導。曾任臺中市自閉症協會輔導老師、臺中縣心理衛生服務中心心理
　　　　輔導員、世界展望會兒童暨不幸少女保護中心社工兼社工督導、美國
　　　　猶他州 Logan Family Extensive Office 輔導人員、研習講師（臺中市、
　　　　彰化縣、苗栗縣、重慶師範大學等）

周婉琪

學歷：國立彰化師範大學復健諮商研究所畢業

　　　國立臺中教育大學特殊教育學系畢

證照：國小階段特殊教育教師證、國民小學普通教師證、資優教育教師證

經歷：曾任國立彰化師範大學復健諮商研究所行為輔導研究發展中心行為療育教師。擔任研習講師（臺中市、彰化縣、苗栗縣、重慶師範大學等）、彰化縣藝術治療方案主責教師

蔡馨惠

學歷：美國哥倫比亞大學哲學博士

　　　國立臺灣師範大學教育學系畢

證照：行為分析師（博士級）、美國密西根州心理師執照

經歷：現任加拿大 Western University 助理教授，曾任美國賓州州立大學助理教授、美國休士頓─克立兒湖畔分校兼任助理教授、美國休士頓 The Shape of Behavior 自閉症中心督導、密西根早期療育中心督導、國立彰化師範大學復健諮商研究所行為輔導研究發展中心外聘督導

推薦序

　　得知一本專門針對自閉症學生的社會情緒教育實務工作手冊即將出爐，十分欣喜，相信本書的出版，可提供實務工作者清晰明確的教學方向與圭臬。

　　本書以應用行為分析（ABA）之原理作為教學之基礎。從應用行為分析的理論觀點來看，行為是個體與環境互動的結果，也可以是太多或太少的議題；某些問題行為太多，相對表示某些功能行為太少。例如：自我刺激太多，可能意涵興趣太少；哭鬧行為太多，可能意謂功能溝通能力太少；情緒反應太過強烈，表示情緒管理能力不足。教育的目的就在增加學生的功能行為及適應能力，行為不足正是教育可以發揮最大效益之處。然而要如何掌握教學的要領，針對核心能力加以有效的教學，教學原理及教學技巧是首要的考量。本書主要作者鳳華教授是應用行為分析專家，她與另外三位合作夥伴以行為原理為基礎，將累積多年的教學實務經驗與研究成果，轉化為實務的工作手冊，為第一線的教育工作人員提供具體的教學方法與步驟。在基礎篇中，作者以一整章的篇幅介紹了學習理論及其所發展的教學策略，並清楚講述辨識教學的基礎以及配對教學的法則。在實務篇，每個教學項目的教學單元中，作者亦相當細膩的將教學安排及辨識刺激、提示方式及後效增強做了具體的陳述，使實務工作者可以直接使用該教學指引。教學資訊箱的內容，則提供了相當實務的教學經驗之提點與策略，使實務工作者在面臨個別化的特殊需求挑戰時，能有多元的思考與因應策略，讓每項教學都能達到最大的教學效益。

　　本書教學內容的選擇是依據發展理論，針對情緒發展、社會情緒發展、社會認知及心智理論等做精要的論述，例如在情緒發展的章節，作者特別整理了有關情緒發展的分化及其特性，並在情緒與認知發展的論述中，從覺知與人的關聯、情緒的因果關係、情緒的象徵思考面向，到情緒的觀點取替等做了相當獨特的闡釋，這些正是作者近十多年在研究與實務過程中深刻省思的成果。當中特別值得一提的是有關象徵遊戲與情緒發展的關係，作者除了提供相當清楚的

文獻探究外，同時將教學的步驟及習得標準建置完備，教學的實務中包含有物品替代、無中生有、賦予抽象屬性，以及環境替代與人物替代等，每項教學都附有明確的說明，可見作者對教學實務的紮實深耕，也因而有了創新的研究發現。此外，有關分享式注意力、眼神偵測與意圖、心智理論等議題，亦是本書作者近年來的研究重點，對自閉症學生的社會情緒教學開展了豐富的面向。

　　本書分為兩大區塊，一為理論基礎的論述，二為教學實務篇，充分結合理論與實務的運用。目前實證本位的教學已然成為重要的教育趨勢，本書對此趨勢做了很好的示範。而作者鳳華教授在彰化師大復健諮商研究所建立行為取向的研發中心，亦是將理論落實在實務中的最佳見證。國外的知名學府大多附設有研究發展中心，當中除了提供學生親臨現場的實習場域之外，更是實證教學研究發展的重要基地。該研發中心正積極扮演這樣的角色，這本書的成形，該中心這些年所累積的現場實證教學經驗，扮演舉足輕重的角色。該中心讓理論與教學不再有落差，並能相輔相成，為困難學習者開創新機，以達最有效的教育目標，值得讚許、值得借鏡！

　　本書的完成，為自閉症學生的教學開啟了新的視野，作者將應用行為分析運用於社會情緒的教學，亦是一大突破，讓大眾對應用行為分析教學原理的運用有更為寬廣的認識，打破以往對應用行為分析的刻板印象，教學藝術化，正是本書的一大特點。自閉症學生近幾年盛行率大增，要如何解開自閉症的藩籬，社會情緒的教學是核心課題。本人素知鳳華教授多年來推動應用行為分析，並與自閉症學生教學相結合，成效卓著，此次有幸先睹為快，深感榮幸。從書中深切體會，教學不應只是教會技巧，而是從生命的起初與發展脈絡著手，探究其根源；只有從根本教起，才不會陷入每樣行為都得教的困境，或淪為只是表層的改變；改變必須由內而外，從心出發，才能真正打破其限制，讓每位自閉症學生都能開啟其社會互動之窗，並能充分融合於社會，增進生活品質。感佩之餘，特抒心得，並鄭重推薦。

國立臺灣師範大學特殊教育學系名譽教授

吳武典　2014.9.20

二版序

　　本書的改版，首先是要回應 DSM 第五版對自閉症類群障礙（ASD）者的臨床症狀的內涵，第一版的內容是以 ASD 社會情緒發展的理論與實務為主，第二版則納入社交溝通的範疇，以期能更完整呼應 DSM-5 的臨床症狀的範疇；另一方面也因應教學者在教學現場的需求，實務教學中社會情緒與社交溝通常是密不可分，彼此交疊互相影響的，加入社交溝通的課程實屬必要。為此，第二版的修訂因應而生。

　　社交溝通是 ASD 的主要挑戰之一，社交溝通所強調的重點包含處理（理解／使用）語言及非語言迅速流動的資訊並做出適切表達與回應（含眼神的接觸、臉部表情、身體姿勢及人際距離），因此，如何讓 ASD 個體能克服此溝通挑戰，本書第二版則以具實證本位的語言行為作為社交溝通的訓練理論依據，並結合國內外的實證研究，系統化地介紹有效溝通訓練。Skinner 的《語言行為》於 1957 年出版，後續學者經過數十年的消化之後，才逐步開展並將其理論運用於語言及溝通的實務研究，目前泛自閉症者的溝通及語言訓練大都需要借助其理論基礎。為因應時代趨勢，本書第二版除了修訂原有的學理論述外，在基礎理論篇增加語言行為的介紹，內容主要是參考 Skinner 的原著，結合相關學者及作者群的研究進行論述，在實務操作的部分亦將初階語言行為概念所發展的溝通及語言訓練逐項介紹，同時也涵蓋進階語言行為之實務教學。本書的社交溝通參酌 Skinner 的觀點，將溝通分為聽者、說者及溝通意圖。聽者，是說者能力發展的基礎，ASD 因為較缺乏對人的興趣，因此常會出現無口語或低口語發展的現象，而研究亦指出大多數 ASD 兒童的無口語或低口語現象通常不完全是生理的問題，而是欠缺聽者、或前聽者語言的能力。一般發展的兒童在發展口語之前，會沉浸在大量的口語刺激環境中，並透過觀察學習的形式大量接收周遭人的口語訊息，此種沉浸與接收對後續口語能力的產出至關重要。簡單而言，說者的發展需要先出現聽者的能力，而 ASD 因為對環境刺激物的興趣高於對人的興趣，相對而言也較難發展出對人聲音的興趣，因而在接收人聲音的機會亦

相對較低，因而聽者能力常出現與同年齡相較遲滯發展的現象。要發展聽者能力之前，則需要具備前聽者的能力，其中包含對人聲音有反應及產生興趣，跨感官知覺的配對能力，以及視覺追視的能力。為因應此種需求，本書的社交溝通以語言行為教學活動課程為主，從前聽者的訓練開始，再逐步進入聽者、說者，及進階說者的教學程序。建立社交溝通能力是教導 ASD 兒童的重要課題，本書期待以系統化的方式介紹相關實證本位的教學程序，讓教學者能依據兒童的需求，適切的協助這些孩子建立穩固的基礎，以利後續社交溝通的發展。

本書第二版得以完成，首先要感謝國立彰化師大復健諮商所附設的行為輔導研發中心同仁的熱情付出，由於同仁們的共同努力，使實證教學程序能在地生根，開花結果，開啟系統化實證本位的教學示範中心。本中心是國內首創於大學內結合教學實務與研究的中心，在本校郭校長、陳副座、李副座及王敏行所長的強力支持下，本中心能持續發展，同時因彰化縣縣長及府社會處的全力支持，特別是社會處王蘭心處長及林莉華科長的大力支持下，使行為輔導中心能持續茁壯並開始系列的工作坊培訓課程，並將此服務經驗擴及到其他縣市而開啟更多高品質的專業服務。本中心於 2010 年成立以來，以應用行為分析取向為主，結合發展與生涯的理論，除了提供特殊需求的兒童及成人行為介入及輔導外，並以科學實證的方式累積數據，逐步發展出系統化實證本位的教學程序。2014 年本書第一版出版後，受到家長及實務工作者的肯定，點滴在心頭。近幾年來，行為輔導中心同仁持續秉持兢兢業業的心，開發出多元有效之教學策略，本書第二版所增訂的內容，除了增加統整相關學理文獻外，亦以無私之心分享本中心新研發的課程與教學。最後，本書第二版由於增加修訂的篇幅較大，感謝心理出版社林敬堯總編輯的持續支持，以及高碧嶸編輯及其編輯團隊的細心校稿，方得順利出版，在此深表感激。

生命是個體間彼此影響彼此的過程，社會情緒及社交溝通的交流正是促進生命不斷成長的重要推手，期望本書第二版的產出，能對教師、實務工作者及家長提供更完整的教學樣貌，為彼此生命的豐富度與開展提供一參酌的資源手冊。

鳳 華 謹致於白沙山莊

一版序

在不足中　看到力量

在失去中　看到珍惜與捨得

在受苦中　看到平安與喜樂

因著力量　捨得　平安與喜樂

找到愛的真諦

心中的信仰

　　與自閉症者的結緣，始自大學就讀臺師大教育心理系時，曾經到臺大兒童心理衛生中心參觀，當時對於宋維村醫師所主責的自閉症學前幼兒的療育模式印象深刻，也十分敬佩宋醫師對這群特殊孩子的全心奉獻。大三時，吳武典教授擔任本班的導師，當時吳老師兼任臺師大特教中心主任，因著吳老師的熱情引領，安排一系列參觀訪問的班級活動，不但豐富了視野，也開始對特殊兒童有所認識與接觸；其間也受吳老師的嚴謹治學態度、深度關懷生命的熱情所感動，對特殊兒童的希望種子也開始萌發。敝人真正與自閉症兒童有所接觸，是於 90 年代後期，帶領當時就讀於特教系的王文珊等學生進行大專生國科會的自閉症學生結構式教學研究案，並於 1999 年獲國科會補助研究有關自閉症者的心智理論發展與教學後，對自閉症者的特殊發展有更深的領悟。

　　2000 年因緣際會受邀到加州州立大學沙加緬度分校訪學一年，訪學期間得以到 ABC, Inc.（Applied Behavior Consultant, Inc.）——一間自閉症日間學校參觀、見習，使敝人對實務教學有一嶄新的體會，並於訪學期間完成自閉症兒童情緒教學的初步研究，該研究成果是敝人後續推動自閉症社會情緒相關研究的重要基石。訪學結束返臺後，應中華民國自閉症總會的邀請，與美國展望教育中心臺中中心柯淑惠主任開始推動以應用行為分析為主的自閉症教學研習活動；淑惠的教學中心，是中臺灣開始採用應用行為分析進行自閉症教學的濫觴，對

自閉症學生的教學實務貢獻良多。敝人亦同時整理相關文獻並開始推動實證本位的教學理念。於授課期間，熟識了許多自閉症孩子的家長，有幸分享了他們與自閉症孩子的奮鬥與努力，點滴在心頭，也更加確認為這群孩子努力的方向。

　　自閉症者的主要臨床特徵是社會情緒及社會互動上質的欠缺，因此，為能協助這些孩子突破社會互動的困境、打破自閉症藩籬，這些年敝人所鑽研的主題，以及與本校碩士班研究生共同努力的研究方向，即聚焦在自閉症者的社會情緒與社會互動之介入成效，其中包含結構化教學、電話使用訓練成效、主題式對話訓練、象徵遊戲教學、分享式注意力教學、情緒教學、自我管理及主動溝通訓練、錄影帶示範教學、社會互動教學、核心反應訓練、心智理論測驗及意圖理解測驗編製與教學、社會技巧教學、工作社會技巧介入、敘說能力及生涯輔導等，為自閉症者之教學實務建立本土化的實證研究成果，也為本書建立實證基礎。

　　教學的兩大課題就是「如何教」和「教什麼」。關於「如何教」這個課題，本書是以應用行為分析（Applied behavior analysis，簡稱 ABA）為教學取向。ABA 是學習理論的主要代表，當中的增強原理是行為理論的基礎，行為的定義是個體與環境互動的結果；學習表現也是一種行為，依據行為原理，有效教學就是安排適當的環境，以明確清楚及系統化的提示系統，搭配正增強方式引發適當的學習反應。ABA 相當重視科學實證，所有在教學現場的教學策略與方法都需要經過實驗研究證實其有效性，本書所列舉的課程教學，除了具實證的文獻支持外，也都經過本中心（彰師大行為輔導研究發展中心）的實務教學驗證其效果，因此符合實證本位教學的潮流趨勢。此外，ABA 相當重視個別化的需求，最近幾年特別著重動機的營造，使教學的環境是在學生的動機下逐步塑造。刺激控制原理亦是 ABA 學習原理的另一重點，藉由刺激控制的區辨訓練與類化教學，所有的概念學習（由基本到繁複）都可以在系統化的教學下達成學習的目的。ABA 也強調應先依照個體的需求進行環境的調整，再逐步對個體進行增能訓練，而最終目標就是增進個體的獨立自主，並能有尊嚴的生活。ABA 對個體積極正向的觀點，相信每個人都有學習的潛能，也正是教導特殊族群最需要具備的基本信念。

　　有關「教什麼」的議題，本書所選擇的課程／教學項目有幾項特點，第一，依據發展概念，參酌情緒發展、社會發展與社會認知發展等領域，並特別挑選與發展里程碑相關的能力，做為本書主要的課程／教學項目；第二，選擇與自閉症者核心行為有關的項目（例如：動機、主動性、分享式注意力、情緒辨識、象徵遊戲等），做為本書的教學項目。自閉症是一種廣泛性的發展障礙，在社會情緒、溝通、認知及動作技能等發展面向都需要多元的介入與教學。教學者如何在有限的時間內，挑選最具影響力的課程／教學項目始能事半功倍，上述兩項課程選擇的依據恰能符合此種特性。本書的課程／教學項目共涵蓋七大領域、二十五項教學項目，並從中再延伸出五十四項先備技能的課程或相關教學項目，教學者可依據學生的學習需要及基礎能力選擇適合的教學項目進行教導。

　　本書得以完成，首先要感謝國內文英基金會的經費贊助與彰師大校方的支持以及王敏行所長的相挺，使復健諮商所能於 2011 年成立以應用行為分析為取向的研究發展中心，除了提供特殊需求的兒童行為介入及教學服務外，並依實證方式累積數據，驗證教學成效並逐步發展出系統化的教學程序。2013 年之後則與彰化縣自閉症肯納家長協會合作，接受彰化縣府方案的補助，使行為輔導／介入之服務得以持續，期間要特別感謝肯納家長協會理事長楊富隆先生及家長們的大力支持，使本中心能持續累積實務經驗。本書其他三位作者婉琪老師、文菊老師及馨惠博士是本書實務經驗累積的重要推手，她們在本研發中心面臨轉型及經營困境之際，義無反顧地投入其中，持續耕耘，從她們身上，看到令人敬佩的教育愛，以及對這群孩子的生命熱忱。婉琪老師除具有特教及藝術方面的專業外，她的實事求是、嚴謹的教學態度恰與 ABA 的特性相輔相成，教學的系統化與創意也因而建置完整；文菊老師在心理輔導方面具有深厚實務基礎，並結合第一線與自閉症成人的輔導教學經驗，豐富了本中心教學的深度、廣度與內涵；馨惠博士則利用許多時間及美國的深夜時段，將她在哥倫比亞大學的學習精華及在休士頓的教學實務經驗毫不藏私地諄諄傳授給本中心同仁，特別在語言行為、刺激配對與興趣拓展等方面提供多元的督導與分享。由於這群夥伴們的堅持，本書方得順利出版。另外也藉此感謝曾在本中心服務協助的各方學者、老師及友人們，以及在本書中協助繪圖的朋友們；也要感謝心理出版社

林敬堯總編輯及文玲編輯的支持、鼓勵與耐心協助，使本書得以順利出版發行。因著大家的努力，積沙成塔，為這個領域開展出新的里程。

　　此外，也要感謝敝人父親與母親的身教與言教，父親的身體力行啟發我對教育的熱情，母親則是我學習生活智慧的最佳指引；他們對我的信任與支持，成就了現今的我。而另一半猷賓老師的支持與鼓勵，總是在我最低潮的時刻給予最溫暖的支撐，並不斷且長期地鼓勵我，使我能勇於接受工作上的各項挑戰；也感謝兩位孩子文韻、文擎的獨立與體貼，讓身為母親的我可同時兼顧家庭與工作，並專注於此使命。天主的愛與靈性的灌頂，則使我能在許多挑戰及困境中看到希望與未來，因著全心信靠與仰望，學習看到每件事的意義與價值。

　　與自閉症孩子及家長相處近十餘年中，從他們身上看到源源不斷的能量，與他們長期相處的過程，除對學理有更深刻的體會外，也學習到更多寶貴的生命課題。透過回應學習及服務的喜悅，引發心中的熱情，只有在靈與心的結合，才能找到對生命的信仰。

2014 年 於白沙山莊

鳳華 謹誌

Part 1

基礎概念

Chapter 1

社會情緒發展
與自閉症者

 第一節 情緒發展

一 前言

　　情緒在人類的生命中扮演重要角色，其中最為顯著的是影響人們看待這個世界的方式、解讀所存在的現象，並依照這些態度及解讀而產生行動。情緒存在於生活中的各個面向，從中國的成語可以感受深刻，例如：喜極而泣、喜不自勝、眉飛色舞、如釋重負、感激涕零、坐立不安、張口結舌、張皇失措、憂心忡忡、悲不可抑、怒髮衝冠、咬牙切齒、義憤填膺等。情緒形容詞從愉快、高興、興奮、驚訝，到焦慮、害怕、緊張、悲傷，生氣等，情緒的多元與豐富，讓人的生活多彩多姿；許多膾炙人口的小說、影片，多是善用情緒的張力，道盡人生的悲歡離合，使人著迷、陶醉於劇情中。此外，情緒也可以激發熱情，開拓出個人獨特的生命道路，許多成功者的背後，也是一股情緒力量的支持；水能載舟，亦能覆舟，情緒正如水一般，處理得當是如虎添翼，如果處理不當，亦是造成社會適應欠佳或情緒及精神疾患的主要原因。

　　基本情緒是先天的，複雜的情緒則是與後天學習及認知發展交互影響而逐漸生成，若能順利發展，對日後的社會互動及社交能力之發展影響深遠。情緒的發展最為首要的目標即是完成情緒的辨識與表達、情緒調控，以及問題解決。然而，情緒是如何從單純的型態分化為複雜多樣的情緒；而基本情緒的特性及內涵為何？情緒的發展歷程和認知發展的交互影響為何？情緒的主要內涵又為何？本節將逐一討論。

二　情緒分化與基本情緒內涵

　　從出生的那一刻起，情緒的主要功能即扮演自我表露以及和外界溝通的角色。生命是需要努力奮戰的，這從嬰兒呱呱落地的第一個反應——哭，可以看出端倪；哭本身就是一種自我的表露，除了顯示出對生命的奮戰外，也是一種正式進入人類社會的宣告，然而，出生後的情緒還有興奮，也展現人類對生命的熱切期待。隨著年齡成長，情緒逐漸分化，伴隨認知與肢體動作的成長，情緒的發展也逐步受到社會之規範與期待。

(一) 情緒分化路徑

　　情緒的發生從嬰兒出生即展開，隨年齡的成長，情緒逐漸分化，Bridges（1932）針對從出生到二十四個月大的嬰幼兒情緒分化階段建立一個基模（schema），對後續情緒發展的研究提供一相當完整的基本發展模式（引自 Sroufe, 1996）。圖1為作者參酌Bridges的概念所繪製，從出生後到十二個月大的情緒發展與情緒分化的路徑圖。

　　從圖1可以得知，嬰兒剛出生的主要情緒是興奮，在此階段的反應多為反射反應。情緒發展過程先從興奮分化出苦惱，嬰兒如果餓了、尿布濕了，就會產生苦惱，並以哭的方式表達其需求。三個月大開始，興奮不再是單純的反射行為，已經開始藉由社會互動的經驗分化出愉悅，而社會性微笑是一重要指標。六個月大的嬰兒對於苦惱已經有很多的分化，包含害怕、厭惡及生氣。從此處可以看到，相較於正向情緒的分化，負向情緒的分化是更為細膩且更早開始的。這是個值得注意的課題，特別當涉及到後續的情緒管理，主要要處理的就是負

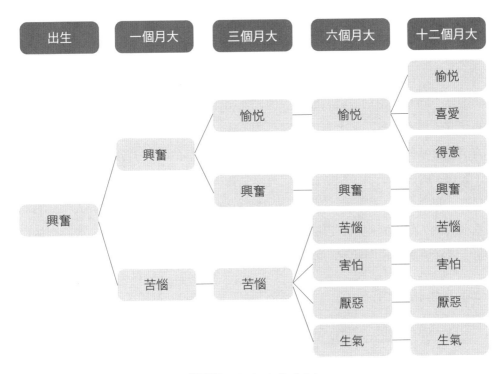

圖 1 **情緒分化路徑**

向情緒，而這些情緒早在六個月大就已經分化出現，似乎也意味著嬰兒已可藉由負向情緒明顯表示出對不同刺激之好惡，並依此表現發展出個別化的特性。而環境中如何回應這些情緒，將會影響個體後續對這些負向情緒的覺察、接納和因應能力。一歲大的幼兒，情緒已經分化為八種，包含：愉悅、喜愛、得意、興奮、苦惱、害怕、厭惡及生氣。依據 Bridges 的看法，十八個月大幼兒的情緒分化，苦惱可再分化為苦惱及嫉妒，喜愛則分化為喜愛大人及喜愛小孩；二十四個月大幼兒的情緒分化，再由愉悅分化為愉悅及樂趣（引自 Sroufe, 1996）。後續有關情緒的研究，大多會參酌 Bridges 的分化模式。

Ekman（1972）透過實證研究，認為人的基本情緒表情有六種：高興、難過、生氣、害怕、厭惡及驚訝。Ekman 研究不同文化的人對情緒表情的反應，結果證實不同文化族群的人均可以清楚分辨這些情緒代表的意涵，因此他認為人類的情緒可以分為這六種基本情緒。

Ekman 所提出的六種基本情緒，與 Bridges 的分化路徑相似，然而，其中的「驚訝」情緒，是 Bridges 沒有提出的。驚訝是對不預期的情況表現出訝異的表情，然而，不預期的情況意味在規律之外發生的狀況，這對某些個體的發展意涵卻是不同的。特別像自閉症者，他們非常需要規律的生活，一旦出現不預期的狀況，常會讓自閉症者表現出驚恐或不安，而這樣的特例也許可以說明驚訝的情緒對某些個體而言，或許是不存在或較難辨識的。許君翎、陳姵璉和鳳華（2012）的研究顯示，亞斯伯格症的學生對於難過、害怕及驚訝等臉部表情的判讀，明顯低於一般兒童。當然，依據 Ekman 的看法，驚訝是屬於人類共有的基本情緒，如果能夠教導自閉症者表達驚訝、害怕或難過的情緒，或許對於自閉症者在適應不預期狀況的能力上可以有所提升。

(二) 基本情緒內涵

Ekman（1999）針對他所提出的基本情緒做進一步的論述。他強調情緒要被定調為基本（basic），必須要有幾種特性，其中包含：(1)顯著且普遍的訊號；(2)明顯的生理反應；(3)自動的評估機制；(4)顯著而普遍的前事刺激；(5)明顯可見的發展性；(6)會有顯著的思考及記憶影像；(7)是個人化的經驗。以下則針對這七項特性逐一說明。第一，被列為基本情緒的首要特性，就是該情緒必須具備顯著的訊號且這些訊號是跨文化四海皆同的，如高興的表情或訊號是眼睛笑咪咪、嘴角上揚等；生氣的訊號通常是眼睛瞪人、咬牙切齒等，不同社群、種族的人在表達此類情緒或是看到這些訊號時，都能正確解讀其情緒意涵。Ekman 特別強調顯著且普遍的訊號是建立人際關係的基礎，因為互動中常需借助臉部的表情及訊號傳遞非語言訊息。Ekman 發現臉部麻痺的患者較難與他人建立互動關係，因為缺少明顯的訊號，使對方難以掌握互動關係。第二，明顯的生理反應則強調生理與情緒的影響是相依的，例如詹郎二氏的情緒理論即認為情緒是由刺激引發生理反應（例如：心跳）之變化所導致（張春興，1989），舉例來說：發生大災難時，我們的本能就會心跳加快，而心跳加快的覺知引起人們恐懼情緒的反應。此種經驗確實可以呼應詹郎二氏的先有生理再有情緒的理論。Ekman 和詹郎二氏都強調情緒伴隨有明顯的生理反應，此概念對於後續

情緒調控相當具啟發性，情緒調控中的生理調控（例如深呼吸）正是先緩和生理狀態的情緒後，再進行後續的因應策略。此理論強調情緒的產生是因為個體對環境中的刺激所做出的反應而造成的（例如：我感到傷心，是因為某件事讓我哭泣）。這和一般人的想法——情緒造成反應行為，例如：因為我感到傷心（情緒）所以我哭（行為）了——雖背道而馳，但卻為一連串的實證研究所支持（Laird, 2007）。Charles、Bybee 和 Thompson（2011）認為此情緒理論和 Skinner 的基本教義派行為主義對情緒的分析不謀而合。Skinner（1953, 1974）運用行為分析的方法（三期後效關聯和古典制約學習原理）來分析情緒的基本要素，也導出相同的結論。也就是說，環境中的某種刺激事件（例如：看到蛇）連結了相關的刺激物，引起生理反應行為（例如：心跳加速、逃跑），然後才造成了情緒（例如：緊張）。值得一提的是，在此分析中，所有的公開、可觀察到的外在行為以及內在生理反應，包括自主及非自主性，都屬於「行為」的範疇。所以，Charles 等學者（2011）強調，是「行為造成情緒」的因果關係。第三為自動的評估機制，古典制約正好可以協助解釋這概念，古典制約特別能解釋種族發展史中的共同普遍經驗，某些刺激直接影響人類的生存，人類對這些刺激則發展出自動的評估機制並做出維護自身的反應，因此，人類對某些刺激是一種直覺的反應，是自動產生並不需要經由學習。第四，Ekman 強調基本情緒都具有顯著而普遍的前事刺激，例如：被狗追（環境刺激）會令人產生害怕，或是吃喜歡的食物（環境刺激）會產生高興等，情緒的發生是受控於環境中的前事刺激，亦即有因才有果，這概念對後續教導情緒的因果關係有重要啟示。第五，針對明顯可見的發展性的特性，是指基本情緒的持續變化是具可預期性的，例如，難過的情緒可以從啜泣到放聲哭泣，生氣的強度可以從臉部表情的生氣狀態到包含握拳或跳腳等。

第六，基本情緒經驗會有顯著的思考及記憶影像。記憶分為語意記憶（semantic memory）及事件記憶（episodic memory），若某事件的記憶包含情緒標記，便屬於「事件記憶」。事件記憶的特性是以人、事、時、地、物的方式重現當時的事件發生影像，當中常會搭配強烈的情緒經驗，這可以用來解釋人們對於回想有強烈記憶的事件，常會有栩栩如生的影像伴隨情緒，與認知的關係

是彼此交互影響的。這種特性也可以用來解釋某些特殊個體對強烈情緒的經歷常會產生延宕反應的現象,換句話說,當個體只要再度面臨類似的情境,之前的事件會以影像的方式呈現,情緒很快就會被引發,並產生如同當時的強烈反應,進而陷入當下的情境及情緒狀態,因此要理解這些個體當下情緒的表現,也必須要同時考量基本情緒的特性。而強烈的情緒經驗對認知則會形成片段或選擇性記憶的情形。依據 Hoffman（1983）的看法,情緒對於認知的影響層面可以包含下列三種情況:(1)情緒會啟動或阻斷認知的訊息處理而產生選擇性的訊息處理;(2)情感因素會影響人的回憶,通常具有強烈情緒經驗的片段,會比較容易記憶深刻,也是回憶的重點;(3)情緒會影響新經驗的歸類或基模的形成。最後,情緒是個人化的經驗,因著不同個體在不同環境下的獨特互動方式,因而產生了特有的個人化情緒經驗。

　　綜合而論,基本情緒的內涵,應包含顯著的非語言訊息、明顯的生理反應及前事刺激,並透過自動化評估機制後,與個人經驗產生連結及反應,而這些基本情緒通常會伴隨有明顯可見的發展性,並有顯著的影像記憶,且因個人的成長經驗而成為獨特的個人情緒經驗。對基本情緒內涵的理解,有助於對不同個體或特殊族群情緒發展獨特經驗的理解。

三　促進情緒發展的關鍵因子

　　兒童發展主要涵蓋社會情緒、認知、溝通、肢體動作及生活自理等五大面向,是一綜合性的發展,五大領域彼此相互影響。除了個體本身的發展外,個體與環境的交互作用,也對個體的情緒發展產生重要的影響。本節主要針對某些認知或溝通發展以促進情緒發展的關聯做一探究。其中包含個體需要先能覺知與他人的關係或產生自我覺察力後,才能理解某些複雜的情緒;其次,隨著發展歷程,個體對環境刺激或事件與情緒產生因果關係的自動連結,此因果關係的建立是個體對情緒理解的基礎;第三,個體的認知發展從感覺動作期、前運思期到具體運思期,其中質化的具體變化是個體脫離具象思考進入抽象思考的關鍵,情緒本身亦是一種抽象概念,如何讓個體對情緒的理解可以跳脫當下的情境,而能以敘說或內在訊息處理的方式表現,進而能以自我對話方式處理

情緒——象徵思考能力的展現是一關鍵因子；最後，同理心的發展是情緒發展高峰，而當中觀點取替的能力是其必要的元素。以下逐一闡釋上述所列舉的項目。

(一) 覺知與他人的關聯性及自我覺察力

兒童發展是一綜合性的發展，因此，情緒發展不會獨立發生，需與認知發展及社會發展同步，正如前述 Ekman（1999）認為基本情緒的特性之一就是情緒會受認知發展所影響。研究也發現特別在複雜情緒發展的部分，認知層面的發展是一重要關鍵。較為複雜的情緒，如傷感、哀悼，或是親密的情緒，個體必須覺知到自己和其他人的關係（Sroufe, 1996），Feng 和 Williamson（2003）的研究亦顯示，害怕、難過及生氣等情緒常和其他人有所關聯，因此要能理解這些與他人有關的情緒，個體必須要能覺知該情緒狀態是與他人互動而引發的，例如：在賣場和家人走散了的害怕心情，是因為找不到家人（和家人的連結關係）而引發的；同樣，生氣的狀況也很雷同，例如：兩兄妹在搶一個氣球，情緒的引發點也是起因於和另一個個體的互動關係。Hoffman（1991）亦提出相似的看法，他認為罪惡感的產生，個人必須要能連結他人所處的狀況與自己的行為有關，並經由他人痛苦的臉部表情，產生對他人的愧疚感。至於尷尬、罪惡感、引以為傲等較為複雜的情緒，則與自我覺察或自我意識能力的發展有關。與自我覺察或自我意識有關的情緒，亦需要搭配認知或道德發展逐步成熟後，才會逐步展開。Sroufe（1996）指出，與自我意識相關的情緒需要個體能覺知自我的存在外，內在也必須建立一些標準，例如：對於符合社會期待、成功或失敗的定義為何；一旦個人的行為表現無法達到社會期許的標準（例如在擁擠的電梯中不小心放了屁或是不小心踩到別人等），則會產生尷尬或罪惡感的情緒反應。相對而言，符合或是超過自己預設的成功標準自然會有引以為傲的情緒反應。

從行為分析的觀點來看，與他人有關聯的社會情緒面向，是源於個體和其他人過去互動的模式及其對個體所產生的功能，或是與類似情境的連結所造成的。例如：哥哥看到妹妹在玩氣球，故意去跟她搶，妹妹哭鬧然後去跟媽媽告

狀；媽媽只好放下手邊的工作，進行調停以解決紛爭。哥哥搶球的行為因為引發妹妹的哭鬧行為以及媽媽的注意，而得到了正增強；妹妹的哭鬧也因為獲得媽媽的注意而得到正增強；媽媽放下工作給予兄妹注意，停止了紛爭（移除環境中的嫌惡刺激），媽媽的行為則是受到社會負增強所持續。缺乏媽媽的注意可能使兩兄妹處於匱乏的狀態，因而透過兄妹的紛爭問題，獲得媽媽的注意，以滿足其對媽媽注意力的需求，這些互動下所產生的增強功能，正是行為分析解釋個體產生情緒的主要架構。又比如：小孩在賣場和家人走散，四處張望看不到家人，又是在陌生的環境，他的心跳和呼吸加速，造成他害怕的情緒。因為陌生環境和獨自一人的事件讓這孩子連結到過去類似的生理反應，使他不舒服，也就是產生了害怕的感覺，這感覺必須要他熟悉的人出現或是回到他熟悉的環境才會消除。

(二) 情緒與因果關係

　　嬰幼兒初始概念的形成也是以情緒為主要指標，這觀點與 Greenspan 的情緒發展概念不謀而合。Greenspan、Weider 和 Simon（1998）認為，情緒的適切發展是一切學習的基礎，能適當的引發對其他學習的興趣，例如溝通就是建立在適切的情感關係上，透過與主要照顧者的互動經驗引發溝通的學習興趣；此外，情緒的覺察與表達能力是兒童脫離前運思期進入具體運思期的指標。Sigman、Kasari、Kwon 和 Yirmiya（1992）所進行的經典研究，即發現幼兒可以很快覺察他人的情緒狀態與環境的關係（環境事件與情緒表情的關聯），因此建立因果關係的基模。該研究比較三組兒童（普通兒童、唐氏症兒童及自閉症兒童）對別人受傷時的反應，情境的安排是研究者使用玩具敲擊物時不小心敲到手，而產生難過的表情，普通兒童及唐氏症兒童很快可以透過對他人難過表情的觀察，理解別人受傷了，同時也理解受傷的可能原因（被敲擊物敲到手）；相較於普通兒童及唐氏症組的兒童，自閉症組兒童明顯對他人受傷難過的情緒狀態較沒反應，因為他們不太會去注意他人的臉部表情，自然也不會注意到有人受傷了，只會聚焦在他有興趣的物品（敲擊物），因此自閉症者無法藉由生活經驗或對人的觀察自然發展出「環境刺激」與他人「情緒」關聯性的理解力。此

種連結環境刺激與情緒狀態二者因果關係的能力，可說是發展因果關係的基模。該研究指出，未發展出語言的一般幼兒，經由眼神不斷從受傷的個體轉向導致受傷的物品間來回移動的眼神表現，可以初步判斷該幼兒已經發展出人類情緒反應和環境刺激（導致受傷的物品）的關聯，此種能力對於一般幼兒來說不需經過訓練，乃藉由生活中觀察而逐漸理解環境對人的情緒的影響，進而逐步自然習得。對於未能順利發展出此種連結關係的特殊兒童，則應該要加以訓練。

行為分析學者曾運用操作制約的方式，訓練嬰兒「社會參照」的能力（Gewirtz & Pelaez-Nogueras, 1992）。該研究者訓練九到十二個月大嬰兒的辨識能力。在這訓練中，他們呈現一個被蓋住的目標物，請媽媽表現出中立的表情，加上兩種特定但沒有意義的手部動作，然後移除目標物的遮蔽物。如果嬰兒去碰觸目標物，其中一種手部動作會導致愉悅的後果（放嬰兒音樂），而另一種動作則會導致嫌惡的後果（刺耳的鈴聲）。實驗結果證明嬰兒學會去碰觸連結到愉悅後果的手勢動作，並且避免碰觸連結到嫌惡後果的另一種手勢動作，此乃透過自身體驗到的行為與後果（因果關係）而決定自身的行為。此外，又有研究者訓練四個月大的嬰兒在模稜兩可的情境中觀察媽媽面部愉悅或害怕的表情，來決定是要接近或遠離本來不確定的刺激物（Pelaez, Virués-Ortega, & Gewirtz, 2012）。該研究顯示，嬰幼兒可以透過觀察他人在不同刺激物與個體情緒反應來決定行為的模式，社會參照也是透過因果關係的連結而產生相對應的行為反應。一般而言，在自然的狀況下，社會參照的能力大約在嬰兒八個月大前後發展出來。由此實驗結果看來，此種社會行為是有可能透過系統化的訓練方式習得的，同時也再次說明，因果關係的建立是理解情緒的基礎，更是未來教學的重點！

(三) 情緒與假裝及象徵思考

Greenspan 等學者（1998）在其情緒發展的里程碑中指出，情緒點子是結合認知發展的重要階段，這個階段的主要特徵是兒童在遊戲中會出現假想的能力，並在一個情境中出現無關聯的兩種或兩種以上的遊戲點子（例如：將積木假裝成車子開上高速公路、娃娃假裝撿石頭等），而這對於後續的情緒邏輯思考及

情緒調控是一重要基礎。Piaget（1972）認為幼兒在感覺動作期的第六個階段開始出現象徵思考假裝遊戲，並認為象徵思考假裝遊戲的能力是脫離習慣記憶而進入代表記憶的重要關鍵。Piaget 強調這種轉變是兒童認知發展的大躍進，是一種質化的變化，而非只是量化的改變。Greenspan 等學者（1998）也認同此看法，因此在他們提出的情緒發展階段中，第五階段為情緒點子。Greenspan 等人強調在這個階段的發展重點，是兒童透過假扮遊戲的過程，開始對世界有所理解，會開始在遊戲中大量使用習得的語言及認知能力，逐漸脫離具象思考的階段，即使事件不在兒童面前發生，他們也能開始了解事件的始末。這個階段是兒童建立情緒、行為與符號之間連結的重要關鍵，他們認為想像能力的串聯是邏輯思考的開始。Greenspan 等人的情緒發展第六階段則著重邏輯概念的發展，假想遊戲的取材主要來自生活經驗，透過複製成人的生活事件或活動，開始建構出符合邏輯的思考基模，也開始對現實生活有所覺察，對事件間的串聯或因果關係開始架構出自己的邏輯世界。

鍾佳蓁和鳳華（2005）研究探討核心反應訓練（pivotal response training，簡稱 PRT）增進學齡前自閉症兒童象徵遊戲行為之成效。研究對象為一名學齡前自閉症兒童，以核心反應訓練模式進行象徵遊戲的教學，並觀察單一象徵遊戲行為（包括替代假裝、賦予屬性與無中生有）、連貫式象徵遊戲行為及自發性象徵遊戲行為之變化情形。結果顯示核心反應訓練能增進自閉症兒童三種「單一」、「連貫式」及「自發性」象徵遊戲行為。此外，自閉症兒童遊戲的層次提升，產生許多主動性創意點子，也減少對特定物品玩法的固著現象，主動的遊戲語言與社會互動獲得提升，特別在與他人情感的聯繫上有明顯的進展。此研究大力支持了 Piaget 強調象徵遊戲能力的發展是質的改變，並與 Greenspan 等學者（1998）所提出的情緒點子發展概念相符。彰師大行為輔導研究發展中心的研究亦證實，通過象徵遊戲教學的學生，特別是習得物品替代能力之後，除了減少對物品的固著思考模式外，也發現對後續的情緒管理、邏輯思考以及問題解決能力的學習扮演重要關鍵角色（Feng, Xu, Lee, & Sun, 2014）。而象徵遊戲中的物品替代創意想像，學習過程中亦產生類似擴散性思維的歷程，因而增加個體的變通能力，降低固著行為（鍾佳蓁、鳳華，2005）。這些研究結果建

議象徵遊戲的教學應是情緒發展的重要相關技能，也是後續抽象思考學習的先備技能。此研究結果對未來自閉症者的教學提供重要的省思課題。

(四) 情緒與觀點取替

　　同理心的發展與認知發展更加緊密相關。同理心發展需要能站在他人的立場——即觀點取替的能力，體察他人的意圖及內在需要，以理解他人的情緒感受，並做出相對的行為。發展過程中，嬰幼兒會以物品導向為主體（例如：A 幼兒看 B 幼兒要拿取一樣物品，A 幼兒會直覺的將物品撥弄或移動，讓 B 幼兒容易取得），逐漸再由物品導向轉換到他人的意圖或內在導向（Sroufe, 1996）。當兒童能以他的內在意圖及可能的感受為出發點，且能提供必要的反應時，同理心的能力就逐漸往成熟的方向邁進。此外，角色扮演經驗是同理心發展的基礎，要能成功的角色替換，必須要能理解所要扮演角色的特質、想法與情緒經驗，才能進入該角色的世界。綜合研究所得，同理心的發展需要具備基本的情緒理解能力，包含基本情緒表情的辨識與命名、情緒的因果關係（Feng & Williamson, 2003）、罪惡感的經驗發展（Hoffman, 1991），加上對他人的眼神偵測及意圖理解；同理心便是以角色替換的能力並能因應對方的內在狀態及情緒反應，做出相對應的適當反應。

　　必須強調的是，情緒在認知快速發展的過程中，扮演催化、激發及喚起認知能力的重要推手。遊戲過程中，缺少了情緒的催化，將令人感到乾澀且缺乏引人入勝的激發點。情緒讓創意或想像的空間有更佳的寬廣與可能，情緒經驗的豐富，將賦予特定語詞符號豐富的內涵，讓一個字詞可有多重意義，增加了思考的空間與廣度，開始有許多的討論空間與延伸的可能性，對後續的情緒調控的彈性奠定重要基礎。綜合言之，情緒發展與認知發展交互影響，兒童情緒經驗的開展，因著認知能力的發展開啟更豐富的面貌；而認知符號的多元與豐富內涵，也將因著情緒的催化而產出。這些發展特性對未來情緒教學的面向提供重要省思。

四　情緒發展的定義與內涵

　　綜合各種情緒發展理論及以上論述，情緒發展的定義歸納如下（Greenspan et al., 1998; White, Hayes, & Livesey, 2005）：情緒發展是指兒童從出生到青少年階段，對於情緒的辨識、理解、表達、情緒調控及問題解決與情緒管理的體悟，其中包含情緒發生的分化歷程、變化及穩定狀態；後期則著重情緒管理能力的產出。因此，情緒管理涵蓋情緒的辨識與理解、適切的表達情緒、情緒調控及問題解決的綜合能力。情緒的穩定發展是溝通發展的基礎，情緒管理的發展則受到與主要照顧者的互動經驗，加上個體自身的認知發展、問題解決及觀點取替能力的開展而逐步成熟。情緒發展不會單獨出現，神經、認知、社會及行為等發展的同時，與情緒發展互動影響彼此，並受社會、文化及情境脈絡的影響。泛自閉症者的情緒發展確實異於一般發展者，如何對應其特殊需求，在本節次中亦會加以說明。

五　情緒發展與情緒管理

　　依據陳皎眉（2009）對情緒管理提出幾個重要面向，首先個體須能辨識自己的情緒，並學習為自己的情緒負責，在表達情緒時應該要選擇最佳的時間和場合，並建議要及早處理情緒，不要累積情緒以免超過負荷而產生情緒爆發，並培養各種靜態、消耗體力或具有創造力的活動最為處理情緒的方式。蔡秀玲與楊志馨（1999）亦指出情緒管理的三步驟：what、why、how，其中 what 是指覺察及接納自己的情緒，why 則是強調個體能理解情緒的因果或發生原因，並適當的轉移注意到其他正向的事件（例如 how）。上述情緒管理的論點二者都聚焦於個體本身，在辨識情緒的部分都以辨識個體自身的情緒狀態為主，然而，本書第一作者認為要能適切的管理情緒，對自己及對他人情緒的理解都是必要的，因此，本書在情緒管理中，還包含辨識及理解他人的情緒；此外，表達情緒及接納情緒確實是情緒管理的重要課題，因此，在圖 2 中，情緒表達的內涵亦包含接納自身情緒的部分。此外，本書作者特別要強調的是情緒調控必須先於問題解決，個體需要先讓自己跳脫情緒的框架，才能真正理性看待事件

| 情緒分化、變化 | 情緒辨識與理解 | 情緒表達 | 情緒調控 | 問題解決 |

圖2 情緒發展與情緒管理概念圖

並思考解決問題的方式。

　　從上述的情緒發展的定義中，可以窺見情緒發展的主要內涵包含情緒的辨識、理解與表達，以及情緒調控和情緒管理能力的發展。以下分別描述之。

(一) 情緒辨識與理解

　　情緒辨識與理解意指個體有能力去解讀他人及自己外顯的情緒反應，進階的理解則包含對他人及自己外在和內在情緒經驗的理解（Denham, 1986; Pons, Harris, & de Rosnay, 2004），換言之，進階的情緒理解是指能理解他人或自己情緒的因果關係。回顧上一段的闡述，情緒的發展在一歲時已經分化為多樣化的情緒，而兒童對情緒的認識與理解也在學齡前早期快速發展。研究顯示，二至三歲左右的幼兒可以分辨他人高興、難過、害怕及生氣等四種基本情緒；三歲以上的兒童則可以理解某些特定的情境會引發某些情緒反應，並逐漸開始可以覺察他人和自己在相同情境下的情緒經驗可能是不一樣的（Denham, 1986）。對特定情境相關情緒的理解如：小朋友在吃冰淇淋，他的心情看起來很高興，兒童可以連結吃冰淇淋和高興的情緒有關聯。隨年齡的成長，也逐漸會開始理解在相同的情境下，每個人的心情不一定是一樣的，例如：某人吃巧克力會很開心，可是有些人則不喜歡那個味道，此外，也開始能理解不同的個體在不同的情境下所可能引發的情緒是不同的。

　　泛自閉症兒童對情緒理解的發展，受限於非語言社會情緒中眼神注視及眼神接觸的欠缺，對他人及自身情緒的理解亦產生遲滯的現象。研究顯示某些泛自閉症者雖然能理解簡單刺激下的情緒因果（如，小名在吃冰淇淋，他的心情

很高興），然而，對於情緒的發生原因是與他人有關時（如，小名的媽媽要出遠門回娘家探親，小名心裡很難過）則會產生困難（Feng & Williamson, 2003），因此，對於自閉症兒童的情緒發展，需要再細分為單純情境下的情緒，以及與他人有關的情緒，圖 3 顯示其發展階層，以提供實務工作者一清晰的圖像，始能敏銳其特殊需求並依階層設計適當的課程。

Denham等學者（2003）亦指出情緒理解、情緒表達及情緒調控是社會能力的基本要素，該研究發現三、四歲的幼兒在情緒理解、表達與調控這三方面能力的適切發展，可有效預測進入五、六歲後的社會適應狀態。而能解讀他人和自己情緒的能力，是建立適當人際互動的基礎，如果此能力未能順利發展或是不正常發展，將導致長期的社會功能缺損及人際適應困難。

層次一：單純情境下的情緒辨識與理解	
對他人情境下的情緒辨識與理解	對自己情境下的情緒辨識與理解

層次二：與人有關之情境的情緒辨識與理解	
辨識及理解與人有關的情緒（他人）	辨識及理解與人有關的情緒（自己）

層次三：分辨相同情境下，不同個體會有不同的情緒反應	
理解他人間不同的情緒反應	理解自己與他人不同的情緒反應

圖 3　泛自閉症者情緒辨識與理解階層

(二) 情緒表達

情緒表達是社會情緒能力的重要指標。情緒表達的主要內涵應包含個人對自身情緒的接納。接納情緒亦同時代表個人可以面對自己的情緒，對後續調控或問題解決則能產生正向的影響。反之，不願意面對或接納自己情緒的個體，亦較容易產生心理困擾或疾患，也類似於 Freud 所提出的自我防衛機制，防衛機轉的發生，正是因為個體不願意接納或面對自己的情緒，因而需要透過防衛機轉來遮蔽內在強烈的情緒狀態。因此，表達情緒的同時，也正意味個體可以

面對並接納自身的情緒。情緒表達可透過語言或非語言形式溝通個人的情緒行為。為促進人際互動及人際關係的建立，個體需要學習在適切的時間、地點，以適切的方式表達情緒。社會能力發展成熟適切的個體，相當熟稔情境脈絡的掌握，並以合宜的方式傳遞符合情境的情緒行為（White et al., 2005）；中國傳統強調的應對進退、面面俱到等，都是合宜情緒行為表現的最佳範例。正向的情感表露是引發或建立人際關係的重要推手，所謂笑臉迎人，熱情洋溢的人廣受大眾歡迎，也常是眾人矚目的焦點；反之，經常出現負向情緒的個體，在生活中經驗到的事件經常會解讀成負向的互動經驗，要建立適切的人際關係，應該是件困難的功課。要在不同的情境中表現出適合該情境的情緒行為，也是在發展過程中需要逐步練習的，例如：在充滿哀傷的情境中，個體需要能覺察該情境，並能理解引發哀傷情緒的原由，進而能感同身受的表現出哀傷情緒，並表達安慰他人的言語，這也都屬於情緒表達的範疇。因此，如何培養出正向及符合情境狀態的情緒表達能力，是邁向成功人際互動及適應的不二法門。

(三) 情緒調控

　　情緒調控意指以外在或內在的程序，對於引發情緒狀態的事件使用監控、評估及調整情緒的反應方式（Thompson, 1994）。以白話方式陳述，情緒調控就是能適切的控制因為強烈情緒狀態所可能引發的不當反應，並能自我撫平強烈的負向情緒。情緒調控的原始經驗正是出生後的不安與受挫感，透過大人的安撫，嬰兒學習到情緒是可以調整與受到安撫的；語言發展之後，透過互動的過程，幼兒學習到可以透過語言安撫激烈或負向的情緒，最終階段則是發展出自我對話（內語）的方式來自我撫平各種強烈的情緒反應。情緒調控的能力使得個體在表現其情緒反應時，能以社會接受及適應的方式表現，並進而產生健康互惠的社會互動與人際關係。

　　依據 Thopmson（1994）的論述，影響情緒調控的因子包含：(1)注意歷程；(2)內在情緒線索解碼；(3)建構情緒的喚起事件；及(4)因應資源的可近性。其中注意歷程首重轉移的能力，研究顯示一般發展的兒童其視覺注意力的轉移早在一歲前便已經萌芽，學齡前兒童則也逐步發展出阻擋注意的方式（如，蒙住眼

晴或摀耳朵等），或是以分心的方式（陳皎眉、楊家雯，2009；Smith et al.,
2003），例如，想別的事或專注於其他愉快的事，以達到注意力的轉移。內在
線索的解碼則是類似於覺察及辨識情緒的能力；此外，建構情緒的喚起事件，
是指個體如何解讀事件或歸因事件的取向，亦會影響情緒的調控能力，如果個
體傾向以正向歸因方式解讀引發情緒的事件，調控自然會較為順暢，若是傾向
以負向的方式解讀或歸因其喚起事件，通常就會容易陷於情緒的漩渦而難以自
拔；而此種解構事件的取向，通常會受早年重要他人的解讀方式所影響，並會
模仿重要他人的解讀取向，例如，小孩跌倒，如果重要他人解釋跌倒是練習如
何站起來的基石，未來小孩長大後，面對各種類似於跌倒的挫敗經驗，也會比
較從正向的思維去解讀。而因應資源的可近性，則強調事件當下是否有個體可
以立即取得協助的資源，其中資源應可分為實體與人際的，實體資源可以是個
體的偏好物、玩具、故事書或小毛毯等，而人際資源是指環境中是否有個體熟
悉或信任的人，可以透過人際資源而獲得支持與理解。

　　上一段 Thopmson 對情緒調控的論述，對情緒調控教學的啟示，可以包含協
助個體發展必要的轉移能力，包含阻擋的方式、或是找到適當的分心方式；此
外，建構喚起情緒的事件則應著重於教導正向內語，使個體在解讀或歸因該事
件時，能有較多正向的解讀。而資源的可近性，亦提醒教學者需要找到個體的
偏好物，如，故事書、玩具等，並能適時的提供其實體資源；另外，也要確保
學生在學習場域中能有一可信任的人，以便在強烈情緒發生時可以有個能理解
及支持該個體的人。

　　辯證行為治療對情緒調控亦有相當深刻的解讀。該治療模式建議個體必須
要學習四樣技巧，才不至於被爆發或失控的情緒給擊倒；四樣技巧是指痛苦耐
受力的訓練、覺察自己情緒的發生原因、情緒調控及人際效能。當中的痛苦耐
受力技巧是幫助個體能從痛苦的情境中抽離，而其首要條件是要先全然接納自
己的情緒，再執行轉移注意力的策略，其中包含算數（加七或減七），轉移地
點、思考的內容或做其他事。情緒調控則是強調個體能覺察並確認自己的原始
情緒及次級情緒，接受這些情緒的本質，並讓情緒能有語言宣洩的出口（說出
自己的感覺），再做出與情緒衝動不能相容或相反之事，之後才是解決問題能

力的提升（McKay, Wood, & Brantley, 2007）。

綜合而論，情緒發展適切的個體應具備下列一些行為表現：

1. 能覺知並辨識他人和自己的情緒。
2. 能關注他人的情緒與環境事件的關係。
3. 能覺知自己和他人情緒的因果關係及解讀該事件的方式。
4. 能夠因地因事制宜的表現出適當的情緒。
5. 能理解在同樣的情境下，不同的個體會有不同的感覺或情緒經驗。
6. 能知道內在的情緒不一定和外在的經驗相符合。
7. 能覺知文化或社會情境可以接受的情緒表達方式。
8. 能夠以語言表達自己的負向情緒，並以自己的感受為主體的陳述方式。
9. 能夠有獨特的自我平復高漲情緒的方式。
10. 能夠管理自己的負向情緒，包含強度和持續時間長度。

(四) 問題解決

Skinner（1953）定義問題解決的意涵為「任何行為，透過變項的操弄，讓解決的方法更具有可行性。」（p. 247）。此外，Skinner 還特別提出變項操弄的過程包含自我對話／自我提示及嘗試的經驗，每種方法會有不同的後果，之後個體會傾向選擇曾被增強的解決方式，而淘汰負向經驗的解決方式。下表就是一生活的例子，透過後果所產生的後效，用手清理碎玻璃的方式會被淘汰，因為手被割傷流血，是不好的經驗，類似懲罰後效；而用掃把清理碎玻璃則得到社會讚許，而且手不會受傷，類似增強後效；因此，未來發生類似的情境時，個體就會選擇曾被增強的處理方式（用掃把清理）。

問題情境	自我提示	處理方式	後果	對未來行為的影響
打破杯子	停下來，冷靜。我可以怎麼處理？	方式一：用手清理碎玻璃	手被割傷流血	減少未來行為出現頻率（懲罰後效）
		方式二：用掃把清理碎玻璃	被媽媽稱讚	增加未來出現頻率（增強後效）

　　過往研究結果確實也顯示一般發展的兒童可以習得問題解決的策略，但是必須要在各種不同的前事及後果情境使用這策略並得到直接增強的經驗（Guevremont, Osnes & Stokes, 1988; Hetherington & Parke, 1993）。例如Guevremont、Osnes和Stokes（1988）的研究顯示學齡前兒童可以學習使用自我教導策略來協助他們專注於學業相關的學習，學習的過程需要經由教學者是增強使用自我教導策略以及增強專注學業學習的行為，此外，要在其他地方或情境使用自我教導策略時，則需要再次使用提示及增強策略讓該策略能類化到不同的情境。

　　上述的文獻對問題解決的教學提出幾個重要觀點，首先，需要有類似自我對話或自我教導的媒介，用以引發後續處理策略的發生。而處理策略的選擇則可以是直接經驗其後果，類似個體親身經驗二期後效，好的策略得到增強，會增加未來出現的頻率，不好的策略會獲得懲罰，而減少未來出現的頻率；或是透過討論的過程，確認每種策略的後果，讓個體在未發生事件前就先有處理策略的資料庫，而該資料庫內的策略則是考量每個策略的後果之後，再做篩選儲存適當的策略。

第二節　社會情緒發展

　　社會和情緒發展是兩個密不可分的課題，文獻中常以串列的方式（社會情緒）呈現，可見這兩者之間的密切關係。對一般嬰幼兒而言，社會情緒的發展是與生俱來的，也是成長過程中的重要基石。古希臘曾有一故事描述，若保母被限制和嬰兒交談或肢體上的社會互動，只提供溫飽，這些嬰兒的生命就無法有效持續；故事中所強調的就是社會互動對嬰幼兒發展的重要性，正如呼吸維持生命一般重要，此種社會互動需要是天生的，嬰兒在出生後就能立刻與其照顧者建立互動性的社會關係。發展心理學的研究亦顯示，一般正常嬰幼兒在成長過程中，會自然發展出與主要照顧者的親密關係，在社會接觸上表現出強烈的興趣，而非語言互動是主要的互動方式，例如：期待被照顧者抱起來撫慰、對熟悉者的接近表現出愉快的表情（Greenspan et al., 1998）、與照顧者建立眼

神的交互接觸（Jones & Carr, 2004）、逐漸表現出社會性的發音等。兒童逐漸成長後，開始理解社會互動的內在狀態，並能依據個人及他人的內在狀態（如，感覺、意圖、慾望等）推估其行為，並做適切的因應或反應。以下分別說明最具代表性的非語言互動，包含眼神接觸、分享式注意力、意圖，以及社會認知（包含心智理論以及行為取向之社會認知）的發展。

➊ 非語言社會情緒

社會情緒發展中，非語言面向的主要發展里程碑包含：眼神的注視與接觸、分享式注意力，以及眼神偵測及意圖理解。研究亦證實這三個發展正是自閉症者的核心缺陷。

(一) 眼神注視與眼神接觸

出生約一至二週的嬰兒，即顯示出對人臉部的興趣高於非人臉；約二至三天大的嬰兒就可以模仿他人的動作手勢（Meltzoff & Moore, 1983）；眼神注視亦表現出嬰幼兒對環境中人、事、物的興趣，經由眼神注視開啟了嬰幼兒對世界的興趣；而注視或模仿成人的臉部表情，對日後辨識情緒能力的發展是重要基石。人的臉部中，眼睛是最具有深厚意涵的表徵，俗稱眼睛會說話，眼神通常會顯露出個體的內在情緒狀態及想法，因此，早期眼神接觸的建立，對後續情緒的理解與辨識有重要意義。研究顯示在哺乳時，人類的嬰兒是所有的哺乳類動物中，少數會持續維持與主要照顧者眼神互動的。眼神的另一項主要功能是與對方連結的建立與維持、表現出對互動的興趣與投入感，並規範社交對話（如，開啟或維持社會互動），簡言之，眼神注視表現出對環境的關注，而眼神接觸則是嬰幼兒建立「與人關連」的基礎。

根據研究顯示，新生兒偏好媽媽的聲音，會將頭轉向並注意媽媽聲音的來源（DeCasper & Spence, 1987; Ockleford, Vince, Layton, & Reader, 1988）。研究學者認為此種偏好可能是在母胎中制約的過程而形成，也就是媽媽的聲音和胎中舒適的環境產生連結的效果。因此，新生兒自然傾向於注意媽媽的聲音，同時連結媽媽的臉，進而觀察臉部的細節以及表情的變化，同時也可能辨別媽媽

不同的聲音。這些基本的能力對於之後的語言學習及社會行為的發展,都扮演相當重要的角色(Greer & Ross, 2008)。反推回來,如果一個發展遲緩的孩子,特別是自閉症的孩子,他對其他人沒有興趣,不僅沒有眼神注視,更不會去觀察人的面部表情,而且對人的聲音沒反應,更別說要他聽人講話了,這些現象自然對他們各方面的發展造成了莫大的阻礙。

為了改善此種現象,針對這方面發展遲緩的小孩,行為分析學者依據制約增強的原理,運用刺激配對的方式進行教學,企圖補救他們所缺乏的基本能力(Greer, Pistoljevic, Cahill, & Du, 2011)。結果顯示,患有自閉症的學齡前兒童經過訓練後,對大人的聲音產生了興趣(例如:主動前來聽老師講故事),不僅學習技能的速度加快了,原本頻繁的自我刺激性動作也減少了。

(二) 分享式注意力

分享式注意力意指兩個人與一物品間的溝通分享能力,此能力在嬰幼兒社會情緒的發展上相當重要。嬰幼兒在九至十二個月大,即可透過共享關注(joint engagement)、簡單的眼神交會、注視協調——透過非語言管道,了解他人對物品的看法,或對他人傳達自己對某一物品的感覺,是一種能與他人分享交流情感的重要溝通及社會技能。分享式注意力包含了兩種形式:回應型分享式注意力(response joint attention,簡稱 RJA)和自發型分享式注意力(initiate joint attention,簡稱 IJA)。回應型分享式注意力是指能跟隨他人的眼神或手指所注意的方向來注意物品,而自發型分享式注意力是指能主動和他人分享自己感興趣的注意焦點,包含注視協調、原始宣告,以及展示(Jones & Carr, 2004)。文獻研究結果顯示,一般嬰幼兒的分享式注意力的發展是自發型先於回應型,該研究觀察一般發展嬰幼兒(共二十四名),發現多數(約 2/3)最早出現的共享式注意力是與成人的共享關注的行為,其中還包含目光檢核(visual checking)及近距離的宣告手勢(proximal declarative gestures)的行為,接著出現跟隨他人手指指示及目光注視的行為,這個研究發現顯示嬰幼兒近距離的宣告手勢在一歲左右已經發展,是屬於自發型分享式注意力的型態,且是先於跟隨他人手指的能力的(Carpenter, Nagell, & Tomasello, 1998)。

此外，文獻指出，回應型分享式注意力的發展指標中，首推相互視覺注意力（joint visual attention）（Corkum & Moore, 1995）與對（用手）指示（pointing）理解的能力（Butterworth, 1995）。相互視覺注意力是指個體的眼睛能跟隨他人注視的方向，開始展現出嬰幼兒對他人注意的理解，其中跟隨他人眼神是後續相互視覺注意力的基礎；而理解他人的注意則是後續社交溝通的基礎（Butterworth, 1991）。相互視覺注意力的發展，嬰幼兒會先跟隨他人頭部的移動，而跟著協調移動其視覺注意力，對他人眼神注視方向的注意力並未同步發展，約在十二個月大左右，嬰幼兒才開始理解他人眼神方向的重要性，而逐漸能跟隨他人眼神，此能力約在十八至十九個月大發展成熟（Corkum & Moore, 1995）。對（用手）指示理解的發展，依據 Butterworth（1995）的看法可分為三階段，即生態機制期、幾何機制期和空間表徵機制期。前二個階段，嬰幼兒會在其視覺可及的範圍內進行注意力的轉換，然而，第三階段的空間表徵機制期，意指物品雖然不在嬰幼兒的視線範圍內，但嬰幼兒能依循他人的目光或手勢偵測嬰幼兒身後的物品，這項能力的發展，主要展現嬰幼兒已不再被他的視線範圍所侷限，而能產生透視或預測的能力。研究指出嬰幼兒約在十五個月大的時候，開始具有（用手）指示理解的能力（Butterworth, 1995）。

而自發型分享式注意力的發展則包含有與他人分享的內在意圖（Mundy & Crowson, 1997），並以注視協調移動（coordinated gaze shifting）、原始宣告指示（protodeclarative pointing）為主要代表。有關注視移動的發展，Baron-Cohen（1995）提出兩階段的發展論述，階段一是所謂的兩者間的表徵（dyadic representation），階段二則是三角表徵（triadic representation）。眼神注視移動是從兩者間的表徵所開啟，兩者間的表徵意指兩個實體呈現互相關聯的狀態，Baron-Cohen 界定兩者間的表徵可分為下列四種類型：(1)客體—關聯—自己，例如，我看到媽媽或媽媽看到我，二者具可逆性；(2)客體—關聯—物品，例如，媽媽看到玩具車，此時只能是單一方向性；(3)客體1—關聯—客體2，例如，媽媽看到爸爸，也可以倒返為爸爸看到媽媽；(4)自己—關聯—物品，例如，我看到玩具汽車。這四種表徵類型意涵個體理解看到（seeing）以及個體開始具有「自己」的概念。隨著年齡成長，眼神注視會發展出分享式注意力的機制——意指

自己和另一個客體共同關注一樣的物品，此種狀態被 Baron-Cohen 稱為三角表徵，這正是自發型分享式注意力的主要內涵。其中二者間的表徵是三角表徵的基礎，三角表徵是結合「自己」與「二者間的表徵」產生關聯，其形式可以是：自己－關聯－二者間表徵中的「客體－關聯－物品」，例如，我看到媽媽在看玩具車子，此處包含二個人，並共同注意到玩具車子，「媽媽在看玩具車子」則是二者間的表徵；或是另一種形式：自己－關聯－二者間表徵中的「客體1－關聯－客體2」，例如，我看到媽媽在看爸爸，此處則包含二個人，並共同注意到另一個人，或是我看到「媽媽在看聖誕樹」，其中包含二個人及一個物品，媽媽在看聖誕樹是二者間的表徵，加上「我看到」（主體），成為三者間的表徵，請參閱下圖。三角表徵主要就是個體的眼神能在三個實體間協調移動，正是注視協調移動的內涵。

三角表徵示意圖

主體　　　＋　　　二者間的表徵

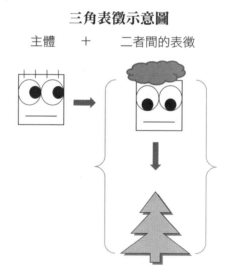

而原始宣告指示則是自發型分享式注意力的主要代表，主要內涵是指個體想和他人互動分享，而環境中的物品是讓二個人產生互動的媒介；其發展歷程是先從對他人展示物品或對他人指向物品開始（例如，從沒有看著對方的眼神到看著對方眼神搭配著用手指示），一般嬰幼兒在九至十個月大左右會開始出現此能力（Gomez, Sarria, & Tamcrit, 1993），之後逐步發展出宣告指示，其中需包含有想要分享的意圖，並能同時將一個個體與環境的物件相連結，類似Piaget 指稱嬰幼兒在感覺動作後期會出現因果關係連結的能力。因此，原始宣告指示中，除了三角表徵之外，還會和客體先有眼神交會，並帶有分享意圖的行為。姜忠信和宋維村（2001）整理文獻後提出，自發型分享式注意力約在十二至十三個月大左右先發展出注視協調移動的能力，再逐步發展出原始宣告指示能力，而回應型分享式注意力約在十五至十八個月才發展成熟。

然而，對於年紀較小或缺乏分享式注意力的嬰幼兒或兒童，則可以先教導回應型，再引發自發型分享式注意力。雖然上述的研究顯示，回應型分享式注意力的發展較晚，但一些相互視覺注意協調能力的研究卻發現，有相當多的八至十一個月大和部分六至七個月大的嬰幼兒，可以透過學習做出順著大人視線方向的轉頭行為，亦即表現出回應型分享式注意力的行為（Corkum & Moore, 1995）。縱貫研究顯示，相互視覺注意力的學習可以是先由成人被動的提供支持練習，熟練後再進展到由兒童主動的行為表現（Adamson & Chance, 1998）。所以，透過學習可以讓嬰幼兒產生相互視覺注意力，再逐漸讓嬰幼兒對分享式注意力的本質產生理解，並引領他們走向一條發現各種社會生活型態的道路（Corkum & Moore, 1995）。

Dube、MacDonald、Mansfield、Holcomb 和 Ahearn（2004）以行為分析的概念，對分享式注意力進行階層及行為元素的分析研究，對後續教學提供一清楚的教學層次及教學程序。Dube 等學者將回應型分享式注意力分為幾個行為階層：(1)對展示有反應；(2)眼神注視；(3)跟隨成人的手勢；(4)跟隨成人的眼神。而對回應型分享式注意力定義為：孩子遵循成人的眼神或手的指示看向某一特定物品，當中的行為分析元素包含：(1)前事：成人的眼神及手勢；(2)行為：孩子的眼神轉換，該行為與前事產生刺激控制；(3)後果：孩子看到新奇的物品，此後果維持了孩子眼神轉換的行為。Dube 等學者則將自發型分享式注意力分為幾個行為階層：(1)向他人展示物品；(2)具有純粹命名的能力；(3)注視協調；(4)原始宣告指示。而對自發型分享式注意力定義為：兒童看見新奇的物品，兒童的眼神從物品轉換到成人的眼神，當中對注視協調的行為分析元素則包含：(1)前事：新奇的物品；(2)行為：兒童的眼神從物品到成人；(3)後果：成人的回應與社會互動，此後果維持了兒童的眼神從物品轉換到成人。黃鈺菁和鳳華

（2007）即依據上述的階層及元素分析，對缺乏分享式注意力的自閉症兒童進行系統化的行為介入。經教學後，二名自閉症兒童在回應型（跟隨手指示和跟隨注視）及自發型分享式注意力（注視協調移動和原始宣告指示）都達到學習目標，並類化到自然情境，成效顯著。該研究證實透過適當的行為分析與教學，以往被認為是困難教學的項目，也可以透過適當的教學策略發展出該技能。

研究指出，分享式注意力是學習操作模仿與日後語言學習的基礎，如回應型分享式注意力可以預測未來接受性命名的表現，而自發型分享式注意力則可以預測表達性語言的發展（Adamson & Chance, 1998; Carpenter et al., 1998），此外，也是兒童發展認知自己與他人的里程碑。了解他人的注意力或他人的想法是心智理論發展的必要先備技能，在後續的社會認知發展上具有重要意義（Baron-Cohen, 1992）。

(三) 眼神偵測與意圖理解

嬰幼兒在語言發展之前，就大量以肢體方式與他人溝通，在此一來一往雙向溝通的經驗中，對兒童的心智發展產生了兩個重要的功能：第一是兒童在啟動溝通的過程，開始了解他對世界具有影響力（Greenspan et al., 1998; Skinner, 1957）；第二，在與他人雙向溝通的過程中，嬰幼兒開始覺知他的行為會造成一個結果或環境的改變，例如，伸手指向某樣東西，照顧者就會將東西給他。每次表現出一個動作或聲音，環境中的人、事、物就會因之而產生變化；這樣的經驗累積之後，嬰幼兒逐步發現他的行為會產生一個結果，反推回來，結果的產生是因為他的一個動作，此動作則來自個體內在的想法，也就是意圖。意圖概念的萌芽始於此，意圖的概念萌芽也在雙向溝通的經驗中逐步發展，奠定未來心智能力的重要基礎（Greenspan et al., 1998）。此外，嬰幼兒透過眼神偵測能力的發展，開始可以推估他人的情緒及慾望。依據上述的說明，分享式注意力大約在兒童一歲三個月到一歲八個月左右發展成熟。最近的研究發現，有58% 的嬰幼兒會在注視協調移動的過程中出現預期的微笑，即嬰幼兒在看到物品後，會看著物品笑，然後帶著這個笑容去看他的社會夥伴（Venezia, Messinger, Throp, & Mundy, 2004）。在過程中，嬰幼兒會表現出溝通行為來讓他人知道他

對某物的正向情緒。不論預期的微笑是用來分享發現的新奇事物，或是用來確認對方是否也有同感，都暗示著一個新的社會知覺，即了解社會夥伴是可以分享經驗的人。因此，笑容的觀察可以當作了解相互視覺注意力內在意圖的方法之一。Wellman（1990）的研究也認為，心智理論的開始可能發生在當嬰幼兒有能力去使一個人和一個物品或事件發生關聯時，這種形式的理解就代表著一種意圖的內含概念。

▌二 社會情緒與社會認知

(一) 心智理論

　　人類是社會性的生物體，不僅生活上需要依靠群體生活，連思考都很有社會性。人之所以異於其他生物體，心智理論（Theory of Mind，簡稱 ToM）的能力是主要關鍵。心智理論首先由 Premack 和 Woodruff（1978）界定為孩子能知悉他人的思想、觀念和意圖的能力，使兒童能站在他人的立場思考事物，並藉由此種能力去預測他人行為（Muris et al., 1999; Perner & Wimmer, 1985）。一般正常發展兒童，約兩歲左右就能區辨他們自己和別人的情緒狀態，三至五歲則開始將個人的行為以及他們的意圖、需求與信念相連結（Harris, 1989）。例如，弟弟去姊姊的抽屜拿一個橡皮擦，姊姊會歸因為弟弟沒有先問我就自己跑去拿，認為他是「故意和她搗蛋」。此種能力的發展與人類生活有極重大的關係，也是社會互動能力的重要先備技能，特別是對於內在想像、社會關係及互動溝通有重大影響力，例如：無法了解他人行為背後的動機、難以站在他人立場思考及接受他人觀點、社會互動能力差、無法與他人有效的互動等等（Gillott, Furniss, & Walter, 2004; Wellman,1990）。

　　學者指出，兒童在心智理論的發展中，分享式注意力及眼神偵測是發展心智理論的基礎（Baron-Cohen, 1992; Mundy, Sigman, & Kasari, 1994），眼神偵測則是心智理論發展開端的重要指標，因著眼神偵測的能力，對他人情緒、慾望及信念開始理解，並能依此能力去預測他人的行為。作者依據多方資料整理出心智理論的發展階段如表 1 所示，可大致分為心智理論發展前期、真實的心智

表 1 心智理論發展階段、發展重點及範例說明

階段	年齡	發展重點	範例說明
先備能力		分享式注意力：個體分享情感與表達意圖的開端	看到蝴蝶很漂亮，用手指著以分享情感，並回看大人以確認共享的意圖
心智理論發展前期	2-3	1. 心理／物理狀態的區辨 2. 看到導致知道 3. 假扮遊戲及表徵能力	1. 從外觀知道箱子裡面有什麼 2. 能分辨：真實的房子／腦中的房子（小明手上有一隻狗／小花想到一隻狗） 3. 將積木當成食物或車子
	3	區分主客觀： ＊能分辨外觀與實體的雙重特性 ＊分辨不同個體的想法	1. 主客觀：外觀是蘋果的燭臺（實體） 2. 不同個體的想法：我覺得餅乾好吃／爺爺覺得水果好吃（會給爺爺水果）
	3-4	1. 心理狀態的因果關係：行動、慾望、信念是三大基石 2. 情緒的推估與解釋： ＊事件→心理狀態→行為 ＊想像→心理狀態→行為 ＊慾望→心理狀態→行為 ＊信念→心理狀態→行為 3. 意圖與慾望之區分及監控	1. 去游泳（行動）；因為想去（慾望），而且認為游泳池有營業（信念） 2. 情緒解釋： ＊騎車跌倒（事件） →受傷難過（心理狀態） →哭（行為） ＊聽說老師很兇（想像） →害怕（心理狀態） →不要上學（行為）
	4-6	歸因的能力（意向問題）	1. 小明故意踢倒我的積木 2. 小花不小心踩到泥巴
真實的心智理論	6-	第一順位錯誤信念（須有預測及歸因的能力） ＊未預期的移位 ＊未預期的內容物	1. 甲生將物品放在A處，乙生將之移到B處，甲生會到A處找該物品 2. 甲生將X物品放到外觀是裝Y物品的盒子內，乙生會認為裝在Y物品盒子裡的內容物是Y物品
高階的心智理論	7-	1. 第二順位錯誤信念 2. 心智狀態與外顯行為不一致	1. 第二順位錯誤信念：甲會推估乙對丙的錯誤信念 2. 開始了解隱喻／諷刺、區辨開玩笑、分辨失禮
	8-12	先前的經驗會影響現在的心理狀態，進而影響情緒和社會推論	

理論、高階的心智理論等三階段（Flavell, Miller, & Miller, 1993），以下則分別
說明各階段的內涵。

1. 心智理論發展前期

　　心智理論的發展前期階段，首先是兒童發展出能區辨心理與物理現象的能
力。研究顯示，約三歲左右的學齡前期兒童就能區分心理和物理現象的差異。
例如詢問兒童：「『小明手上有一隻狗』、『小花想到一隻狗』，請問誰的狗
是可以看得到、摸得到的？」三歲兒童可正確回答該問題（Wellman & Lagattuta,
2000）。此外，表徵能力（或象徵遊戲能力）也是這個階段發展的重點，兒童
開始出現大量的假扮遊戲，可以利用表徵符號對具象物品進行轉換，而此種符
號替代能力的發展與運用，正是兒童從具象思考進入抽象思考的重要關鍵，對
於理解或推估他人心智的能力，亦是重要開端。能區分主客觀則是兒童在前心
智發展中的另一個重要發展課題。首先是兒童開始能分辨外觀與實體的差異，
例如一個外觀看似蘋果但實體是燭台的物品，兒童可以不被外觀所困惑，還是
能從物體的本質來理解該物品的真實特性。此外，2 歲左右的兒童已經發展出能
以客觀的立場了解不同個體的慾望，逐漸發展過程會學會因應他人的偏好給予
他人所偏好的物品，例如：如果大人不喜歡餅乾、喜歡花椰菜（用表情顯示），
兒童則喜歡餅乾，若大人請小孩再給他一些食物時，小孩會依據大人的喜好而
給予花椰菜；此發展重點在兒童能區辨他人跟自己的喜好不同，並做出相對應
的反應，此種能力是展現人我區隔的重要關鍵。Wellman 和 Lagattuta（2000）
認為心智理論發展前期的另一項重要指標是出現心理狀態的因果連結和解釋。
學前兒童會出現想要（慾望）及認為（信念）的心智動詞，並能將行為與內在
的慾望及信念共同連結其關係。例如：某人去逛街，學前兒童可以對該行為做
出解釋，說出因為他想要去逛街買東西（慾望），而且他認為購物中心有營業
（信念）。此階段同時亦發展出情緒的推估與解釋，主要的類型有：(1)事件→
心理狀態→行為；(2)想像→心理狀態→行為；(3)慾望→心理狀態→行為；以及
(4)信念→心理狀態→行為。這些經驗及推估能力的發展，同時也是兒童使用心
智動詞的開始。此階段的兒童偏向以心理狀態的動詞來陳述一個事件或現象。
例如，呈現一張小男孩拿著畫筆的圖片，一般發展的學前兒童會陳述這個男孩

想要畫畫，而不是小男孩拿著畫筆。從生活中的語料資料也顯示，兒童會傾向以心智的動詞來陳述生活的事件，例如在生活中，兒童會和家人分享對他人行為的解釋或意見，並加入許多的情緒字詞（如：高興、難過等），或是使用大量的心智動詞（如：認為、想要、相信等），而不會只單純陳述事實而已。

2. 真實的心智理論

真實的心智理論發展又分為第一順位的信念能力（first-order beliefs）或角色替換，以及第二順位的信念能力（second-order beliefs）或角色取替。第一順位是指個體能了解或推估人們對實際事件的想法，而第二順位則是指能夠以另一人如何看待其他人的想法，是站在第三者的角色來看甲如何設想乙的情感或想法（Perner & Wimmer, 1985）。Wimmer 和 Perner（1983）則認為，真正要能了解個體在角色替換能力的發展，必須要以錯誤信念（false belief）的方式才能真正測得該能力。兩位學者因此設計的第一順位錯誤信念研究範例（"Sally-Anne" task），是探測心智理論能力典型的測驗。在此測驗中，受試者必須要能區分兩人因為所知的訊息不同，所以有不同的想法與行動，因此受試者必須要具備理解不同個體所獲得的不同資訊，並依此做出推論的抽象表徵能力，才能通過探測（Brüne & Brüne-Cohrs, 2005; Tager-Flusberg & Sullivan, 1994）。第一順位錯誤信念的測量方式有兩種，一種是未預期的移位，另一種是未預期的內容物。

"Sally-Anne"是探測未預期移位的典型施測範例，題目為：甲生將物品放在 A 處，甲生離開後，乙生將該物品移到 B 處，請問甲生會到哪裡找該物品？回答者需要能區分二者因為所知訊息不同，會有不同的想法，並產生相對應的行為。所以甲生會到他原來放置的 A 處去找該物品，因為甲生不知道乙生將物品移到 B 處了。生活中常有相關的經驗，例如：爸爸將鑰匙放在冰箱旁邊，媽媽將鑰匙放回抽屜櫃，爸爸要用時到冰箱旁邊結果找不到。第一順位錯誤信念的另一種探測方式是未預期的內容物，典型的問題方式為：甲生將 X 物品放到外觀是裝 Y 物品的盒子內，如果甲生去問乙生，乙生會認為內容物是什麼？正確回答是乙生會認為裝在 Y 物品盒子裡的內容物是 Y 物品，因為乙生不知道甲生放置了 X 物品在盒子內。這個測驗主要是探測二人所知的訊息不同，因而產生

不同的想法,當中亦包含「看到導致知道」的概念,以及從盒子的外觀判斷內容物為何的基礎能力。生活中常有相關的經驗,例如:媽媽在糖果罐中裝了鹽巴,而小孩誤以為裡面是糖果;或是鉛筆盒被拿來當回收電池的用途等。

3. 高階心智理論

高階心智理論包含第二順位錯誤信念、理解諷刺及隱喻等。

第二順位錯誤信念的典型模式,是學生能推估故事中的一個角色對另一個角色的錯誤信念,最常見的就是改變約定。例如:原本甲、乙、丙三人約好在 A 地見面,後來甲和乙臨時改變要到 B 地見面。乙和丙在路上巧遇,所以丙也知道要到 B 地見面,甲想要告訴丙見面的地點改變了,但卻找不到丙。典型的問題為:甲會認為丙是到哪裡去和他們會面。學生要能回應出甲會認為丙是到 A 地去和他們會面。

理解隱喻則涉及到兒童是否具有比喻的概念,例如,跑得像烏龜一樣,一般人對烏龜的印象就是慢,所以,說某人跑得像烏龜一樣,就是比喻這個人跑步很慢。因此,需要先確認兒童對烏龜特質的理解,接著兒童也需要具備比喻的概念。而諷刺則需要兒童能區辨真實的情境是什麼,說話者所陳述的和真實的情境不一致,那說話者真正要表達的意涵是什麼。例如,上課時老師暫時離開後,學生變得很鬧,老師進來時卻說大家很安靜,兒童需要先確認事實和說話者的表述不一致,而說話者真正的意思其實是覺得很吵,但卻使用反話的方式陳述,而反話正是諷刺的意涵。清楚解析其概念之後,其教學的程序就可以較有方向了。

針對未能於發展過程中自然發展出此二種能力的學生,則有教導的必要。Howlin、Baron-Cohen 和 Hadwin(1999)特別強調心智理論是可以教導的,建議透過系統化的教導,有心智理論缺陷的學生是可以有所補救的。Feng、Lo、Tsai 和 Cartledge(2008)所進行的研究顯示,教導結合心智理論與社會技巧教學,對一名高功能自閉症兒童產生顯著的成效,包含能通過慾望相關的情緒、基本信念,以及第一順位錯誤信念(前測時未通過者),並增進該生的社會技巧,包含情緒辨識與情緒管理及溝通技巧。綜合多篇教導心智理論的研究,其所採用的課程大都包含下列要素:(1)教導情緒的辨識及因果關係、基本信念,以及第一順

位錯誤信念的技能；(2)採用多媒體媒材進行教導，如圖片、動畫或影片，並搭配角色扮演的方式進行教導；(3)教學方式採用直接教學法，搭配提示系統及社交情境的辨識等；以及(4)個別教學搭配小組教學以增進習得技能能類化到自然情境（Charlop-Christy & Daneshvar, 2003; Feng et al., 2008; Howlin, Baron-Cohen, & Hadwin, 1999; Kerr & Durkin, 2004）。

(二) 行為取向之社會認知

行為分析理論中，對行為的定義是個體在特定的時間地點與環境互動所產生的事件或語言，因此，行為分析方法在解析社會認知時亦相當著重環境的影響。行為分析方法解析社會行為主要是以三期後效關聯以及動機操作，或引起動機的事件做為分析的組成要素。其三期後效（three-term-contingency）關聯的主要分析構念為：前事刺激是另一個體的行為事件，個體的行為則是本身對此刺激事件及當時的動機情境所造成的反應。這個行為反應同時成為另一個體的前事刺激，造成另一個體的行為反應，同時也是個體行為的後果。舉例來說，小明和小華在下棋，棋盤排好了（小明的前事刺激），小明走了一顆棋（小明的行為；小華的前事刺激），小華也走了一顆棋（小明的後果同時也是小明下步棋的前事刺激；小華的行為），小明再走了一顆棋（小明的行為；小華的後果同時也是小華下步棋的前事刺激），如此類推下去。從這分析中，我們可以看到兩個人各別的三期後效關聯，以及兩者環環相扣的社會互動關係──因為一人的行為決定了另一個人下一步的反應。

行為取向的兒童發展學者 Novak 和 Pelaez（2004）提出社會認知可初步分為三部分：(1)社會知識：了解不同社會情境（音樂會或喪禮）及其相關的合宜的言行舉止；(2)社會能力：能夠表現合宜的社會行為（能夠主動和人交談）；(3)解決社會問題：這部分需要個體有操控公開及內隱事件（如想法）的能力，參酌現有的情況，然後尋求出社會問題的解決之道（例如：有兩個小孩都想要盪鞦韆，可是鞦韆只有一個，其中一個小孩就提出讓另一個小孩先坐，他在後面推他，然後再換他坐）。

首先，第一點和第三點都是建立在行為與環境的交互影響，而第二點則著

重表現出行為的元素。此種分析看似把複雜的人類社會行為簡化了，然而了解簡單社會互動的內涵是理解複雜社會互動的基礎。這些看似單純的組成要素，卻包括了許多細節，常是實證研究學者想要系統化逐步釐清的研究目標。一般人的社會學習，包括情緒的了解和學習，通常是透過自然的後效過程，透過觀察、成人或同儕的反應，個體便能理解並適當調整自己的行為。其中學習的過程主要是指口語上的導引或規範，便能產生學習的結果。而對一些個體而言，若是欠缺觀察學習的能力或是對人的興趣，就無法在自然的成長中理解社會行為，進而模仿適當的表現，而且這樣的問題並非「等他長大就會了解」，必須要因應這樣的需求找到相應的對策。行為分析對於此棘手又必須解決的問題，提供了一個基本且科學化的方向。社會行為的學習和基本學習原理是一致的，這個自然的過程一樣可以抽絲剝繭成基本元素，也就是三期後效關聯及動機情況，來進行個別化的分析，找出個體所缺乏的部分，調整目標，進行個體所需要的教學。

第（三）節　自閉症者之特徵與社會情緒發展

《美國精神醫學診斷手冊》（第五版）（DSM-5）（APA, 2013）對自閉症的診斷做了許多變革，第一，名稱由廣泛性發展障礙中的一個類別，更名為自閉症類群障礙（Autism spectrum disorder，簡稱 ASD）；以光譜分布的方式，將原本 DSM-IV 中的自閉症、亞斯伯格症及兒童早期崩解症等都涵蓋在此類型中。第二，主要症狀的分類從 DSM-IV 的三大特徵改為兩大特徵：(1)將原本社交互動與溝通的缺損二者歸為同一大類，而侷限、重複行為及興趣仍維持為另一大類之特徵；第一大類以社交溝通及社交缺損為主，又細分為社會情緒互惠的缺損、社交用的非語言溝通行為缺損，以及發展與維繫關係的能力缺損等三項，必須要排除是發展遲緩的影響。(2)在侷限、重複行為及興趣方面的症狀分為四項，其中包含：固著或重複的語言、動作及對物品的使用，對常規會有過度的堅持或重複固定的儀式，對事物或有興趣的事物表現出超乎常人的執著與沉迷，以及對感覺刺激的輸入產生過高或過低的反應性，此處對感覺症狀特徵的首次

標註，是 DSM-5 對自閉症臨床診斷的另一項重要變革。本節即依據 DSM-5 的診斷標準，以及相關文獻的整理，依據兩大類分別詳述自閉症的臨床症狀及社會情緒發展的困難。

 社交溝通及社交缺損

(一) 社會情緒互惠的缺損

社會情緒互惠的缺損包含：(1)不適當的社會趨近，由於有限的分享興趣、情緒及情感的動機而缺乏一來一往的溝通；(2)缺乏主動的社會互動，這部分的缺損特別表現在欠缺分享或展示的能力；(3)對人的表情或感覺缺乏興趣或較少關注；以及(4)缺少主動性等。以下分別討論之。

1. **一來一往社會互動的缺陷**：社會互動（social interaction）指人與人之間一種交互往來、彼此影響的作用，其中第一人的行為可做第二人的刺激而引起後續的反應；第二人的反應又可成為第一人的刺激引起連帶反應。此種刺激與反應的交互循環、互為因果，使人與人之間在言行舉止、態度、觀念等各方面產生相互的作用與影響（張春興，1989，2013）。Greenspan 等學者則認為，雙向溝通是社會互動的基礎，雙向溝通的發展早在一歲前就已經自然出現（Greenspan et al., 1998）。缺少一來一往的溝通是自閉症者常見的行為，如單向溝通，自閉症常會聚焦於自身有興趣的話題，很少回應他人的語言刺激，或是很少主動引發對話。Gillberg（1998）以及 Szatmari、Brenner 和 Nagy（1989）指出，亞斯伯格症在社會功能／互動的損傷，主要的困難在於缺乏雙向溝通能力的發展，例如研究發現，亞斯伯格症兒童的互動目的主要是為了滿足自己的需求（含注意力、物理性的需求），與同儕互動時常是滔滔不絕的單向對話，無法覺察他人對該主題的興趣，也難以了解他人的感受，所以常無法適切的中斷話題或轉化話題，顯示出亞斯伯格症在雙向溝通的困難，與其日後社會互動的問題是息息相關的。雙向溝通的欠缺，其核心問題在於解讀他人意圖上的困難，由於缺乏此能力，在人際互動上會被認為是自我

中心的及單向的。

2. **欠缺與他人分享有趣的物品或是缺少情緒交流與分享：**一般兒童在成長的過程中，情緒互惠的經驗是必經的過程，在情緒互惠的過程中，可以讓兒童了解他人的情緒，並學習做適當的反應。分享式注意力就是一重要情緒經驗的分享，例如：眼神接觸加上臉部微笑就是愉快經驗的分享、看到他人笑容也會回應微笑等，都是一般兒童在情緒分享經驗的重要基石，但自閉症兒童卻少有此種分享經驗；因此，在逐漸成長後，亞斯伯格症或自閉症兒童較無法針對他人的情緒狀態而做適當的回應，也無法產生與他人持久的親密關係（Gustein & Whitney, 2002）。功能較佳的自閉症者很少拿自己感興趣的東西給別人看，或以指出感興趣物品的方式與他人分享。

3. **缺少覺察自身與他人情緒的能力、對他人的痛楚較無法理解，也較少表現出關注的行為：**由於缺乏與他人眼神的交會，對他人的臉部表情或情緒行為較少關注，因而也較少去關注他人的痛楚，或是以自身的感受去理解他人的痛楚經驗，然而，情緒覺察能力是自我認識的基礎。自閉症天才 Temple Grandin 在其自述的書中就提到自閉症者一樣有情緒，相較於一般人，自閉症者的情緒很簡單，沒有矛盾複雜的情緒，但情緒對他們而言不是本能，是需要透過學習才能覺察與理解的；此外，她也坦率的表示自閉症者對他人情緒的理解也相對較為困難（應小端譯，1999）。在實務經驗中，常會發現成人自閉症者若沒有被教導過情緒的覺察與理解，比較容易產生不適當的行為反應，也無法覺知他的行為會與其他人的情緒反應有關聯。例如，肢體不當的碰觸，對自閉症者而言可能是舒服的感覺，對於被不當碰觸者而言則是不舒服的感覺，但是自閉症者無法理解此關聯。必須要先教導自閉症者理解何謂不舒服的情緒或感覺，並連結到自閉症者自身的生活經驗之後，再以類比的方式才能協助他們理解別人的情緒反應，自我控制力才能逐步建立。因此情緒的覺察、理解與因果關係的教導，對自閉症者的預後是一重要關鍵。

4. **缺少主動性：**自閉症者缺少主動性的臨床特徵主要是欠缺開啟或回應他

人社會互動的能力。許多研究指出，自閉症兒童通常在日常生活中無法主動的起始互動與對話（Koegel, Frea & Surratt, 1994; Stone & Caro-Martinez, 1990），受到挫折或是受傷時，也大都不會主動要求人給他安慰（宋維村，2001）。一般幼兒在開始學會問話能力之後，會大量使用wh的問話，主動開啟與他人的社會互動，例如：兒童會使用「是什麼」（what）的問題主動開啟話題，除了可獲得社會的回應（社會增強）之外，也開始增加對環境的命名能力，拓展個體對環境事物的掌控力。自閉症兒童則明顯欠缺使用問話或wh的能力，對環境新事物的興趣也較為偏限。

(二) 社交用的非語言溝通行為缺損

社交用的非語言溝通行為缺損包含統整語言及非語言的溝通能力，例如：缺少眼神接觸、肢體語言，或是缺少使用非語言溝通、無法理解非語言溝通，以及缺乏臉部表情與手勢。

1. **缺少眼神接觸**。自閉症者早從嬰兒期就表現出不同於正常兒童的社會發展，此種社會發展的異常現象，從出生的第一個月開始即可看出（Osterling & Dawson, 1994）。例如：嬰兒無法建立與照顧者交互的眼神接觸，且無法表現出社會性的發音；此外，人的臉型也無法引起自閉症嬰兒的興趣。發展心理學家發現，同時呈現人的臉型和物品的圖型時，嬰兒會對人的臉型有較多的反應，三個月左右的嬰兒就能從人的臉型與非臉型圖形做區分（洪蘭譯，1997），然而自閉症嬰兒卻未能對此有所反應（Volkmar, Carter, Grossman & Klin, 1997）。

2. **對於非語言的或肢體動作的理解力不足**。分享式注意力是對非語言互動理解的基礎，例如：透過原始宣告指示分享有趣的物品，手指的能力就是肢體動作的基本表徵。約八至十二月個大的幼兒會發展出此種社會能力，此能力讓幼兒在尚未發展語言能力前，使用肢體語言與其他人分享他的喜樂或事物（Schaffer, 1984）。例如：一嬰兒看到了可愛的玩具，會不時轉向母親或用手指著他所看到的有趣事物，向母親示意他感興趣

的事物，藉由此種互動關係，嬰兒的情緒經驗就在這個時候與母親產生共鳴，並建立緊密的親密關係及分享能力，而自閉症兒童則較無法產生此種分享式的注意力；其他如不理解他人兩手交叉代表的意涵、無法分辨不同語調所代表意涵的不同，以及缺乏以肢體方式表達正向或負向的情緒等。Temple Grandin 曾在自述中表述，在喜怒哀樂上，她的臉部表情沒有太大的差異，所以互動者也很難從其表情推估她內在的情緒狀態（應小端譯，1999）。這些肢體動或臉部表情的欠缺，讓自閉症者在社會互動的表達中顯得較為單一而不敏銳。

(三) 發展與維繫關係的能力缺損

發展與維繫關係的能力缺損則像是，無法因應不同的社會情境而調整行為以做出符合情境的反應（含社會規範的固著性及維繫社會互動的缺損）、缺乏模仿能力和象徵遊戲，及心智理論的缺陷等。

1. **社會規範的固著性**：發展出口語的自閉症者傾向使用固定的規則和模式與他人遊戲或互動，因而常無法順利融入團體；此外，社會規範會因情境的不同而必須做些許的變通與轉變，自閉症兒童無法因應不同情境而有變通性時，其在社會互動上所產生的挫敗經驗是可以預期的（Myles & Simpson, 2001）。此種固著性與轉換注意力有重要關係，而意圖的推理能力需要有注意力的轉換變通性（Triesch, Teuscher, Deak, & Carlson, 2006），因著固著性，亞斯伯格症者在注意力的轉換困難也同時影響了意圖理解的可能。

2. **維繫社會互動的缺損**：許多學者的研究發現，自閉症者在人際互動過程中，很少會因情境或談話內容的變化而調整對話，較少去傾聽他人的意思，也不會幫助對方釐清意思；對於自己的話是否被正確了解並不會注意，也不做說明補充；僅僅談自己有興趣的話題，也無法分辨他人的情緒或反應，做適當的話題調整，因而很難與同儕維持長久的互動關係或對話（Baron-Cohen, O'Riordan, Stone, Jones, & Plaisted, 1999; Jolliffe & Baron-Cohen, 1999; Myles & Simpson, 1998）。

3. **缺乏模仿能力與假扮遊戲**：由於自閉症兒童對人相關的事物都較缺乏興趣，因此生活中模仿他人的行為也無從產生（例如，自閉症幼兒很少會去模仿他父母親的行為，像是拿公事包上班、煮菜、講電話等）。由於分享式注意力與模仿行為都是建立替代符號活動或表徵能力發展的起點，因此缺乏這些能力對未來符號認知有相當程度的影響；而缺乏符號轉換的遊戲行為（或稱為象徵遊戲），對自閉症幼兒在符號或思考語言的發展，有更深遠的影響。例如，一般幼兒會注意到玩具車的功能而依其功能來發展玩車子的遊戲（如：載人去玩、載東西去賣等），而自閉症幼兒則只對車子的味道或單一的零件有興趣。因此，自閉症兒童無法藉由模仿的方式，從遊戲中將外在的環境與內在的經驗相結合，藉以擴展其生活經驗，並促進認知能力的發展。

4. **心智理論的缺陷**：心智理論（ToM）是在 1978 年由 Premack 和 Woodruff 首先提出的。他們認為一般兒童有能力描述心中的想法、感覺、意見及他人的意圖，並能應用此能力來預測他人的行為。心智理論是兒童了解自己與他人之間關係的重要因素，它能幫助兒童在了解社會環境後，表現出具社會能力的行為（Astington & Jenkins, 1995; Wellman, 1990）。學者 Frith 於 1989 年提出自閉症者是心智理論欠缺的論點，其主要假設是自閉症者無法將他們過去的經驗連結，並且無法從外顯的刺激將他人的想法及情感連結，因此不論是在過去、現在或未來的情境中，他們都無法理解經驗的涵意，並從經驗中學習對環境中人、事、物的認知（Wing, 1997）。簡而言之，自閉症者並未形成一套可以協助他們了解他人所需的心智理論能力，缺乏對於別人內心的感受與想法的了解，導致他們無法與他人進行良好的社會互動（Baron-Cohen, 1992; Leekam & Perner, 1991）。Howlin 等學者（1999）則具體指出，自閉症兒童在心智理論上的欠缺包含：(1)無法敏銳覺察他人的感覺；(2)較無法理解個人的經驗與他人不同；(3)無法解讀他人的意圖；(4)無法感受他人對自己談話內容的興趣；(5)無法監測說話者的意圖；(6)無法了解何謂誤解及欺騙等。亞斯伯格症學生也同樣被發現在心智理論的能力上有明顯的缺陷（Gustein &

Whitney, 2002; Myles & Simpson, 2001）。國內的研究亦顯示，自閉症者在心智理論的表現明顯低於一般兒童（鳳華，2001）；鳳華（2007）根據其自編的三層次心智理論測驗對亞斯伯格症兒童的研究亦發現，亞斯伯格症兒童在層次一（基本心智能力）及層次三（高級心智能力）的表現明顯低於一般發展兒童。顯示國內外研究皆證實自閉症者在心智理論上的缺陷，對未來介入有重要啟示。

二 侷限、重複行為及興趣方面的症狀

(一) 固著或重複的語言、動作及對物品的使用

重複的語言形式可分為自言自語（與情境無關的重複語言刺激）或是鸚鵡式的覆誦，在代名詞（你、我、他）的使用也是其弱點，或過度使用正式的用語等。自閉症者也被發現會使用其獨創的語言或隱喻式的語言，並固著的使用，此種隱喻不同於一般常用的隱喻，而是個體獨自發展，只有熟識的人才能理解的，例如，「饅頭」表示心情不佳。重複的動作則像是出現晃動手或手指、拍手、擺動身體等動作，但與當下的情境無關聯。對物品會有固著而非功能性的使用表現，例如：將車子整齊排列、搓動資料夾使自己情緒穩定等。

(二) 對常規會有過度的堅持或重複固定的儀式

對常規的堅持包含對作息時間的固著及規律，例如：對下課時間的堅持度、家長接送時間的準時度等；或是對環境中的擺設要求一致，例如：環境中的物品擺設若產生移動，會造成個體的不安，並堅持要放回原來的位置。重複固定的儀式也會顯示在重複詢問同樣的問題，特別容易出現在當既定行程有所改變時。堅持的部分即意謂著不願改變，空間及時間不預期的改變或跨階段的轉銜也因其堅持度而容易產生適應困難，功能較佳的自閉症者則會出現在理解事物、思考的堅持與缺少變通性。

(三) 對事物或有興趣的事物表現出超乎常人的執著與沉迷

在興趣方面，有一種或一種以上的刻板的、有限的形式，其強度與焦點均迥異於常人。例如：遊戲活動可能僅對上下電梯有興趣，或是以非功能的形式操作物品等。對物品的多樣刺激面向僅選擇性的聚焦於某一刺激面向，展現出有多重線索方面的困難；或對環境中的人、事、物產生無端的害怕情緒。

(四) 對感覺刺激的輸入產生過高或過低的反應性

臨床資料顯示，自閉症者對痛感有超乎常人的忍受力，或是會有尋求刺激的需求，如抓皮膚、摳眼睛等。這些異常的行為表現常與個體的反應閾有關，過高的反應閾需要強烈的刺激始能引發個體的感覺反應，而過低的反應閾則只要少量的刺激就會引發個體的反應，對刺激會有高的敏感度，例如：對鐘聲會有摀耳朵的反應、觸覺敏感、對旋轉物品的著迷等。

綜合上述整理，自閉症者的首要困難為社會情緒及人際互動，社會情緒互惠的缺損明顯影響自閉症者對情緒的理解、表達及互惠式的分享；社交用的非語言溝通行為缺損，也使得自閉症者在社交情境中較缺乏敏銳度，而無法理解非語言溝通的線索並適時做出回應；社會規範的固著性、維繫社會互動的缺損、缺乏模仿及假扮遊戲互動能力，以及心智能力的欠缺等，使自閉症者較難與人發展及維繫人際關係；第二大類的行為特徵為侷限、重複的行為及興趣，則明顯窄化自閉症者對環境的探索動機與興趣。因此，針對自閉症兒童教學目標的選擇應依據其不足的地方加以補強，使能有效對症下藥，改善其核心的困難。本書中第二部分的教學實務即因應自閉症者的特殊需求，發展出相對應的實務課程。

Chapter 2

教學模式

　　第一章討論了有關情緒與社會發展的相關內涵，並對自閉症的特徵與社會情緒發展的困境與不足做一探究。確認自閉症者的需求之後，要如何協助這個族群克服其不足與困難則是教學介入的議題。Simpson（2005）懇切指出自閉症者的介入務必要根據實證研究以做為有效介入的基礎，該篇文獻認為科學本位的介入模式，首推應用行為分析（applied behavior analysis，簡稱ABA）、單一嘗試教學（discrete trial teaching，簡稱 DTT）及核心反應訓練等。應用行為分析是以科學實證為基礎、社會關懷為其核心、使用資料系統分析為其主要方法，致力於建立有效教學模式，最終的目標是建立人文關懷、提升教育服務品質，並建立人文關注的學習理論，為各種需要的學習者提供高效能的教育服務（Cooper, Heron, & Heward, 2007）。本章以應用行為分析為基礎，除了介紹學習原理（增強原理及刺激控制）外，並列舉實證本位的教學模式與策略，最後則提供教學檢核表讓教學者自我檢核，以建立專業化的教學模式。

第一節　增強原理與刺激控制

　　行為主義最重要的代表人物之一Skinner最大的貢獻，是他傾注一生投入對

有機體行為的研究，並因而建立了學習理論的基礎。Skinner不僅運用科學系統化的方式，對人類的行為與環境的關聯做了詳盡而細膩的解釋，也為行為的增加與減少的原理與介入策略，以及所有可觀察、可度量行為的學習原理奠定穩固的基礎。此外，Skinner（1957）的《語言行為》（*Verbal Behavior*）鉅作則重新以行為的功能角度詮釋語言，後續的學者並依此原理建立出各種有效的語言行為教學方式。古典制約對學習的影響也具有相當大的啟發性，特別在興趣拓展、情緒處理等方面有相當的影響，以下分別說明之。

一　二期後效關聯——增強原理

　　依據Skinner的看法，人的行為會持續的發生，表示行為與環境產生功能關係，因此他採用二期後效關聯（two-term contingency，以下簡稱二期後效）的方式來解釋這樣的現象。二期後效是所有操作行為策略的基本組成基石（Glenn, Ellis, & Greenspoon, 1992）。也是解釋行為與環境互動的功能關係，從兩個重點定義，第一是行為之後環境中刺激的變化（增加、給予或減少、移除），第二是對未來行為出現頻率的效果（Cooper et al., 2007）。第一個重點闡釋行為之後環境中刺激的變化影響正、負增強（或懲罰）的定義，行為之後環境刺激的變化若是增加或給予，則可能是正增強或正懲罰，而行為之後環境的刺激變化若是減少或移除，則可能是負增強或負懲罰。第二個重點是對未來行為出現頻率的效果，此效果決定行為與環境的關係是增強作用或懲罰作用，若行為之後刺激變化的效果是增加對未來行為出現的頻率，則是正增強或負增強，反之，若行為之後刺激變化的效果是減少對未來行為出現的頻率，則是正懲罰或負懲罰。

　　二期後效中，與行為增加有關的後效是正增強與負增強。一個反應緊隨著呈現一個環境刺激，造成該行為未來出現頻率的增加，就是正增強的定義；負增強同樣是造成未來行為出現頻率的增加，不同處是在行為之後移除一環境刺激。在此要再次強調增強物不會（也不能）影響在它之前的反應（也就是當下的行為），增強只能使相似的反應在未來出現的頻率增加，這是在理解此概念時比較容易混淆之處。

　　必須強調的是，增強的直接效果牽涉到「行為和其結果之間，相差以秒計

的時間關係」（Michael, 2004, p. 161）。因此，在新行為的建立時，立即增強很重要，零錯誤學習的概念就是希望學生在學習之初，因區辨刺激（discriminative stimulus，簡稱S^D）的加入，利用增強的二期後效關聯，轉變成為可區辨性的操作（discriminated operant）的三期後效關聯，此即是下一小節要說明的刺激控制原理。

此外，Cooper 等學者（2007）針對增強原理整理出一些重要議題，作者參酌相關文獻後簡要說明如下：

1. 增強的任意性：增強具任意性特質，增強作用的發生並沒有所謂的符合邏輯或是適應的觀點，重點為增強作用是強化任何在其之前的行為，許多不適應行為或迷信行為都可以用此種增強特性來解釋。

2. 增強的個別化：增強是個別化的學習歷史，行為主義強調個別差異，認為每個個體所有的學習行為都有其個別化的增強經驗與歷史，也因此而成為獨一無二的個體。因此，要能確保教學有效，就要先了解該個體的增強歷史，以及他對於刺激物的偏好情形。

3. 增強的動機性：增強受動機影響，在任何時間裡，要讓刺激的改變有增強的效果，必須依據學習者是否真正有想要（want）的動機而定；動機操作會影響一些刺激物或事件的增強效力，同時影響與該增強物有關行為的發生頻率。

4. 自動增強：一些行為能自發性產生自身所需的增強。Rincover（1981）認為，自動增強常以自然的感官感覺後果（如：視、聽、觸、嗅、味）為其表現的形式。自動增強可能是一個非制約增強物（unconditioned rein-forcer），或是一個原本是中性刺激但已完成配對而成為一種制約增強物（引自 Cooper et al., 2007）。這種刺激配對的概念對後續的教學產生很大的啟示。嬰幼兒在牙牙學語的過程，常會出現玩自己發出聲音的現象，從自動增強的解釋，是認為媽媽的聲音（中性刺激）和媽媽的呵護及餵食的溫暖（非制約增強物）配對，使聲音本身即產生增強效力，因此在獨處時，幼兒會以發出聲音替代或等同媽媽在旁的感覺，這種玩聲音的行為，也是促進口語發展的重要關鍵。這樣的概念促使行為分析對口語

的發展有新的洞察，後續的研究陸續運用此種刺激配對的概念，使無口語或口語侷限的自閉症兒童的口語發展產生新的契機（Sundberg, Michael, Partington, & Sundberg, 1996）。

三 三期後效關聯——刺激控制

所謂三期後效關聯，是指前事（antecedent，以下簡稱 A）、行為（behavior，以下簡稱 B）和後果（consequence，以下簡稱 C）之間的關聯，A-B 之間的連結是受後效增強所產生；具體來說，前事是指一個出現在行為之前的刺激或事件，在過去的增強歷史經驗中，出現此前事刺激，如果個體於當下表現出某行為，就會出現其想要的後果。接聽電話就是生活中最簡單的例子，出現電話鈴響（前刺激）去接電話（行為），會因為話筒中出現人的聲音而獲得後效增強，增加未來聽到電話鈴聲響了就去接聽電話的行為。為具體展現 A-B 之間的連結關係，A 會以 S^D 來表示，就是區辨刺激（discriminative stimulus，縮寫成 S^D）。而出現其他刺激物（如，出現門鈴）或沒有出現是就稱之為干擾刺激（stimulus delta，縮寫成 S$^\triangle$）。

三期後效關聯是刺激控制（stimulus control）概念的基礎，而刺激區辨訓練（stimulus discrimination training）則是刺激控制發展的傳統程序，當中涉及一個行為和二個前事刺激，反應若出現在一區辨刺激（S^D）情況下則可獲得增強，但在另一個無關或干擾刺激（stimulus delta，簡稱 S^A）情況下則不然；所有學習的歷程經仔細解析後，就是刺激控制的成果。當老師合宜且一致地執行此程序，學習反應在 S^D（教學刺激或教學指令）呈現時的發生率將會提高，而在 S^A 呈現時沒有反應發生，學習反應就逐步形成。Keller 和 Schoenfeld 於 1950 年代即指出，概念形成是刺激控制中複雜的例子，除了需要刺激群組內的刺激類化，同時也需要刺激群組間的刺激區辨（引自鳳華、鍾儀潔、彭雅真譯，2012）。例如對於杯子的區辨訓練，除了要能辨認出所有形式的杯子（即為刺激群組內的刺激類化）外，也要從盤子、碗、鍋子等物品中做出區辨（即為刺激群組間的刺激區辨）。

提示（S^D）為建立刺激與行為連結的重要推手。提示（prompting）分成刺

激提示與反應提示，刺激提示有手勢、移動位置及重複呈現刺激，反應提示則有肢體提示、示範及語言提示（含口語、文字及圖片）（鳳華等譯，2012）。若很確定學生完全沒有該項技能的概念，呈現教學刺激及教學指令後，應使用零秒延宕提示策略立即提供提示，增加教學刺激與正確反應間的連結關係，使學習錯誤的發生降至最低，增加學生成功的經驗。提示之後要盡量快速褪除提示，減少學生對提示的依賴。使用教學提示的要點如下：(1)教學提示必須要和教學刺激同時出現；(2)依教學內容的不同特性選擇適當教學提示；(3)系統的提示給予，應先從最少協助到最多協助，以尊重學生的學習權，比較容易褪除該提示；以及(4)每次教學提示後，下一個教學嘗試應提供學生獨立學習的機會。本章的第二節會有實務操作的詳細說明。

三 四期後效關聯

　　增強的效力取決於動機狀態，在三期後效中增加動機操作（motivation operation，簡稱 MO）層次，則形成 MO/A-B-C 四期後效關聯（four-term-contingency）。動機操作有兩種形式，一種為建立操作（establishing operation，簡稱 EO），它能增加刺激物做為增強物的效果，亦能增加引發該增強物的行為發生頻率，例如：學生連續三個小時未進食（食物匱乏），有助於食物做為增強物的效果，而任何先前與獲取食物有關的行為，也會增加其出現頻率；第二種是相對於建立操作的消除性操作（abolishing operation，簡稱 AO），它能減低刺激做為增強物的效果，同時也減少與該刺激物有關行為的發生頻率，例如：提供食物，個體飽足後，食物做為增強物的效力自然降低，與獲取食物相關的行為發生頻率也因而降低（Michael, 2007）。教學過程中，如何營造學生的學習動機，以誘發出特定的學習行為，是教學重要的課題，特別是針對學習動機較為薄弱的族群，若能善加應用動機操作以引發其學習目標，將能有效提升學習行為，例如：要教導溝通，則需要從個體的需求著手，教學者必須要先知道學生當下的需求為何，確認學生的偏好物（如：食物、玩具或是其他物品）之後，再依據該偏好物讓學生學習表達想要該物品的溝通型態（口說、圖片或手語），學生即可獲得該物品（後效正增強）。依據此模式，學生的溝通能力就可以快

速建立。目前研究已經證實功能溝通教學是處理行為問題的主要前事策略。而
有效溝通能力的建立，則須仰賴教學者善加使用動機操作，並結合三期後效的
教學模式，方能達到事半功倍的效益。

（四）反應型制約

Watson 建立了刺激—反應（S→R）理論，是行為主義的創始者，他認為情
緒是受環境因素而產生的。最負盛名的就是小羅伯特對小白鼠的恐懼實驗，是
Watson 用來解釋環境對個體情緒發展的經典研究。依照 Watson 行為主義的看
法，所有愛、恨、恐懼及難過都可以透過此種刺激配對學習的模式而習得，對
後續情緒發展有很多啟示。

Pavolv 後續所建立的古典制約，對於情緒的發生與環境互動的關聯亦產生
深遠影響。他認為人類既有的反射反應中的引發刺激源——非制約刺激（uncon-
ditioned stimulus，簡稱 US）會引發非制約反應（unconditioned response，簡稱
UR），可以經由配對的過程，讓原本對個體不會造成反應的中性刺激（neutral
stimulus，簡稱 NS）也可引發原始的非制約反應，而成為制約刺激（conditioned
stimulus，簡稱 CS）。當中性刺激獨立出現也能引發非制約反應時，就形成反
應型制約作用。此時，原本的中性刺激就成為制約刺激，原本的非制約反應就
成為制約反應（conditioned response，簡稱 CR）。最為簡單的範例正如表 2 所
示，表中的非制約刺激可以替換成各種會引發反射反應的刺激，如大風沙、強
燈會產生眨眼的反射動作，而美食常可引發流口水的生理反應。透過和各種環
境裡中性刺激的配對，就會形成反應型制約的學習成果。一旦鈴聲不再和食物
配對，可能會逐漸恢復原來中性刺激的狀態，不再引發制約反應，就形成反應
消弱。表 3 則顯示制約後的鈴聲，亦可和其他中性刺激配對，依舊可以產生新
的制約學習，稱之為次級反應型制約。這兩種配對制約的效果，在日常生活中
隨處可見，廣告的效果就是很好的範例。表 4 即顯示原本某一特定品牌的泡麵
對消費者是中性刺激，但是透過與非制約刺激配對的片段（美味的食物影像），
該品牌的泡麵對消費者就會產生反應型制約刺激的效果，因此，當逛街購物時，
自然就會選擇購買該品牌的泡麵（制約反應）。

表2 古典制約在制約前、後的範例

制約前（配對過程）	制約後
食物（US）→口水（UR） 食物（US）＋鈴聲（NS）→口水（UR）	鈴聲（CS）→口水（CR）

表3 次級反應型制約在制約前、後的範例

制約前（配對過程）	制約後
鈴聲（CS）→口水（CR） 鈴聲（CS）＋燈光（NS）→口水（CR）	燈光（CS）→口水（CR）

表4 廣告的刺激配對範例

制約前（配對過程）	制約後
泡麵（US）→口水（UR） （多樣豐富引人食慾的泡麵片段） 泡麵（US）＋品牌（NS）→口水（UR）	品牌（CS）→口水（CR）

　　其他如一朝被蛇咬，十年怕草繩，也是一種刺激配對的結果。此種配對學習的概念，近年來也廣泛運用在教導自閉症者對食物的多元接納、對玩具的興趣擴展的引發上。

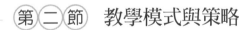

第二節　教學模式與策略

一　刺激－刺激配對訓練

　　刺激－刺激配對訓練看似運用古典制約的方法，將原本中性的刺激物和非制約刺激物配對，使得原本中性的刺激物也能得到和非制約刺激物類似的反應。然而，此種教學方式的原理主要是基於操作制約理論的自動增強和制約增強。因為在古典制約中，被制約的刺激物所得到的特質是引發生理或情緒反應，但是刺激配對教學中，原本中性的刺激物經過和原級刺激物配對後，變成了制約增強物，對個體行為產生的是增強作用，這部分是屬於操作制約的範疇；然而，

如果因為配對的過程，個體對原本的中性刺激產生愉快的心情，則也可以屬於古典制約的範疇。

Skinner（1957）的語言行為和早期行為取向兒童發展學者 Bijou 和 Baer（1965）提出運用自動增強的原理來解釋幼兒為何在早期學會說話前，總是不停的發出各種聲音過程。自動增強的特色是其增強行為的效果並不需要透過別人的中介。在嬰兒和母親的互動中，母親的聲音和各式各樣的原級增強物配對在一起（例如：食物、擁抱）而成為制約增強物，所以嬰兒自動增強式地發出各種聲音，漸漸地，其中和母親發音中相似的聲音被選擇出來（塑造的過程），成為學習母語的基礎（Cooper et al., 2007; Novak & Pelaez, 2004）。

Sundberg 等學者（1996）運用自動增強的概念，設計刺激配對的教學法，針對語言發展遲緩的孩童進行早期療育。該研究為促進自閉症兒童自由遊戲時間能有更多的自發口語表現，因此將大人的聲音和具增強效力的刺激（如，搔癢、讚美、在成人身上彈跳等）配對，每分鐘至少要配對十五次，每次一至二分鐘，依兒童的狀況進行不同長度的配對時段。配對撤除後再觀察兒童各種口語類型的出現頻率。研究結果顯示，在自由遊戲時間，兒童不僅在配對的目標口語的出現率明顯增加，其他原本兒童既有的口語也同時被引發且高於基線期的頻率。此研究對後續口語的引發訓練有重要的影響。

另一種刺激配對訓練模式則是基於制約增強的概念，其刺激配對的方法也是將原本中性的刺激物和原級或次級增強物系統配對，直到原本中性的刺激物得到增強個體行為的特質，而成為一個制約增強物。其終極目標是讓個體對原本中性刺激物產生喜好（制約增強物），進而產生自動增強的作用。Greer 和 Ross（2008）於書中列出一系列的研究，運用刺激配對的方式，連結中性刺激物（例如：樂器、書本等）和原級刺激物或次級刺激物（社會性讚美），結果造成孩童在自由活動時間會自動選擇從事這些原本非偏好性的活動（例如：彈奏樂器、看書）。他們也運用此教學方式，教導自閉症的兒童對人的聲音、玩具以及書本產生興趣，不僅減少了重複性的自我刺激行為，更重要的是改善了他們的學習效果及效率。表 5 的例子可大致說明制約前及制約的程序。

表5 刺激配對的制約前及刺激配對過程

制約前	刺激配對過程	說明
沒有發音或頻率很低	大人發出特定聲音並同時給予小孩喜歡的感官刺激	小孩逐漸發出此特定聲音,不需大人特別的增強,成為自動增強
對書本沒興趣	大人和小孩一同看書,同時給予小孩社會性讚美或連結小孩喜歡的活動,例如表演書中有趣的動作	小孩逐漸喜歡看書,並在自由時間選擇看書,無須大人陪伴,成為自動增強

二 刺激控制原理及教學法

　　二期後效闡述了後效增強增加行為未來的發生率,刺激控制則是延伸二期後效的概念,後效增強除了對行為產生效果外,也對緊鄰於行為出現前的刺激產生效果,該刺激並產生對行為的引發效果,此一前事刺激被稱為區辨刺激（S^D）。當中所謂的區辨刺激對行為產生引發效果,具體而言,就是行為在 S^D 出現的情況下,比 S^D 不出現時還常發生,就表示該行為已經處於刺激控制之下,也就是表示出現 Dinsmoor 所稱的刺激控制（引自鳳華等譯,2012）。

　　刺激控制是如何發展的?通常刺激區辨訓練的程序,會包含一個反應和二個前事刺激,反應在 S^D 出現時可得到增強,但在另一個無關刺激（S^Δ）情況下則不會得到增強;此程序相當於區別增強的概念,如果教學者希望學生看到蘋果的圖片會說「蘋果」,教學者就要執行下列程序:當在呈現蘋果圖卡時學生說出「蘋果」的反應,就會得到增強,而呈現橘子的圖片時學生說「蘋果」則不會得到增強。教學者一致地執行此程序,學生未來看到蘋果圖卡（S^D）說「蘋果」的反應發生率就會增加,看到橘子圖卡（S^Δ）說「蘋果」的反應就會減少或不再出現。由此可見區辨刺激訓練可以用在大多數的概念學習。

　　在刺激控制的概念下,後續發展出幾種概念學習的策略,其中單一嘗試教學（DTT;或稱辨識訓練教學）、與樣本配對（match to sample,簡稱MTS）、提示與褪除策略等都是以刺激控制為其發展的基礎。以下分別說明。

1. DTT 教學

單一嘗試教學或稱回合教學（discrete trial teaching，以下簡稱DTT），DTT既然是依照 A-B-C 三期後效所發展的重要教學法，當中的元素包含必要元素：前事刺激（antecedent，簡稱 A）、行為（behavior，簡稱 B）和後果（consequence，簡稱 C），以及教學提示和教學間距（例如，呈現一 A-B-C 之後，與下一個 A-B-C 呈現應間隔多久時間）兩個促進元素，圖 4 則具體呈現區辨教學模式（張明莉、鳳華，2004；Lovass, 1977）。

研究指出 DTT 是教導心智障礙者的重要基本教學法，善用 DTT 能有效增進自閉症兒童語言行為（Birnbrauer & Leach, 1993; Green, 1996; Lovaas, 1987）。DTT 教學中的教學嘗試簡單而言就是一個區辨刺激（A）—行為或反應（B）—後果（C），每個教學區間（block）可以安排五至十個教學嘗試，每次的教學嘗試主要目標就是為使反應能受控於區辨刺激，對初學者而言，區辨刺激與反應尚未建立控制關係，因此，提示是建立二者間刺激控制的必要的協助程序。

DTT 基本教學原則充分整合行為主義在行為建立過程中的重要概念，以下則簡單說明 DTT 的基本教學原則（鳳華，2005；Leaf & McEachin, 1999）：

(1) 應將教學技能細分到最小的教學單位，使學習行為是在學生可以學習的範圍內進行；

(2) 一次只教導一種技能，直到完全習得，以刺激控制原理中的辨識訓練法則，確認學生學習的精熟度；

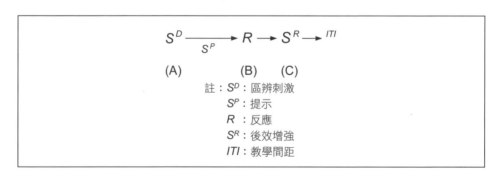

圖 4 **區辨訓練 ABC 模式**

(3) 充分掌握A-B-C中後效強化的作用，也就是當刺激呈現後，對學生的反應必須立即給予回饋；使用正增強原理增加適當的反應，使用消弱法則減少不正確的反應；

(4) 善用各種提示方式，在需要之際則給予適當的協助，但也需掌握褪除的概念，就是要盡快減少協助的程度，使學生在學習過程中能盡快獨立；

(5) 隨時記錄學生的學習結果，作為繼續或修訂課程的參考，也是評估學習成效的重要資訊。

DTT 既然是依照 A-B-C 所發展的重要教學法，其元素必然含有前事刺激（A）、行為（B）以及結果（C）；此外，還有提示方式以及教學間距。接著將依序說明每一項元素之重要內涵（張明莉、鳳華，2004；鳳華，2005；Leaf & McEachin, 1999）。首先，在前事刺激（A）及教學環境的安排上，教學者需謹記下列原則：

(1) 需確定學生的專注力有集中在當下教學的材料上：引發注意力的方式可以選擇學生有興趣的物品、色彩或樂音做為教學的材料。

(2) 教學指令應該要簡單明確，其他與教學指令無關的語言要完全避免。例如：要進行接受性命名的教學，指令可以是「指出×××」、「把×××拿給我」；而「記不記得，我們昨天才教過的，想想看」，此種與教學指令無關的則應該避免。

(3) 在小組教學時，對學習程度不一的學生，建議可搭配使用符合個別教學需求的教學法，如多層次教學法就是其中一種。多層次教學法的基本理念在於每一項教學材料都具有多種層次的教學目標，例如，杯子是一個教學材料，從中發展出的各種教學階層包含有：接受性命名（指出杯子）、表達性命名（這是什麼）、初階抽象命名（杯子是什麼顏色）、聽者複雜命名（杯子是用來……？用來喝水的是……？）等等。

(4) 若很確定學生完全沒有該項技能的概念，則在教學刺激及指令提出後，應使用預期性提示給予正確行為反應的協助，增加正確反應的可

能。

針對反應或行為（B）的部分對教學者亦有下列幾點提醒：

(1) 教學指令之後，應給予學生二至四秒鐘的反應時間，可依學生的反應速度做適度的調整。

(2) 教學者必須要確定該學生所表現出的反應是唯一的正確反應，若學生在教學刺激呈現後，同時出現正確反應及行為問題，依舊應當成不正確的反應，不給予正增強，以避免造成錯誤的連結。

(3) 若學生自發性表現出適當的行為，如眼神接觸、坐得很端正，教學者應立即增強該適當行為，使該自發性行為能持續發生。

有關後果（C）或教學回饋的部分，則提供以下幾點意見：

(1) 在學生出現反應後，要立即給予回饋以正增強正確的反應，使刺激與反應產生強化作用，以增加未來正確反應的出現率；對於不正確的反應，則不給予增強（消弱）或給予負面的回饋，以減少未來不正確反應的出現率。表 6 列舉出各種不同類型的學生表現，並依不同之表現給予不同的結果或教學回饋。

(2) 對容易產生行為干擾的學生，增強方式需做特殊性的安排，例如：教學者在一開始進入教室後，就要設法先找到學生喜歡的玩具或物品，該玩具或物品暫由教學者保管，以免失去該增強物的效用，並讓學生知道他要有好的表現（例如：獲得六張代幣）才能擁有該玩具。

(3) 每個教學時段前，教學者都需要確認學生當下想要的增強物，可以透過詢問或提供增強物選擇的方式，讓學生自由決定他想要的增強物，以增加學生學習的動機。

(4) 增強物應儘量多樣化，以免經常使用後失去原有的增強效果。

研究發現，在實施 A-B-C 教學嘗試與下一個 A-B-C 教學嘗試之間每一個教學間距應停頓約三至五秒，主要是讓學生有機會消化剛剛學得的資訊，在停頓的過程中，讓學生有學習等待的機會；另一方面則讓教學者有時間整理方才的教學，並準備下一次教學應做的調整（Leaf & McEachin, 1999）。教學者必須謹記，教學間距如果太短，會造成學生出現鸚鵡式的反應，而未建立教學刺激與

表6 不同類型的學生表現暨不同的結果或教學回饋

學生表現	結果或教學回饋	說明
第一次正確反應＋專心	誇張的口語增強加上肢體互動或實物獎賞	
維持性正確反應＋專心	每次正增強物逐漸改成每二至三次以上有正確反應才給予正增強物	
第一次正確反應＋不專心	簡單口語增強，並再次明確指出正確的反應	例：對，這是×××
維持性正確反應＋不專心	簡單口語增強	例：對、好！
不正確反應＋專心	針對配合及專心的行為給予增強	例：很好的嘗試
不正確反應＋不專心	針對不正確反應給予負面回饋，並引導專注行為	例：不對，看這邊；做一簡單的動作指令
沒有反應＋專心	再呈現一次教學刺激	
沒有反應＋不專心	引導專注行為	
干擾性行為出現	立刻給予口語糾正該不適當行為結束該次嘗試教學	如：×××，坐回位子

行為反應的連結；反之，教學間距若停留過長，過慢的速度會造成學生注意力的分散，教學間距應由教學者掌控呈現教材的速度，使教學過程能在掌控之中。

　　一般DTT教學會採用下列幾種提示程序：(1)零秒延宕提示（依據不同課程提供立即且適合之提示），再逐步減少提示到完全褪除提示；(2)提示後獨立（給零秒延宕提示後，再給予獨立嘗試機會，記錄以獨立嘗試的表現為主）；及(3)獨立搭配錯誤糾正程序；三種提示教學方式，執行程序如表7至表9，這幾種提示程序可以視學生的學習狀態選擇適合的程序，並不一定是按此順序進行；錯誤糾正的部分，是否需要提示之後再給獨立的機會（可以加上獨立測試，也可以在提示後即結束該教學嘗試），或是教導說者命名文字的錯誤糾正程序，可以在學生出現錯誤反應之後，練習正確命名5次。錯誤糾正的程序可因應個案的學習特性進行調整，執行過程須確保一致的方式即可。此外，延宕時間策略則會搭配在零秒延宕提示之後，主要是讓學生有表現獨立的機會，可以採用固定延宕時間策略或漸進式延宕時間策略。一般教學會採用固定延宕時間策略，例如，在教模仿課程時，肢體提示逐漸減少後，可以搭配固定延宕三秒的策略，

觀察學生是否可以在不需要教學者的提示下做出正確的模仿行為，如果沒有出現，三秒後再給予提示。

表7 「零秒延宕提示」教學單位說明

EO（建立操作）	A（前事刺激）	B（行為）	C（後果）
確認學生的偏好物	辨識刺激（材料及指令）＋零秒延宕提示	正確反應	增強
	註：提示由最多到最少，逐步褪除	目的：讓學生有成功經驗	註：後效強化 A-B 連結

表8 「提示後獨立」教學單位說明及範例

EO（建立操作）	教學嘗試	A（前事刺激）	B（行為）	C（後果）
確認學生的偏好物	提示	辨識刺激（材料及指令）＋零秒延宕提示	正確反應	少量增強或描述性增強
	獨立	刺激（教學材料及指令）＋二至三秒延宕提示	正確反應	類化制約增強
		註：零秒延宕提示由最多到最少，逐步褪除	目的：增加成功經驗	註：後效強化區別增強
教學範例				
	提示	師：開心的照片＋「他的心情如何？」＋老師直接説出「開心」（零秒延宕提示）	説出「開心」	對，他的心情很開心（描述性讚美）
	獨立	師：開心的照片＋「他的心情如何？」（兩秒延宕提示）	説出「開心」	描述性讚美＋代幣

表9 「獨立搭配錯誤糾正」之教學單位說明及範例

EO（建立操作）	教學嘗試	A（前事刺激）	B（行為）	C（後果）
確認學生的偏好物	獨立	辨識刺激（材料及指令）	正確反應	大增強
			註：不正確則採錯誤糾正	

（續下表）

表9 「獨立搭配錯誤糾正」之教學單位說明及範例（續）

EO（建立操作）	教學嘗試	A（前事刺激）	B（行為）	C（後果）
簡版錯誤糾正				
	提示	反應錯誤後，直接提示讓學生做出正確反應或是重新下指令＋零秒延宕提示	正確反應	描述性讚美
	獨立（可以省略此步驟）	老師下指令	學生能獨立正確回應	描述性讚美
錯誤糾正教學範例				
	提示	師：開心的照片＋「他的心情如何？」＋老師直接說出「開心」（零秒延宕提示）	說出「開心」	描述性讚美
	獨立	師：開心的照片＋「他的心情如何？」（兩秒延宕提示）	說出「開心」	描述性讚美
	干擾（已經精熟的技能項目）	師：「這是什麼？」「按順序排排看。」「小貓咪叫聲……」	小貓 排順序 喵喵喵	簡單回應
	檢核	師：開心的照片＋「他的心情如何？」	說出「開心」	描述性增強＋代幣

　　刺激控制是概念學習的基礎，主要過程是透過辨識訓練，辨識訓練的方式一般分為依序區辨、兩兩區辨及多重區辨（鳳華等譯，2012）；在實務教學上則稱為：聚焦、辨識、擴展及隨機階段。「聚焦階段」在教導新進之目標，教導時，只針對目標物進行教學，但會有其他同類的教學刺激做為環境刺激（field stimulus）變項；環境刺激從一個逐步增加到三個，精熟後，再進入辨識階段。「辨識階段」會交錯兩個以上的目標技能進行辨識訓練（外加二至四個環境刺激），並可隨機加入已經精熟之其他技能。「擴展階段」則增加至四個目標物辨識訓練，並加入其他精熟技能，最後增加到八個技能項目的辨識，再然後則隨機穿插到其他課程。從擴展階段開始可以進行人物類化及地點類化。「隨機階段」則是將已經精熟的技能隨機穿插在其他目標之課程中。表10有詳細的操作程序說明。

表10 辨識訓練的執行階段及操作說明

執行階段	目標物呈現	操作說明
階段一：聚焦階段	單一目標物＋環境刺激（一至三個）	1. 從全提示階段到獨立階段。 2. 發生錯誤則使用錯誤糾正程序。 3. 環境刺激物可在「提示後獨立」教學期逐步增加（可依據學生進展增加環境刺激）。 4. 材料類化已經開始。
階段二：辨識階段	兩個目標物（同類型）之區辨＋兩至四個環境刺激物	1. 二個目標物在聚焦階段已經獨立，發生錯誤則使用簡版錯誤糾正程序。 2. 若是學生跳過階段一聚焦階段，直接進入辨識階段者，應從「提示後獨立」之教學程序開始。 3. 每次教學嘗試後，變換物品（或照片）位置，要確認兩個目標物的教學嘗試是等量的。
階段三：擴展階段	3-1 四個目標物之區辨＋穿插其他已精熟之技能項目（隨機呈現）	1. 四個目標物在辨識階段已經獨立，發生錯誤則使用簡版錯誤糾正程序。 2. 每次教學嘗試後，變換物品（或照片）位置，要確認四個目標物的教學嘗試是等量的。 3. 穿插課程的選擇可以從目標技能追蹤表（參閱技能追蹤表，本書 p.149）中選取，事前先列出穿插的技能項目清單，並定期更換，同時檢核這些已精熟技能項目的維持狀態。 4. 若穿插的技能項目發生錯誤超過三次，則重新成為目標技能。
	3-2 八個目標物之區辨＋穿插其他已精熟之技能項目	1. 發生錯誤則使用簡版錯誤糾正程序。 2. 每次教學嘗試後，變換物品（或照片）位置，要確認八個目標物的教學嘗試是等量的。
階段四：隨機階段	隨機穿插在其他技能目標之課程中，與其他目標物進行區辨	1. 發生錯誤則使用簡版錯誤糾正程序。 2. 教師隨機呈現已通過階段三之目標物，成為其他目標技能的穿插課程。 3. 若穿插的技能項目發生錯誤超過三次，則重新成為目標技能。

2. 與樣本配對

與樣本配對（MTS）最早是由Skinner在實驗室情境所設計的訓練模式（引自鳳華等人譯，2012），後續被用在教學情境。樣本刺激可以是視、聽、觸、嗅等材料，其配對樣本與比對樣本可以是一樣的知覺材料，也可以是彼此互為

搭配的。MTS 教學程序一般如下（Green, 2001）：首先，教學者先向學生呈現指定的配對樣本（或制約刺激樣本）；接著會呈現一列包含兩個或兩個以上的刺激物，該列刺激物稱為比較或選擇的刺激物。學生需要對這列比較刺激的其中一個做出反應，通常是通過碰觸或指向該刺激物，如果所選擇的比對刺激是與制約刺激物相匹配的，則會產生正確的反應，並緊跟著給予後效增強物，而如果是對其他的比較刺激做出反應則不會被增強。在不同的嘗試中，樣本刺激通常隨機變化，每次教學嘗試中比較刺激的位置也是隨機變化。

Green（2001）整理在過去二十年的研究，發現對於某些嘗試安排或排列嘗試的順序當中容易產生錯誤的刺激控制，因此，Green 提出幾點教學建議，以避免產生錯誤的刺激控制：第一，在一個教學時段或 MTS 教學區間中，每次教學嘗試都應提供學生不同的制約刺激樣本，但每次嘗試都應該呈現相同的比較刺激。例如，要教學生學習配對湯匙、叉子和刀具，呈現的方式應該要如下所示：

制約刺激樣本（圖片）	比對刺激（與制約刺激樣本一樣的圖片）		
湯匙	叉子	湯匙	刀具
叉子	湯匙	刀具	叉子
刀具	刀具	叉子	湯匙

或是

制約刺激樣本（物品）	比對刺激（與制約刺激樣本相似的圖片）		
湯匙	刀具	叉子	湯匙
叉子	叉子	湯匙	刀具
刀具	湯匙	刀具	叉子

第二，每次的教學嘗試中至少要進行三次比對。因為每個比較刺激都是設計來符合樣本刺激的，所以在一次的教學時段或一個區間的教學嘗試，所呈現的不同樣本刺激的數量，應該等於在每次嘗試中所呈現的比較刺激的數量。第三，每一個樣本刺激應以隨機但等量的出現在一個教學時段或一個教學區間。

3. 提示與褪除

為促進區辨刺激與行為的連結關係，提示（prompts）正是此促進媒介。提示不是前事刺激，而是一種附屬的前事刺激，在區辨刺激出現時用來引發正確

的反應（Cooper et al., 2007）；因此，提示的功能就是協助個體能產生正確行為，並使該行為受到增強。提示可以減少嘗試錯誤的無效學習，提高學習效能；它可以是伴隨著前事刺激一起出現，或是出現在區辨刺激之後，協助正確反應的出現，環境就能增強此正確行為，使得未來只要出現區辨刺激，就能產生正確行為（Skinner, 1968）。

　　提示依其特性可分為刺激提示及反應提示。刺激提示顧名思義，即與前事刺激相關連的提示，常使用操弄前事刺激或調整呈現刺激的方式呈現。常見的刺激提示有動作（movement）、位置（position）和重複前事刺激（redundancy of antecedent stimuli）。動作提示，如學習指認物品的課程，當教學者說：指出杯子時，同時用手指著杯子（區辨刺激），讓學生因著教學者的動作而能做出正確反應。位置提示，以同樣的例子來看，教學者可以移動刺激物「杯子」，例如，移到接近學生的位子。重複前事刺激（Bellovin, 2011）則是以放大刺激面向（也稱為刺激內提示），例如將杯子放大，讓學生較容易看到杯子的存在而做出正確選擇，或加入額外刺激向度（又稱為刺激外提示），例如，將杯子放在一張圓圈的紙張上，讓學生有額外的刺激作為引發行為的提示。

　　反應提示簡單來說就是操弄與反應相關的方法，其中可以包含口語提示、示範、肢體及視覺提示等。其中口語提示有可分為：(1)直接口語提示，直接告訴學生該怎麼做，類似於語言指導的概念；及(2)間接口語提示，常會以詢問或類似旁敲側擊的方式讓學生知道正確反應。示範則是直接做出學生被期待的完整反應，讓學生跟著教學者的示範完成正確反應。肢體提示則分為：(1)完全肢體提示，即教學者全程以肢體方式引導完成整個反應；或是(2)部分肢體協助，教學者以接觸學生部分肢體的方式引導完成整個反應。提示的選擇端視課程的特性以及學生的學習型態或偏好而定，重點是藉由提示，以建立區辨刺激與反應的刺激控制關連。

　　提示對刺激控制而言是額外或附加的刺激，因此，要能真正建立區辨刺激對行為的引發作用，則需要執行提示褪除（prompt fading）程序。提示褪除可大略分為相同提示的褪除程序以及不同提示的褪除程序。相同提示的褪除大多是以最多到最少的方式進行提示褪除。例如，肢體提示從全肢體、到部分肢體到

小部分肢體提示，最後直到完全褪除肢體。而跨不同提示的褪除方式也有從最多到最少的提示，例如從肢體、示範到口語提示，逐步降低提示的程度。另外還有漸進式引導，是指當學生有需要時教學者才提供協助。

三 核心反應訓練

核心行為（pivotal behaviors）意指在眾多行為中的關鍵行為，若有效掌握該行為後，會同時造成其他多種未經學習行為的改變（Koegel et al., 1989）。核心行為種類包含：動機的引發、對多重線索的反應、主動性、象徵遊戲、同理心，以及自我管理等。Koegel 認為，缺乏動機是自閉症者的核心缺陷之一。而教學環境中，如何引發動機是促成學習的基本要素。動機可以經由幾種方式所引發，例如：讓學生選擇、隨時掌握自然增強的可能、減少反應時間、變化教學材料、變化教學速度等，都可以有效引發動機。一般兒童在社會互動或學習過程中都會有很多好奇心，特別是開始學會對環境中的刺激物命名之後，對世界等於開啟知識的大門，通常會表現出大量的主動性提問行為，例如，會以"wh"的問題主動提問。然而，自閉症者由於對社會互動興趣缺乏，也同時降低了他們對主動表達的興趣，因此，要打破自閉症的藩籬，主動性必須要被引發。此外，由於對多重線索的反應不足，限制了自閉症者對環境的掌控力，辨識訓練則是一主要訓練方式。

引發核心行為的方式有幾個重點（Koegel et al., 1989）：

1. 掌握學生注意力：在提問、給示範或提供練習機會時，都要以簡單、明確的語言呈現。

2. 交錯教學（intersperse the task）：教導新概念之前，讓學生在教學前先有成功的機會。

    (1) 先給予學生已經會的，再進行教學目標的教學；

    (2) 先提示學生，再給予獨立嘗試的機會。

3. 由學生選擇：學生進行選擇會增加其學習動機。

    (1) 可以採用輪流方式進行：學習給予和接受（give-take）的概念；

    (2) 但是當學生有行為問題之際，必須由老師來掌控學習情境。

4. 指導過程應包含多重刺激，讓學生的辨識能力能更為精緻化，例如：要請學生拿特定顏色的毛巾（如：藍色）時，應安排情境中有其他顏色的毛巾（如：黃色），以及藍色的不同物品。

5. 在行為發生之後，出現接近目標的反應則要立即給予正增強物，以強化該行為未來的出現頻率。

6. 對任何有主動意圖的行為，即使不完全正確，都要給予立即的增強物。

7. 善用自然增強的引發，例如：當學生注意到「在澆花」而主動表示想要協助澆花時，就給予澆花的機會，此乃掌握自然環境增強後效的例子。

8. 維持大量的成功經驗：教學過程中，以 80% 學生已精熟的技能做為穿插教學，讓學生可以在成功的經驗中提升其自信的學習。

（四） 類化教學

Stokes 和 Baer 早在 1977 年即提出以下結論：實務工作者應該要對教學的類化預做安排與計畫，否則類化不會自然發生（引自 Cooper et al., 2007）。在一般教學情境中，某些類化學習確實會自然發生，然而對於那些接受特殊教育服務的學生（即，有學習問題和發展障礙的兒童和成人）而言，未經設計的類化教學是不夠的。依據 Cooper 等學者（2007）的建議，若要達到最理想的類化成果，教學者需要做系統化的計畫安排。此種計畫開始於兩個重要的步驟：(1) 選擇能符合自然存在增強後效的目標行為；以及(2)明確界定期待之目標行為的所有變異，包含在教學結束後，該目標應該（和不應該）發生的所有地點／情境。目前常見的有效促進行為改變的類化教學策略主要為：(1)教導全部的相關刺激條件和反應要求；(2)安排與類化情境相似的教學情境；及(3)在類化情境中擴大和增強的接觸。以下分別說明（Cooper et al., 2007）：

(一) 教導全部的相關刺激條件和反應要求

教導充足的範例是一般教學中常會使用的方式，特別是概念建立之初；例如，要教「高興」這個情緒表情，就必須提供各種不同的高興表情做為刺激範例（要包含不同年紀、不同性別及不同的高興程度），或是提供各種不同的情

境相關的情緒表情。而教導對話能力則必須要考量各種話題的演練，使學生能在真實情境中針對不同的話題與他人交談互動。然而，要多少範例才算足夠，教學者可以採用教學探測的方式，若是學生能對未經教學的刺激或反應表現出正確的行為，則可以考慮於此階段停止教學。反例教學亦是重要的教學策略，提供「不要做」或「反例」的教學範例與正向範例交錯出現，可以讓學生的區辨學習更具效果。

(二) 安排與類化情境相似的教學情境

促進類化的基本策略，是把學生在類化情境中可能會遇到的刺激結合到教學情境當中。教學情境與類化情境之間愈相似，目標行為愈有可能在類化情境中出現。常見的教學策略有兩種技術，一個是安排共同刺激，另一個是寬鬆教學。安排共同刺激意指將類化情境的典型特徵包含於教學情境中，例如，要教導學生到速食店用餐，教學者可以使用來自餐廳的物品和照片，並把桌子改裝成點餐的櫃檯，將教室模擬成真正的餐廳，讓學生做點餐的角色扮演。寬鬆教學則指在教學中隨機變化前事刺激的非關鍵面向，例如：可變化教學者的指令、教學者的語調、環境中的燈光明亮度、教室的溫度等等面向，使教學效果能適應各種情境。

(三) 在類化情境中擴大和增強的接觸

如果目標行為在自然情境中無法獲得充分的增強，行為的類化和維持可能只會是短暫的。為使目標行為可以獲得自然情境的增強，首要方式是教導目標行為達到自然存在增強後效所要求的表現層次，其中可包含：反應速率、反應精確度，以及反應持續度等。例如教導學生可以在一分鐘之內投接球三十次或跳繩 20 下，符合在自然情境中可獲得增強的表現水準，同儕會自然與該生進行投接球或跳繩活動，與同儕互動就是自然存在的增強後效。第二種方式為安排不可區辨的後效，行為建立之初，立即及持續的增強是必要的，但是教學者應善用間歇性增強計畫表〔如，不固定比率（variable ratio，簡稱 VR）或不固定時距增強計畫表〕使增強後效是不可預期的，如此才能增進教學目標類化到自

然情境的機會。其他如請自然情境中的重要關鍵人物提供增強，或是教導學生相關技能以引起重要關鍵人的注意進而提供增強等。

五 社會技巧教學

社會技巧教學建立在 Bandura 的社會學習理論架構（Bandura, 1977）。該理論強調人的行為會受環境中的示範事件所影響，而模仿學習的機制及歷程則依據 Bandura 的概念，可參考表 11 所示。環境中的示範事件要能產生模仿學習的效果，個體會經歷四個歷程：(1)注意歷程；(2)保持過程；(3)動作再現過程；(4)動機過程。首先觀察者需要對示範事件產生注意力，而注意歷程受兩大面向所影響，第一是示範事件本身的刺激特性，包含是否具有顯著的特性，或是否會引發觀察者的情緒經驗，是否為當下流行的刺激等，都會影響觀察者對示範刺激的注意程度；其次，則與觀察者本身的感覺能力及喚起水平（個體的反應閾）有關。一旦觀察者產生注意反應，模仿的發生則需要經過兩種程序，第一是個體的認知編碼、重組及動作計畫的語言覆述，換句話說，可以用自己的話重述，包含認知層面及動作計畫以完成保留過程。第二個程序則是動作再現，將保持過程的內容由觀察者自身準確的重現其示範事件，並透過自我觀察進行自我修正。最後讓該模仿行為可以持續保持的則是動機過程，可以是外部的增強、自我增強或是替代增強，亦即看到他人因表現出該示範行為受到增強，等同於自己也受到增強。

表 11 社會學習之模仿學習歷程

環境刺激	注意歷程	保持過程	動作再現過程	動機過程
示範事件	示範之刺激特性 ● 顯著性 ● 情感誘發力 ● 複雜性 ● 流行性 ● 功能性價值 觀察者特徵 ● 感覺能力 ● 喚起水平	符號編號 認知組織 符號性覆述 動作計畫覆述	準確反覆的重現動作 自我觀察	外部增強 替代增強 自我增強

　　社會技巧中常見的直接教學法之教學元素就是依照上述的架構發展而成，例如：教學程序中，第一階段通常會先提供社會技巧小故事的示範，此階段會以學生感興趣的示範者，如布偶、故事、影帶或動畫或有名的卡通人物或影星等作為故事主角，以引發注意力；第二個階段是技能元素的回憶及討論，老師可以先行演示完整的情節，再以分段定格討論方式，協助學生對情節中重要元素的重述或符號的重組，此即進入保留過程；第三個階段是角色扮演，即動作再現的階段；最後則是回饋及增強，等同於上述的動機過程。

六　其他教學相關策略

(一) 刺激偏好評量

　　掌握動機，是一切教學的基礎。如何系統化掌握學生的動機，較為易學的方式是刺激偏好評量，教師可以使用系統化但快速的方式掌握學生的偏好物以提高教學效果（鐘儀潔、鳳華，2014；Ringdahl, Vollmer, Marcus, & Sloane, 1997）。然而，偏好評量所產生的偏好物與增強物不同，增強物必須是能增加行為未來出現的頻率，但是偏好評量是在所提供的刺激物中挑選出高偏好的刺激物，因此，刺激偏好的結果是協助教學者找出增強物的參考選項，但卻是執行有效教學的首要條件（Roscoe & Fisher, 2008）。

　　刺激偏好評量最常使用的兩種方式為配對刺激偏好評量以及多刺激呈現不替補選取物偏好評量，以下參閱國內外文獻，說明執行刺激偏好評量的概要步驟（鐘儀潔、鳳華，2014；DeLeon & Iwata, 1996; Fisher et al., 1992），首先，二種評量都需要在事先選取七至十二種刺激物，並讓學生有機會經驗五至十秒鐘，座位的安排都是教師和學生面對面，指導語都是「選一個你喜歡的」；配對刺激偏好評量的執行程序是每次只呈現兩種偏好物，讓學生從兩樣刺激物中選取，如果學生有選取其中一個刺激物，則讓學生經驗該刺激物五至十五秒；如果學生兩樣刺激物都想要拿取，教學者需要按壓住刺激物，並重新給指導語；如果學生在五秒鐘內沒有做出選擇，則讓學生再經驗兩項刺激物之後，再重新給指導語。多刺激呈現不替補選取物偏好評量的執行程序是將所有的刺激物一

字排開在學生面前（註：排列刺激物時可以用珍珠板作為阻擋，以免出現行為議題），移開珍珠板後，讓學生選一樣，如果學生選擇一樣刺激物，讓學生與該刺激物接觸不超過十五秒，此時教學者先做紀錄後，將最左方的刺激物移至最右方且排列整齊，如果學生五秒內未做出選擇，再給一次指導語，如果等待三十秒都沒有做出選擇，則結束當次評量。後續在實務操作時，為簡化刺激偏好評量的流程，可以在上課前進行偏好物選樣，執行程序是準備三至四樣刺激物，以一字排開方式，讓學生選取其偏好刺激，一共進行三次，物品不更換也不移除刺激物，持續三次隨機置放相同的刺激物，記錄選樣次數最高的刺激物，該刺激物及可以作為後續教學的增強物，隨之可以立即執行教學。下圖顯示的是配對刺激偏好的圖示，學生與評量者面對面坐著，桌面上都維持兩個刺激物讓學生選擇，每次學生選擇完後，會再更新下一組偏好物。

受評量者

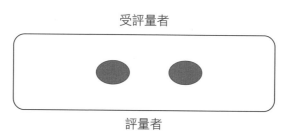

評量者

配對刺激偏好評量：兩兩刺激物會隨機配對出現，一直到每個刺激都和另一個刺激配對出現。

受評量者

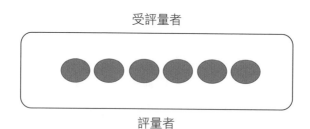

評量者

多刺激不更替選取物：一字排開所有刺激物，受試選擇的刺激物就移除，不再出現於評量桌上，最後刺激物全部選擇完畢，亦等同結束評量。

(二) 高機率要求順序（或行為動能）

　　自閉症者對於困難功課常會以問題行為逃避教學的要求，高機率要求順序是常被運用在預防逃避行為的有效策略。應用高機率要求順序的時候，老師或治療師將依照學生過去順從行為的歷史，找出二到五個簡短的任務／工作（通常是指令或模仿動作）做為高機率要求，當高機率要求啟動兒童的學習反應之後，老師應馬上要求目標任務——低機率要求，這類似行為動能的概念，亦即一旦行為的機制被開啟之後，隨後的反應就能順勢而為。例如，發音對某些自閉症兒是困難的任務，如果能先讓兒童做幾個簡單的任務，並以快速方式呈現，再給予發「阿」音的要求，則可以有效引發「阿」音的反應。教學範例如下所示。

高機率要求指令	低機率要求指令	後效
摸頭、摸鼻子、摸嘴巴	發出「阿」	類化制約增強

(三) 行為連鎖中斷策略

　　行為連鎖中斷策略（behavior chained interrupted strategy）是指在預設的步驟阻斷其原本要完成一任務的系列行為連鎖，讓學生可以為了要完成該連鎖，而引發其他新行為的學習。阻斷的主要功效在於引發學習新行為的動機，然而被阻斷的過程可能會產生不舒服的情緒，使用時必須要確認該情緒不至於引發自傷行為。Hall 和 Sundberg（1987）的研究成功示範使用行為連鎖中斷策略的程序，來教導二名重度聽障學生表達必要的物件，以完成原先要完成的連鎖程序。其教學程序先讓學生建立連鎖行為，如煮速食麵、開水果罐頭等，之後藉由移走連鎖中的必要物件（例如：泡麵碗、開罐器等），使行為連鎖中斷，當中被移走的物件讓學生產生表達的需求，並於此機會中進行表達該物品的手語教學，此研究有效增進聽障生表達物品需求的能力。

　　行為連鎖中斷策略也被證實可以教導溝通技能，並能跨各種年齡層及不同障礙程度的個體，溝通技能則包含圖片溝通系統、自然手語以及擴大溝通輔具的使用等（Carter & Grunsell, 2001）。

(四) 區別增強策略

　　區別增強策略一般被認為是運用在減少問題行為的正向策略。然而，Goetz 和 Baer（1973）使用區別性增強不相容行為（differential reinforcement of incompatible，簡稱 DRI）策略，探討老師的讚美對學齡前兒童玩積木的創造力之影響效果，則是最早將區別增強策略運用在建立一般發展兒童的學習表現；DRI 是指當出現與目標行為不相容的行為時（即這兩種行為不能同時出現），立即給予後效增強。該研究在基線期階段，老師對於兒童組合積木的行為沒有給予評論及回應；DRI 處理階段，每次兒童所組合的積木是在前一堂課中未曾出現的創新組合時，老師就會展現高度興趣並給予熱情正向回饋；接著另一個比較情境，是當兒童組合出與之前相同形式的積木組合時，老師就會展現興趣並給予熱情回饋。結果顯示 DRI 策略讓兒童在組合積木表現出更多的創造力；本篇研究充分展現區別增強策略可以運用在增加學習效果，尤其是能增進創造力的表現，足見行為分析的策略亦可以增進學生高層次的認知能力。

七　教學者自我檢核

　　工欲善其事，必先利其器，教學者在教學前、教學過程中及教學後，需要將上述的教學理念在教學現場展現。教學要能產生效能，除了要能確實掌握教學程序外，教學前及教學後的資料分析與整理亦是教學者的重要課題。表 12 提供教學者在教學前、中、後需要注意的項目，當中明列五大檢核項目，包含教學前準備、教學程序、錯誤糾正、後效增強以及資料分析。除對教學者有自我提醒、自我監控的效果外，也是專業化自我期許的重要指標。

表 12　教學程序檢核表

項目	檢核	備註
教學前準備（含環境安排）		
教材準備完成（多樣化、依學生動機安排材料）	□是　□否	
環境準備妥適	□是　□否	
教學環境整齊清潔	□是　□否	
教材有組織並準備妥當	□是　□否	
及時開始／沒有延誤時間	□是　□否	
對新手老師：教材準備妥當、教學提示單	□是　□否	
有掌握學生的注意（學生有眼神接觸）	□是　□否	
MO（動機操作）	□是　□否	
開始階段的課程：配對或是要求	□是　□否	
提供明確簡短的教學指令	□是　□否	
對不同技能目標使用適當的提示及褪除系統	□是　□否	
延宕教學時，等待學生反應，約三秒鐘	□是　□否	
對正確的反應，立即給予增強	□是　□否	
不正確反應，使用錯誤糾正	□是　□否	
對困難課程使用預期性提示後要立刻給予獨立機會	□是　□否	
提示後獨立階段，需在獨立的教學嘗試下完成的反應才給增強	□是　□否	
錯誤糾正		
錯誤發生後，無延宕的重述	□是　□否	
教學中重複呈現目標刺激	□是　□否	
後效增強		
立即給予增強	□是　□否	
老師掌控增強物	□是　□否	
遵循不固定比率增強計畫表	□是　□否	
區別性增強不同反應（新習得／維持／類化）	□是　□否	
使用多樣化的增強物	□是　□否	
社會增強與實體增強物配對	□是　□否	
資料分析		
計算學生每項目標的成效百分比	□是　□否	
將學生的學習表現以圖示方式顯示	□是　□否	
解讀圖示，決定教學的進展或調整	□是　□否	

Chapter 3

語言行為

> B. F. Skinner 在一次參加友人的聚會中，一知名學者打趣的說：「雖然行為主義確實能解釋人類大部分的行為，但卻不包含語言。」因著這樣的一次對話，深深衝擊 B. F. Skinner，B. F. Skinner 為證明行為主義的概念絕對是可以用來分析語言的，因此開始了他另一方向的思考——如何將行為概念運用在語言的分析，於是乎《語言行為》（*Verbal Behavior*）這本鉅作也因而誕生。
>
> ～摘錄自 B. F. Skinner, back page of Verbal Behavior

前言

《語言行為》一書的問世，雖是 B. F. Skinner 為證明行為分析亦能運用於語言分析，卻足足讓 B. F. Skinner 花了二十年的時間才完成，但也因為這本鉅著，為眾多語言發展困難或遲緩的孩子開啟嶄新的一道窗，其中受惠最深的就是泛自閉症者。本章將從 B. F. Skinner「語言行為」的觀點來說明如何以行為之觀點來分析語言，並分節次說明不同類型的語言操作行為，第一節將闡述請求（mand）的概念及教學實務，第二節說明命名（tact）的概念及教學實務，第三節則針對其他基礎語言操作及教學實務進行介紹。當中並同時呈現相關的評估

項目。

 從行為分析解讀語言

　　一般語言學的分析方式，是將語言解構成五種元素：(1)語音（phoneme），華語有三十七音位；(2)詞位（morpheme），構成語意最基本的單位；(3)語法（syntax），專門研究句子法則的知識；(4)語意（semantics），專門研究詞位知識的領域；(5)語用，研究語言在生活中的運用型態（張春興，1994）。因此在教學上，亦採用上述的元素做為教學的主要內涵。然而 Frost 和 Bondy（1994）指出，一般針對語言發展遲緩教學介入中，眼神接觸以及模仿能力是學生學習口說語言必須具備的先備技能，然而這兩種先備技能對自閉症患者而言，則是先天的缺陷；如何先教導眼神接觸，是口語語言教學者首先面臨的難題，特別是無口語的自閉症學童，對教學者更是一大挑戰；而是否能在沒有任何先備技能（例如：眼神及模仿）之前，同時能教導語言行為，這是教學者迫切需要克服的議題。此外，一般語言教學的重點是著重表達性命名（expressive labeling）的教導，對一般發展兒童而言，在表達命名之前已具有大量接受性命名（receptive labeling）的輸入經驗，語言的意義或概念是學生在學習表達性命名時已經存在的先備技能；然而，對自閉症患者而言，由於其過度選擇及刻板固著的限制，接受性命名的經驗並未在早年與照顧者的互動中自然建立，因此，在缺乏接受性命名的基礎就很快進入表達性命名的教學，則可能是另一個挫敗經驗的開始。Skinner 的語言行為的分析向度為上述的困境提供具體的出路。

　　Skinner 早在 1957 年的著作中指出，語言的分析必須從行為功能的觀點來著眼；「溝通」及「控制」是語言行為分析中的兩大要素。簡言之，語言的首要功能之一就是達成溝通的目的，而功能性溝通的重要元素則必須包含說話者、聽話者以及溝通意圖（Frost & Bondy, 1994, 2002）；換言之，語言的功能是建立在說者有其溝通意圖，並透過與聽者的訊息傳遞而成，因此，語言的教學首重溝通意圖；其次，要使語言的功能持續，語言的控制性必須要透過溝通的過程達成，如此語言才能產生持續性。舉例來說，「說者餓了想要吃東西，聽者手上有餅乾，說者對聽者說：『我要餅乾』，聽者將餅乾給說者」，此時說者

的語言行為同時完成了溝通意圖的傳遞（例如，我要餅乾），以及控制性（例如，聽者將餅乾給說者），說者透過此次經驗，發現語言的功能（例如，溝通意圖的傳遞及控制環境），語言對說者自然產生意義及學習的動機。而目前被廣泛使用的圖片交換溝通系統（Picture Exchange Communication System，簡稱PECS）（Frost & Bondy, 1994, 2002），就是採用 B. F. Skinner 的語言行為之概念而發展的一套溝通訓練課程，其主要特色在於學童只需要有溝通意圖，而不需要有視線接觸、模仿能力，以及接受性命名的先備能力；此套課程克服了心理語言學取向教學者的教學困境，對無口語能力的自閉症兒童產生了革命性的影響，並破除了 50%以上的自閉症患者終身無口語的魔咒。根據Bondy 和 Frost（1994）研究顯示，原本無口語的自閉症患者在接受圖片交換溝通系統的教學後，六十六名中有四十四名幼兒發展出口語能力，另外十四名亦學會以圖片交換溝通系統進行溝通。Schwartz、Garfinkle 和 Bauer（1998）也以三十三名三到六歲伴隨有重度認知及溝通障礙的發展遲緩幼兒為研究對象，進行圖片交換溝通系統的教學，研究結果發現所有三十一名幼兒都學會使用圖片交換溝通系統，並成功的與教學中的成人及同儕進行功能溝通。目前圖片交換溝通系統已被廣泛使用於無口語或僅有鸚鵡式語言的自閉症患者溝通訓練。

Skinner 對語言的重新詮釋，使語言的教學產生重大的突破，當初 Skinner 在完成《語言行為》一書時，就認定這本書是他最為重要的著作，但在當年剛出版時並未獲得他預期的重視，延宕了近三十年後，才受到廣泛的討論與研究，並依其理論陸續發展出眾多新的教學模式。其影響之深遠，正是他當初在撰寫該書時所期待，也是後續行為主義追隨者的重要指引明燈。

🔵 語言與情境脈絡

語言主要的功能就是溝通與控制，溝通要明確清楚，情境脈絡（context）的掌握最為首要。在不同的情境下，相同的語言確實可能具有不同的意涵，例如，某人說「餅乾」，有可能是聞到餅乾的味道而說出餅乾（命名），或是肚子餓了想吃餅乾而說出餅乾（受控於動機的要求），或是聽到餅乾而重覆該語詞（覆誦），或是接續他人說「糖果……」之後的反應（互動式語言），括號

中的說明正是 Skinner（1957）對基礎語言行為的分類，Skinner 是依據語言之前的情境脈絡（或稱前事刺激）而定義出各種語言的類型；因此，如果要推廣功能的溝通訓練，肯定脫離不了情境，而 Skinner《語言行為》這本書中，對語言的分類與解析對功能性的語言提供新的典範。此外，語言也是一種行為，行為是個體與環境互動中學習的結果，受前事刺激的引發及環境的後果所修正的產物，對學習的產生過程，Skinner 的語言行為也做了清楚的解析，對教學具有積極的實務意義。

三 語言的行為分析

Skinner 為充分顯示語言可以從行為主義的觀點來界定，將語言依其不同的功能做了有別於其他語言的分類方式，分類的架構依據 Skinner 原書的概念，是依照語言受控於不同前事刺激而進行分類（Skinner, 1957）：

(一) 受控於動機之語言行為

請求（mand），要求任何所欲的事物——物件、活動、資訊等。

(二) 受控於非語言刺激之語言行為

命名（tact），說者用任何感官模式，對有直接接觸的事物和動作及環境中的非語言刺激，進行命名。

(三) 受控於語言刺激的語言行為

1. 覆誦（echoic）：重複說出所聽到的
2. 互動式語言（intra-verbal）：語言的回應受控於他人的話語
3. 逐字讀（texture）：讀出所看到的書面文字
4. 轉錄（transcript）：寫出聽到的語言

行為主義對行為的界定，強調的是環境與個體反應的互動關係，其中環境又包含有（MO）動機操作、前事刺激及環境後果，將環境與行為反應連結而成的就是行為主義強調的基本行為法則：簡稱四期後效 MO/A-B-C 法則。此法則

可以用來解釋所有可以被定義或可觀察到的行為，當然，對語言的分析，也脫離不了MO/A-B-C法則的運用，表 13 則呈現不同語言的類別在MO/A-B-C之原則下所呈現之語言行為特性。

　　語言行為依照 MO/A-B-C 法則分析後，可明確看出語言行為確實是個體與環境互動的產物，環境中的前事刺激（A）依不同的語言類型而有不同的型態，其中包含有聽者、非語言刺激及各式語言刺激等；而環境中的後果（C）則扮演重要的後效增強作用（contingency of reinforcement），特別提醒的是，除了請求（mand）這一類語言行為的學習其後果是獲得該項想要的物品外，其他語言行為的後果是類化制約增強。依照行為分析方式，語言不再只是語音、語意、語法等不同元素的組合，而是與環境互動的結果，因此，只要在學生的學習環境中安排適當的前事刺激與後效增強，語言行為的習得就可以預期；語言的學習不再是困難的發音問題或學生的發展問題，而是環境安排適切與否的問題。

表 13　基礎語言行為之 MO /A-B-C 分析

基礎語言行為類別	MO（動機操作）／A（前事刺激）	B（行為）	C（後果）
請求	溝通意圖／聽者（主要受控於 MO）	以「口語／圖片交換／手勢／手語」表達需求（如，我要糖果）	獲得想要的物品（如，得到糖果）
命名	環境中所有非語言刺激（如，一顆蘋果）	指出或說出 A（如，這是蘋果）	獲得類化制約增強（如，對，這是蘋果）
複誦	語言刺激（如，娃娃在哭）	說出和A相同的語言刺激（如，娃娃在哭）	獲得類化制約增強（如，說的很好）
互動性語言	語言刺激（如，你叫什麼名字）	回應 A 的語言（如，我叫×××）	獲得類化制約增強（如，喔，你叫×××）
逐字讀	印刷品之語言刺激	看到文字唸出聲音（如，看到印刷品文字〈老師〉，能說出「老師」）	獲得類化制約增強（如，說對了）
轉錄	語言刺激	寫出聽到的語言刺激（如，老師說「早上」，能寫出〈早上〉兩個字）	獲得類化制約增強（如，寫得很正確）

語言的教學是在教學者可以掌控的範圍，而學習的成果亦是可以期待的；此外，教學者必須謹記在心的是，所有語言的習得，都是透過正增強的方式強化其語言行為的發生，因此，在教學過程中是沒有任何負向結果的使用。簡言之，語言的教學應該是在愉快的環境中完成的。

不同於其他行為分析的概念，Skinner 認為語言行為是人類此種有機體特有的社群產物，因此，是一種約定俗成，受整個大的語言社群所主導，也因應其特有的行為型態，為更精準的界定不同語言操作，特別針對受控於語言刺激的四種基礎語言操作，增加兩個分類元素：點對點對應關係及形式相似性。圖 5 即是依據語言反應形式受控於不同元素進行路徑分析。

其中如果個體的語言是同時受控於動機及區辨刺激，則是請求（mand）的語言，如果該語言的前事刺激是受控於區辨刺激，則是命名（tact），若是受控於語言刺激但沒有點對點的對應，則是互動式語言（intraverbal）；若是受控於語言刺激，有點對點的對應且具形式相似性，則是覆誦（echoic）的語言，若是沒有形式相似性，則是逐字讀及轉錄（Sundberg, 2007）。

四　說者與聽者

Skinner（1957）使用「說者」（speaker）與「聽者」（listener）來界定語

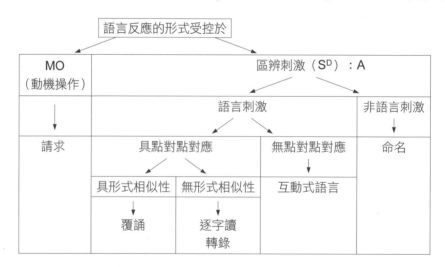

圖5 不同語言形式受控之元素路徑分析

言互動中的兩方人物，並認為兩者相互依賴，互為表裡。雖然 Skinner（1957）的《語言行為》該書是以「說者」作為分析主軸，不過他也強調，聽者必須要建立在理解說者語意的能力上，Skinner 曾明確指出：「……聽者的部分行為相似於說者，特別是當聽者聽懂了說話者的意涵時」（Skinner, 1957, p. 10）。因此，聽者不只是單純的接受反應而已，其中還包含有說者的成分（亦即，理解說話語意的成分）；此外，Skinner 亦強調「聽者」是包含對說者語意的理解以及區辨的回應，是一種主動反應的狀態。此概念可以用以區別聽者與接受性語言，接受性語言從字面上容易連結到接受的部分，乍聽之下會等同被動的接受，但是卻忽略了在聽的過程中還包含有說者或主動理解的成分。由此可見，聽者與說者都是相當複雜的概念，例如，Tu（2006）指出當聽者接受到「給我杯子」的指令時，聽者的行為是同時受控於語言刺激（例如，聲音：杯子）及非語言刺激（例如，杯子本身），說明聽者不是單純的受控於單項刺激，而是一種多重控制的現象。而 Schlinger（2008）也強調聽者的行為本身是說者的前身，亦即是一種先聽懂後才會有說者的反應，顯示二者的關係是密不可分的。

以下則簡述各種基礎語言類型的內涵及相關教學實務。第一節會先介紹生活中最常使用的語言類型——請求（mand）及其教學實務；第二節會介紹與認知能力息息相關的命名（tact）及其教學實務；第三節則會將介紹其它四種基礎語言行為、進階語言行為、多重控制及其教學實務。

第一節　請求的概念及教學實務

> 小蝌蚪說：「我要長大。長大了，我要做一隻愛唱歌的青蛙。」
> 毛毛蟲說：「我要長大。長大了，我要去找一找美麗的小花。」
> 小朋友說：「我也要長大。長大了，我要去看一看不同的國家。」
> （摘錄自小一下學期國語課本）

這篇國語課本的短文，很明顯的是一種對自己的期待或請求，請求是 Skinner（1957）在《語言行為》一書中首先探究的語言操作，他認為在人的一

天中，請求是最常使用到的語言操作，大約占了 50%左右的比率。從幼兒的語言發展探究，幼兒確實在語言發展的開始，最早學會及最常使用的語言類型就是表達需求，人類大半時間的溝通也都和需求（含生理及心理）有關，《語言行為》該書中強調個體的主動性及主導性，更關注個體的內在需求，這也正是 Skinner 將請求放在第一個位置進行探究的主要原因。本節將闡述基本語言操作之首「請求」在行為分析中的概念、說明延伸的各種請求，並探究動機操作與請求的關係，最後將呈現請求的教學理念及實務操作的方式。

一 請求的基本概念

Skinner（1957）選擇用請求（mand）代表這種形式的語言關係，是因為此用語簡明扼要，和白話英文的命令（command）或要求（demand）類似，但卻可以同時涵蓋各種不同形式的請求。Skinner 依行為分析將請求定義為：該語言的反應是受控於一個體的需求或動機，請求的反應則可以是口語、文字、圖片或手勢（或手語）等形式，其後效則是受制於個體想要的特定物品。從四期後效模式來分析請求，可由表 14 看出：

表 14 請求的四期後效分析

MO（動機操作）／ A（前事刺激）	B（行為）	C（後果）
個體的動機（想要某樣物品或訊息等）／聽者	說者用口說、圖片、手勢、文字等表達	獲得個體想要的增強物

由於請求與動機操作及聽者有關，Skinner（1957）依據動機操作的概念與聽者的互動關係對請求的分類如下：

(一) 與個人需求有關的請求

在這個類別下，說者通常是處於有需要或匱乏狀態，從動機操作而言是屬於建立操作（EO），聽者則是依說者的請求做出反應。Skinner（1957, p. 38）提供清楚的細部分析，圖 6 為經過修正後說者與聽者的互動模式解構圖。該圖

顯示說者與聽者在互動過程中都獲得正增強後效，然真正的主要受益者是說者，因為說者在此互動中，滿足其個人的需要，獲得他要的正增強（麵包）。要求他人提供訊息也類似於如下的解析，說者與聽者都獲得正增強的後效。

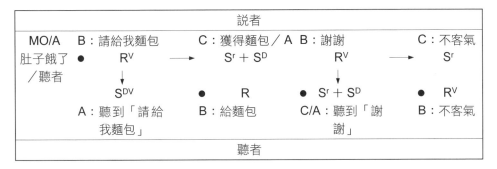

圖6 與個人需求有關的說者與聽者之互動

(二) 命令或警告

另一種形式的請求是說者處於嫌惡刺激環境中（亦屬於一種匱乏的現象），在此種請求中，說者表達請求的功能（或目的）是要移除嫌惡刺激，即獲得負增強，如果聽者順從說者的請求（例如，警告或命令），說者及聽者都獲得負增強，說者因聽者的順從獲得負增強，聽者則因為順從的反應逃脫了說者的命令（獲得負增強）。圖 7 為參考《語言行為》該書中的內容，經過修正後，說者與聽者的語言互動之解構。

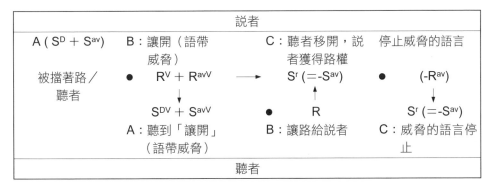

圖7 命令語言行為中說者與聽者的互動

 延伸的請求

　　Skinner（1957）對請求的解釋也包含其他內在的心理狀態，其中包含想像、祝福及期待。這部分也打破以往認為行為主義只關注外顯行為忽略內在心裡狀態的迷思。如何以四期後效來解讀這心理狀態的請求，表15提供文字的說明及範例。先以想像做說明，其前事刺激可能是因為天空出現一群飛鳥，引發了內在需求 MO（動機操作）——想要和鳥兒一樣能在天空飛翔；行為則是口說：「我要飛上青天」，或是做出動作以反應內在的想像狀態；後果是覺得自己好像真的飛上天，屬於內在正增強。而給予祝福，就需要有聽者，聽者可以是自己也可以是他人，MO（動機操作）則是因應聽者的需求，例如表15中的聽者是出遠門念書的孩子，而行為可以是口語、文字或圖片，口語可以是：「祝福一路平安」，後果則是內在正增強（給他人祝福，內在感覺良好），或是延宕增強，聽者確實一路平安到達目的地。

表 15　延伸的請求——想像、祝福及期待教學單位及舉例

延伸的請求	MO（動機操作）／A（前事刺激）	B（行為）	C（後果）
想像	具體刺激或內在需求	語言（口語／內在語言）或動作	獲得內在正增強
	看到天空的鳥而想在天空翱翔	做出自己在天上飛的動作或口語唱著——我要飛上青天的歌	覺得好像在天上飛的感覺
祝福	聽者（自己或他人）＋內在需求	語言（文字／口語／手語／圖片）	內在正增強 延宕增強（祝福成真）
	出遠門讀書的孩子	口語：「祝福一路平安」	給他人祝福，內在感覺很好 平安抵達
期待	聽者（自己或他人）＋內在需求	內在語言	間歇增強
	丟骰子時，期待出現七	心理默唸「出現七」	偶爾出現七

三 動機操作與請求

　　心理學對動機或驅力的解釋為引發個體行動或進行活動，維持並促使活動朝向某一目標進行的內部動力（張春興，2011）。Maslow的需求論則清楚揭示驅使人類行動的是人類天性中固有的東西——需求。需求論指出個體成長的內在動力是動機，而動機是由多種不同層次與性質的需求所組成。對 Skinner 而言，動機雖是內在的心理現象，卻也可以透過行為分析的方式做詮釋。依據 Skinner以行為的觀點分析驅力（1938, 1953），首先是當個體心中想某個事物，意味著：(1)想的事物出現在當下是一種增強，和(2)之前曾經依此模式被增強的任何行為的頻率將會增加（引自 Michael, 2007）。用此概念說明請求的控制變項，心中所想，為一動機狀態，獲得心中所想，正是請求的後效增強，之前曾獲得該心中所想的行為頻率會增加，行為據此而引發。例如，食物匱乏將會使個體心中想到麵包，此時個體的動機狀態：(1)會使麵包做為增強物的價值更加提高；和(2)引發「要求麵包」的行為，因為這行為請求在過去能得到麵包。圖片交換溝通系統、口語溝通訓練或自然情境教學法都善用動機操作的理念，經由確認個體對某物品的匱乏狀態，即當下個體對該物品產生需求，就可以引發說出該物品名稱（或以圖片交換方式）的溝通能力。表 16 則可以用來闡述這樣的概念。

　　依 Skinner 的概念為基礎，Micheal（2007）更進一步將動機操作以兩個面向做為定義：一為價值改變效果（value-altering effect），一為行為改變效果（behavior-altering effect）；當價值改變效果：(1)提高個體內在所想到的刺激物做為增強物的效果，並增加所有曾被該刺激物增強的行為發生率，此情況下的

表 16 　動機狀態與請求教學範例

	MO（動機狀態）	A（辨識刺激）	B（行為）	C（後果）
實例	歷經四小時沒有進食	媽媽手中有餅乾	以口說／圖片／手勢要求餅乾	獲得餅乾
說明	處於食物匱乏狀態		引發請求的反應	當下餅乾做為增強物的價值對個體是高的

動機操作，屬於建立操作（EO）；或是(2)當刺激、物體或事件的增強效果降低，降低曾被某刺激、物體或事件所增強行為當下的發生率，在此情況下的動機操作，屬於消除性操作（abolishing operation，簡稱 AO）。

動機操作又分為非制約動機操作及制約動機操作，如同非制約增強物一般，非制約動機操作的價值改變效果與行為改變效果不是經由學習（或制約）而來，是與生俱來的，舉凡食物、水、氧氣、活動和睡眠等的匱乏狀態會自動產生建立操作，飽足時會產生消除性操作。教導溝通時，若能確定個體是處於匱乏狀態，就可以順勢引發出能獲得增強物的請求行為。

能主動提問 wh 的問題，例如，看到新奇的物品，兒童會問「這是什麼？」找不到東西可以問「×××在哪裡？」等，個體也呈現出匱乏狀態，而這是一種資訊匱乏的狀態，因此，請求資訊的提問技能亦可以透過動機的營造（亦即，讓個體匱乏某些資訊），wh 提問教學的課程則可以順利成形。本書的實務課程中有詳細解說教學程序。

制約動機操作則如同制約增強物一般，制約動機操作的價值改變效果與行為改變效果是經由學習而來，制約動機操作有三種類型，其中轉移制約動機操作（transitive conditioned motivating operation，簡稱 CMO-T）是目前最常被討論的主題。本節僅針對 CMO-T 進行討論。當一種環境變項建立（或摧毀）另一個刺激的增強效果，且引發（或減緩）曾受到另一個刺激增強的行為，那這變項就是轉移 CMO（或 COM-T）。

對實務工作者而言，能操作的定義才能運用於實務現場，行為分析以具體可操作的方式解釋動機，亦即從兩個面向：刺激物價值改變以及行為改變頻率來界定，對於實務工作者確實提供一清楚明確的指引。

㈣ 請求的教學實務

對教學者而言，「如何教」是展現專業能力的重要指標。Skinner 以行為分析的方式解析請求的操作型定義，正式提供教學者如何教的重要指引。Sundberg（2007）則建議，將語言視為包含說者和聽者之間社會互動的學習行為，語言操作（動機、前事刺激、行為及後果的互動關係）則是最基本的單位。此種對

語言新的解讀，改變了教師、治療師和研究者對於和語言相關問題的處理和教學的思考方式。以下則針對請求教學提出實證研究的實務。

「請求」通常是語言學習的第一步，Skinner 也強調人在一天的生活中，最常使用的語言類型就是請求。「請求」除了可以有效達到溝通的立即效果外，也增加個體對環境的掌控力，例如說出（或指出、給圖片）後，立即獲得他所要求的物品（食物或玩具、物品等），此時個體若學會只要使用口說或是圖片（溝通）就可以掌控他人（環境）的反應，並獲得所需的物品（例如，展現對環境的控制力）。建立請求的基本程序包含使用提示、褪除和區別性增強，將控制從刺激變項轉換到動機變項（Sundberg & Partington, 1998）。以下針對有口語及無口語學生提供教學範例，可同時參考表 17 的內容。

1. 有口語兒童之請求教學程序（Sundberg, 2007）

階段一：先確認兒童想要的物品，接著在兒童注意下呈現物品，當兒童做出伸手要拿取（動機下）某一特定物品（刺激變項）時，教學者給予覆誦提示，讓兒童能說出「物品的名稱」（例如，兒童說出「糖果」），兒童說出物品名稱後則給兒童該物品。

階段二：呈現物品，以固定延宕提示方式（例如，三秒固定延宕：等三秒，如果兒童沒有發出口語，則給予最少覆誦提示）。本階段重點為褪除覆誦提示，將兒童的請求反應轉換成受控於動機操作、非語言刺激（兒童想要的特定物品）

表 17 表達請求的教學階段

教學階段	MO（動機）	A（前事刺激）	B（說者表達要求）	C（後果）
階段一：對說者給口語提示	兒童想要一物品（如：糖果）	聽者＋糖果（非語言刺激）	口說 圖片	聽者給兒童糖果
		提示	覆誦（口說） 肢體（圖片）	
階段二：褪除口語提示	兒童想要一物品（如：糖果）	聽者＋糖果（非語言刺激）	口說 圖片	聽者給兒童糖果
階段三：移除非語言刺激	兒童想要一物品（如：糖果）	聽者	口說 圖片	聽者給兒童糖果

及聽者的多重控制下。

階段三：最後步驟是褪除非語言刺激（例如，糖果），讓請求的反應形式是單獨受控於兒童的動機本身，並能對聽者做出需求表達。

2. 無口語兒童之請求教學程序

此程序是參考圖片交換溝通系統的教學階段一，交換階段所摘錄整理，當中需有聽者、說者、溝通意圖以及提示者作為推手（Frost & Bondy, 2002）：

階段一：先確認兒童想要的物品，接著在兒童注意下呈現物品相對應的圖卡，如果兒童做出伸手要拿取（動機下）某一特定物品（刺激變項），提示者以肢體提示方式協助兒童拿取圖片，並放置在教學者手中，聽者（教學者）接到圖卡後則給兒童該物品。

階段二：提示褪除可以分層進行，首先事先褪除提示者的提示，建議使用從最多到做少的褪除法逐步褪除肢體提示，讓兒童可以獨立將圖卡交給聽者。聽者的提示則從張開手的提示逐步轉為手放在桌下，此外，聽者的眼神及位置也建議要逐步褪除。這階段的重點示要將請求的反應（拿圖卡給聽者品）轉為受控於動機操作和非語言刺激（兒童想要的特定物品）及聽者的多重控制。

階段三：最後一個步驟是褪除非語言刺激，讓請求的反應形式是單獨受控於兒童的動機本身，並能對聽者做出需求表達。表 17 顯示其教學模式。

必須再次強調，Skinner 語言行為中對請求的行為並沒有侷限在口說而已，其中圖片、手勢也是表達請求的方式。對於沒有發展出口說能力的個體，則可以選擇其他替代的方式讓他能夠有表達需求的管道，讓個體能展開適應環境的第一步。

第二節　命名的概念及實務

《天上一天星》

天上一天星，屋上一隻鷹，樓上一盞燈，桌上一本經，

地上一根針，拾起地上的針，收起桌上的經，吹滅樓上的燈，

趕走屋上的鷹，數清了天上的星。

　　上述的打油詩中，呈現了各種不同的命名元素，讓世界變得多采多姿，豐富了人們對世界的認識與建立深刻的關連！Skinner（1957）在《語言行為》一書中，花了最長的篇幅闡述「命名」的概念及其延伸的各種範疇，而命名在人類的生活中，確實扮演舉足輕重的角色，上述的引言打油詩（內容涵蓋名詞、動詞及量詞等，都是命名的類別）正是最好寫照。Skinner（1957）在其著作中亦論及有關隱喻及內在事件的命名等議題，顯示Skinner其實是一位內外兼顧的行為分析學者，同時打破一般人對 Skinner 只重外顯行為，忽略內在世界的誤解。本節將闡述基本語言操作之「命名」在行為分析中的概念、說明延伸命名及內在事件命名並探究命名與其他行為的關係，最後將呈現命名的教學理念及實務操作的方式。

➊ 命名之基本概念

　　Skinner（1957）的基本語言操作中第二個提到的語言類型為「命名」，在《語言行為》書中的原文是「tact」，Skinner 解釋他使用這個字的原因，是要讓人從字面上即可聯想到「make contact with」，即和大環境接觸的意思，因此 Skinner 將命名的行為分析的定義為該語言的反應是受制於一特定的物品事件或物品的特性，或更口語化的說法，命名是受制於大環境中的所有非語言刺激；命名的反應則可以是口語、書寫或手勢（或手語）等形式，其後效則是受制於類化制約增強。因為命名不受控於動機，因此以三期後效來解構命名，可由表18 看出。

　　命名從功能的角度解讀時，是對聽者提供環境中的訊息，命名在語言行為中是個複雜的概念（Skinner, 1957），因前事刺激或非語言刺激的多樣性所引出

表 18　命名的三期後效解構圖

A（前事刺激）	B（行為）	C（後果）
環境中所有非語言區辨刺激（S^D）	說者用任何感官模式，對有接觸的事物和動作（或所有非語言刺激），進行命名	類化制約增強

的命名關聯，可細分為各種不同形式的命名類型，以下則依序說明（Potter, 2009; Skinner, 1957; Sundberg, 2007）：

(一) 命名的類型

1. 靜態的物品、人名或地點（名詞）：非語言刺激可以是特定的一個物品，如碗、筷子、叉子等物品，或爸爸、爺爺等稱謂，以及郵局、超商等地點。

2. 動態的行動（動詞）：瞬間移動的狀態，如跳、走、唱歌等。

3. 相關屬性：該非語言刺激牽涉到與其他非語言刺激之間的關係，前置詞（如，上、下、左、右等）、比較詞（如，大小、明亮、重量、長度、多寡等）。

4. 抽象屬性：像是物品的屬性（形容詞），如顏色、形狀、質地（觸覺的）；或動詞的屬性（副詞）等。

5. 與功能相關：與該物品的接觸經驗或體驗有關，如杯子是用來喝水的，椅子是用來坐的或墊腳修燈泡的。

6. 與類別（class）相關：屬於高層的分類，如廚房用品、交通工具等。

(二) 引發命名的前事刺激

命名除了有多樣的類型之外，引發命名前事刺激是環境中的所有刺激物，皆歸屬於非語言刺激，具備有下列幾種特點：

1. 刺激本身的多重性，舉例來說，引發命名的非語言刺激可以是由一特定物品所產生的感官刺激，例如，冰淇淋產生非語言的視覺、觸覺、嗅覺和味覺刺激，當中任何一種感官刺激或全部的感官刺激會成為命名「冰淇淋」的區辨刺激。

2. 受控於多重類型刺激：引發命名的刺激可能包含多重的非語言刺激類型，或一個命名的反應是受制於這些多重屬性，例如：「紅色（形容詞）的蘋果（名詞）放在（動詞）小盤子（名詞）上（前置詞）。」這句陳述式命名就包含有名詞、動詞、形容詞及前置詞等不同的刺激類型。

3. 刺激的可觀察性：非語言刺激可以是外顯可觀察的，或內在無法觀察的
（例如，疼痛）。

4. 刺激的明顯性：非語言刺激可以是不明顯或顯著的（例如，霓虹燈光）
等。

　　Skinner 以可操作的方式界定命名，讓教學者在教命名時可以有效掌握教學
環境刺激的安排，從可辨識的環境刺激物到抽象複雜的前事刺激，而命名操作
的分類則讓命名展現其多樣及豐富的特性，從具象到抽象，使能完整全面的覆
蓋對環境的理解與掌握。

二　延伸的命名

　　延伸的命名涉及到刺激類化的自動發生、隱喻如何運作及回憶的行為操作
意涵等，讓讀者對行為分析有新的觀點，其定義分析的可操作性也讓教學開啟
了新的契機。

(一) 一般（命名）延伸

　　依據 Skinner（1957）的看法，一般（命名）延伸是指：新的刺激和原始刺
激分享所有相關和關鍵特徵，此時該刺激群組就會擴展，類似於刺激類化的概
念，當說者針對一種新型的椅子命名為椅子時，就是一般延伸。Skinner 認為說
者會自動化的產生此種一般延伸的能力，此自動產出不是因為轉移或刺激等量
的關係，而是因為相似性本身就存在於這些物品間。一物品的關鍵特徵一旦受
到增強，其他相似的物品會自動產出該命名，是因為該物品也具有相似的關鍵
特徵（即，刺激引發＋增強歷史的結果）。發展心理學家發現幼兒在發展的過
程中，學會一樣物品的命名，對於具有相似特質的物品也會給予同樣的命名，
是透過類別化的能力。「物品類別化能力」讓孩子迅速辨視陌生事物，能根據
各種物體的特徵進行分類，分辨出物體特徵之間的共通，他會發現「這個事物
和××很相像」，使他在學習過程不必看到一個就記憶一個，而能以類化方式
快速學習（引自 http://www.hsin-yi.org.tw/0123/paper4_1.asp）。這和 Skinner 的
解讀不謀而合。

(二) 隱喻式（命名）延伸

　　隱喻式命名類似於類比的概念，但 Skinner（1957）認為用三期後效來解釋會更為容易理解，Skinner 解釋隱喻式命名為：新的刺激和原始刺激會分享部分但並非全部相關的特徵，與一般命名延伸不同之處在於反應所受控的刺激屬性。該書中亦舉例：「茱麗葉像太陽一樣」，雖然太陽並未真正出現，但太陽卻是真正控制這句話的重點，太陽會引發溫暖的感覺，對說者而言，茱麗葉給人的感覺就像看到真正的太陽一般，因此說者會將二者連結一起，隱喻就此產生。或我們稱某人膽小如鼠，是因為我們對老鼠的感覺就是膽怯、容易受驚嚇、小心謹慎等，這句話主要受控於老鼠的特徵。Skinner 以可操作的方式定義隱喻，使教學者可以掌握教學的重點，讓學習者能聚焦在所控制的刺激屬性，並從該刺激屬性連結到新的刺激。

(三) 命名過去事件（回憶）

　　兒童從小就常會被問到：你早上吃了什麼？昨天做了什麼事？這些問題涉及到回憶的能力。首先，命名物品與回憶是不同的，命名物品是一種單純的刺激控制，是個體看到一非語言刺激，則產生命名該物品的反應，而命名物品的反應是受過去增強歷史所產生（Skinner, 1957）。回憶的部分則較為複雜，需要先有引發回憶的刺激源，之後再針對各種與問題相關的刺激進行命名，可見命名是回憶的基礎。引發回憶的刺激可以包含區辨刺激源及輔助刺激源；Delaney 和 Austin（1998）指出最容易引發回憶的區辨刺激源是發生事件的地點（loci），由地點引發記憶可以追溯到羅馬時代，也和記憶術（mnemonics）中提取記憶的策略所建議可以和地點產生連結是類似的；從行為分析的角度，特定的地點會變成區辨刺激，通常會是以影像的方式呈現，進而從該區辨刺激及影像的出現引發命名相關的人、事、物，因而產生發生事件的回憶；另一種則是輔助刺激源，輔助刺激源與要回憶的內容不同，其所扮演的角色是透過輔助刺激源的出現可以協助個體提取要回憶的主體內容；輔助刺激源對個體而言是一種可以引發高出現率反應的刺激源。此外，相較於其他的刺激源，其所引發

的反應具有高度競爭性並能有效抗拒消弱的特性，經由輔助刺激源的引發效果，可以協助個體引發要回憶的主體內容（Delaney & Austin, 1998; Palmer, 1991; Skinner, 1957）。

三 命名與其他行為之關係

(一) 命名與分享式注意力

有關嬰幼兒的分享式注意力（或稱為相互注意協調能力）的討論，始自 1963 年 Werner 和 Kaplan 的《符號形成》（*Symbol Formation*）一書，他們認為在嬰幼兒與母親互動中，有一個同時包含了嬰幼兒、母親與第三物間三角關係的情境，並稱之為初期的分享情境（primordial sharing situation）。此定義中明確指出分享式注意力包含二個客體與物品的關係，這是在幼兒尚未發展出語言就已經具備的能力。Sigman 和 Kasari（1995）提到有廣義和狹義兩類的標準，從狹義的標準來看，相互注意協調能力包括了嬰幼兒注意他人的眼神、頭轉或手指的方向，並隨之注視到那個方向的能力，以及主動引導他人去看某物的能力。如果從廣義的標準來看，只要能與他人建立並維持溝通的管道，就可稱為分享式注意力，而物品則是達成溝通的媒介。

此外，分享式注意力可以讓個體與他人分享自己的感情，和了解他人有他個人的想法，是學齡前社交溝通能力的要素（Mundy & Crowson, 1997）。分享式注意力主要目的為與他人溝通，當幼兒發展出對物品的命名能力後，可以透過此優勢能力轉換為分享式注意力，Holth（2005）指出可以先讓命名與社會注意力配對，讓命名本身就具有社會增強，之後則逐漸加入眼神偵測、原始宣告指示訓練並建立分享情境，亦即所謂的三角表徵，包含看、指向及共同注視，並增加生活隨機命名教學的機會，使生活中的命名可以結合分享式注意力的引發。當兒童在命名時自動化想與主要照顧者分享他看到的物品，透過手指、語言的命名、配合眼神注視協調達成分享的目的，此時自發型分享式注意力就隨之產生。因此，對已經發展出口語能力、但依舊缺乏分享注意力的兒童，善用命名引發分享式注意力是一新的發展趨勢。

(二) 命名與問題解決

停、看、聽、想是生活中或人際間問題解決常會使用的步驟。一般而言，需要問題解決的狀況，大都是在環境中發生一事件，例如，不小心在廚房打破杯子了。此時，依據停、看、聽、想的程序，其首要步驟是先停下來，了解該事件的發生始末（杯子外面有水，手滑了一下，就掉到地上摔破了），第二步是聽聽看自己及他人的感覺（自己感覺心情很不安焦急，怎麼會突然發生這事情），再想出適當的解決方式，其中的「看」就是了解事件原委，過程中個體必須具備有命名的能力，例如對人命名、對地點命名（廚房）、對事件命名（打破杯子）及相關的物品命名（杯子、碎片）等。聽的部分要能覺察自己及他人的感受，也就是對情緒命名的能力，而最終的找出解決的方式，也需要能基本命名（找掃把、清潔、包裹）或延伸命名（延伸到歲歲平安，以轉換不安焦慮）的能力。如此仔細分析後，就比較能更細緻的判斷個體無法解決問題的關鍵，是否是卡在命名的能力，亦或是可清楚界定哪些命名需要再補強，或可能是轉換情緒或是解決問題的方法不足等，如此細膩分析的重點則提供教學者具體可行的方向。

四　命名教學實務

命名從認知學角度看，是一種概念的學習，或解讀為內在心智運作的過程，然而，從應用行為分析的觀點而言，概念的形成是一種反應形式，在特定的前事刺激出現時發生，以及伴隨特定後果。換言之，可以依據三期後效 A-B-C 法則解釋，三期後效不僅能有效的分析各種行為與環境互動的關係，也是建立新行為的重要法則。對行為主義者而言，語言亦是一種行為；因此，善用 A-B-C 法則就可以幫個體建立語言行為，而語言教學環境的安排，依行為主義的術語就是善加安排環境的 A 及 C，並形成刺激控制。概念形成是刺激控制中一個複雜的例子，Keller 和 Schoenfeld（1950）指出個體要能產生概念的形成，個體在學習行為上必須同時展現刺激群組間的刺激類化和刺激群組間刺激區辨的結果（引自鳳華等譯，2012）。刺激群組內的刺激類化是指一組具有共同關係的刺

激,能誘發相同的反應,例如,貴賓狗、土狗或牧羊犬等其共同性就是都屬於狗,可以引發口語命名狗的反應;刺激群組間的刺激區辨則是概念學習的重點,個體必須要能區辨刺激群組間相同的刺激物和不同的刺激物,透過區辨訓練建立刺激控制,例如能區辨狗和其他動物(貓、老虎等)是不同的屬性,才能確認個體已經建立「狗」的概念。刺激區辨訓練一般所使用的教學步驟,是安排概念的範例(S^D),以及不是概念的範例(S^Δ),並對個體的反應提供區別性增強。

而當區辨刺激與反應間尚未建立連結關係,提示正是建立區辨刺激與反應間連接的催化劑。提示有各種不同類型:完全肢體協助、部分肢體協助、示範提示、口語提示、手勢協助、位置協助及視覺提示等。此外,若學童在學習新的概念時,一般都會使用零錯誤學習法,就是在教學刺激之後即刻給予提示,再逐漸褪除提示,使學習錯誤的發生降至最低,增加學生成功的經驗。

命名的語言操作是讓語言反應受控於非語言刺激,並獲得類化制約的後效增強。命名技能項目很廣泛且是許多語言介入課程的重要核心,兒童必須學習命名物品、動作、屬性、介系詞、抽象概念、內隱事件等,以增進對環境的理解與掌控。如果兒童有覆誦的能力,可以透過覆誦帶命名的形式進行命名訓練。一般教學的形式是教學者呈現一個非語言刺激,同時給予覆誦提示,並區別性增強正確的反應,再褪除覆誦提示。教學模式如表 19。

表 19 命名的教學階段

教學階段	A (前事刺激)	B (說者說出物品名稱)	C (後果)
階段一: 提供說者提示	非語言刺激(如:蘋果)	口說	獲得類化制約增強
	提示	覆誦(口說)	
階段二: 褪除提示	非語言刺激(如:蘋果)	口說	獲得類化制約增強
階段三: 區辨訓練	非語言刺激(如:蘋果+西瓜+鳳梨)	口說(依據圖片說出水果名稱)	獲得類化制約增強

註:http://www.angelfire.com/pa5/as/data.html 有豐富課程的網站

第三節 其他語言行為概述與教學

前二節依序介紹了 Skinner 基礎語言行為中的請求與命名，本節將介紹其他四個基礎語言行為、進階語言行為（自動附加）及語言行為的相關議題。

一 基礎語言行為

首先本段落會依序介紹基礎語言行為中的覆誦、互動式語言、逐字讀及轉錄。

(一) 覆誦

覆誦根據 Skinner（1957）的定義，前事刺激是語言刺激，而反應則和此語言刺激有定點對應（point-to-point correspondence）和形式相似性（formal similarity）兩種特性，其後果是獲得類化制約增強（例如：社會性讚美）。簡單來說，覆誦就是重覆說出所聽到的聲音刺激。所謂的定點對應，是指語言行為中刺激與反應的二者完全對應相符合；而形式相似性則是指反應和前事刺激所運用的感官知覺在形態上是一樣的。舉例來說，在教兒童學會叫媽媽，媽媽會先發出聲音：「ㄇ」、「ㄚ」、「媽」，兒童則跟著說：「ㄇ」、「ㄚ」、「媽」。媽媽會很開心的稱讚兒童！其中定點對應是「ㄇ」對「ㄇ」，「ㄚ」對「ㄚ」，和「媽」對「媽」。形式相似性則是刺激和反應都是以「聽覺」的感官型態呈現。

(二) 互動式語言

互動式語言依行為分析 A-B-C 的定義，前事刺激是語言刺激，反應也是語言刺激，而後果則是獲得類化制約增強。Skinner 指出互動式語言特性是語言行為與刺激的關係沒有呈現定點對應的關係，在學習的過程中，互動式語言的養成是透過自由聯想、串聯以及環境中的正增強作用產生，其發展歷程是先有接續他人的語言、簡單回應他人提問，以及一來一往的對話等。其中接續他人語

言可以是接續兒歌，如：老師唱「一閃一閃亮……」，兒童可以緊接著唱出「亮晶晶」；或是接續他人未完成的命名，如：姊姊說：「小狗的叫聲……」，弟弟會接著說「汪汪汪」。這兩個例子是兒童在早期開始有語言之後，最常與成人產生的互動模式，也是後續能與他人產生一來一往對話的開端。當中明顯的看到沒有定點對應。後續的發展則是能做出簡單的回應，例如，聽到「你好嗎？」會回答「我很好」，或是回答老師的各種數學、歷史或地理等問題。一來一往的對話則類似連鎖的概念，例如，聊電影的話題，A：「你昨天去看什麼電影？」B：「我去看×××電影。」A：「那你跟誰一起去看呢？」B：「我和我姊姊一起去看。」A：「是去哪裡看呢？」B：「去××百貨公司裡的電影院。」當中每個語言刺激都是下個語言的前事刺激，也可以是前一個語言的後效增強，與連鎖的概念相符。

(三) 逐字讀

　　逐字讀依據行為分析的定義，其前事刺激是非語言刺激（印刷文字），反應是依字唸出聲音，後果則是獲得類化制約增強；其中刺激和反應行為之間有定點對應，但沒有形式相似性（Skinner, 1957）。英文的文字與聲音可以產生定點對應，但是中文的國字與發音則沒有定點對應。而沒有形式相似性是因為前事刺激是非語言刺激——文字（視覺），而行為反應是口說語言（聽覺），所以兩種感官型態是不同的。逐字讀類似於閱讀，是屬於「看一說」的刺激和反應。不過閱讀通常會需要理解文字的意涵，而逐字讀則僅是個體讀出所看到的文字，個體是否理解文字意涵不在逐字讀的定義內。

(四) 轉錄

　　轉錄依據行為分析的定義，其前事刺激是語言刺激，反應是將聲音轉為文字，後果則是獲得類化制約增強；其中刺激和反應行為之間有定點對應，但沒有形式相似性（Skinner, 1957）。這部分類似逐字讀，英文的轉錄有定點對應，但中文則沒有這部分。沒有形式相似性，是因為其前事刺激是語言刺激（聽覺），反應行為是書寫或打字（視覺）。小一學生最常見的考試形式就是聽寫，

也正是 Skinner 的轉錄行為，對於要訓練學生具備聽寫能力，此定義提供一個可以操作的訓練方向。

進階語言行為——自動附加

　　自動附加是 Skinner（1957）的語言行為中特別提到初級語言操作是自動附加的基礎，沒有初級語言操作的基礎就不會有自動附加。自動附加的功能則是說者為了要深化或修飾基礎語言操作所發展的一種進階的語言操作。說者為了要準確傳遞訊息，讓表達的內容更具精準度，說者內在會出現有區辨的過程。區辨可以是對事件的確定程度，或呈現事件中多寡的議題，透過說者內在的區辨程序，深化傳遞的訊息，或讓訊息更為精準（Sundgberg, 2007）。自動附加這個行為的後果，涉及來自最後聽者的區別增強，讓聽者因著自動附加而產生不同的行為反應。

　　Skinner 特別強調，自動附加是說者在陳述事件時，知道自己要表述的內容，而且知道如何表述，在這過程中，環境的控制關係是一重要影響因子，因而讓聽獲取更清楚的訊息，包含對訊息的來源、確定性及可靠性。例如，某人在看報紙時，說了「我看到要下雨了」，這句話讓聽者知道你的訊息來源是「看報紙」（雖然語言中沒有說明訊息的來源，但是聽者知道該語言與環境的關聯），而報紙的可靠度應該是高的，因此聽者聽到這訊息之後，就會做出帶傘的反應，這對說者則是一種增強，會增加之後看到紙後告知他人天氣的行為。然而有些語言對聽者的反應就會稍弱，說者如果說：「我記得昨天氣象報導說會下雨」，如果是用「我記得」，表示該引發命名的刺激已經不存在，其可信度就會降低，對聽者的影響相對就會減少。當說者使用這些字詞如：「我猜想」、「我預估」、「我想」或「我假設」等字眼時，表示其受控的刺激源（或資訊來源）是不足的，對聽者而言，其所陳述的內容確定性或準確度就是低的。

　　舉個例子來說明自動附加中的區辨特性，以及說者選擇不同與詞時，也同時修正命名這個語言操作。例如，當兒童說：「我看到阿嬤」，其中「我看到」正是自動附加，他讓聽者更清楚的知道是兒童有親眼看到。如果兒童是使用「我聽到阿嬤」，或是「我想應該是阿嬤」，對聽者而言，這些不同的自動附加提

供了不同程度準確的訊息，其中「看到」比「聽到」或「我想」提供了更為正確的資訊。這個例子還凸顯了兒童同時是在自我描述（self-description），說者因為對自己行為的覺察，亦即知道要傳遞的訊息，因而選擇適當的描述語詞來傳遞訊息給聽者（蔡馨惠，2015；Skinner, 1957）。

三 多重因果關聯

　　人類的語言大多是錯綜複雜的，初級語言操作提供了語言的基本架構，現實生活的人際互動中很少會採用純粹或單一初級語言操作。針對人類語言的複雜性，Skinner（1957）運用了多重因果關聯（multiple causation）的概念來分析。其中最基本是：(1)一個反應是多個刺激變項的功能結果；(2)單一變項也可以影響一個以上的反應。Michael、Palmer 和 Sundberg（2011）稱這兩種多重因果關聯為聚斂式和擴散式的多重控制。聚斂式的多重控制，簡言之，就是指一句話的引發可以是受控於請求、命名或互動式語言，例如，「好香的蘋果，真想咬一口」，這句話受控於命名（形容詞及名詞）、請求（想要）及自動附加（真想，隱含有「但是不行」）；如果更簡單來說，可以類比聚斂式思考，例如，大象可以受控於大大的耳朵、長長的鼻子及厚重的身體等描述。第二點則可以有多重涵義，同一件事可以有多重說法，例如，想表達否定的看法，可以是輕描淡寫的說「可能不太適合」，或是很肯定的表達「絕對不行」；或是在詩詞賦曲中，詩人所用的語詞常可以引發閱讀者不同的反應，例如，看到千里共嬋娟，可以是思念朋友，也可以是思念親人或愛人等，一個刺激變項影響了一個以上的反應；這概念也可以類比於擴散式思考，例如，交通工具可以聯想到汽車、火車、三輪車、公車等；或是腦力激盪、聯想或問題解決等，以反映此種特性的語言能力。多重因果關聯對後續語言教學有重要啟發，本書教學實務的課程內容有詳細解說教學程序。

四 教學實務

(一) 覆誦教學實務

　　覆誦的語言操作是讓語言反應受控於語言刺激，並獲得類化制約的後效增強。覆誦能力是教導請求的基礎核心，例如，覆誦帶要求正是以覆誦作為提示引發個體表達想要的物品方式。覆誦也是教導其命名或認知課程，作為口語提示的基礎。例如，若兒童有覆誦的能力，可以透過覆誦帶命名的形式進行命名訓練。一般覆誦教學的形式是教學者呈現一個語言刺激，運用塑造的方式，並區別增強逐步接近前事語言刺激的反應。教學模式如表20。教學實務過程要先進行收音的評量，可以採結構的方式進行收音，依照注音符號所列表，分為聲母二十一個、韻母十三個及介音三個。從單音開始，接著進入聲母及韻母的組合音，再到加入介音的組合音。記錄時要詳細記錄每次學生發出來的音。進行教學時，從兒童的收音表中，先選出較為接近目標音的單音開始教學，可以搭配兒童已經會發的音，作為交錯教學，盡量選擇差異較大的音作為交錯的教學刺激，讓學生於開始學習之初較容易辨認。如果兒童還需要以原級增強物引發發音的動機，要謹記增強物要持續變化，不要在發音之後都給予同樣的增強物，以免兒童會產生錯誤的連結。

表20 覆誦的教學階段

MO（動機操作）	A（前事刺激）	B（說者說出物品名稱）	C（後果）
確認兒童的增強物	語言刺激（如：ㄅ）	覆誦ㄅ	獲得類化制約增強
	教學策略	區別增強逐步接近目標的反應	

(二) 互動式語言教學實務

　　依照DSM-5（APA, 2013）的診斷標準，泛自閉症者的主要核心困難即在社會互動及社交溝通有質的缺陷，有語言能力的自閉症者，在開啟或持續會話的

能力上有顯著缺陷，而互動式語言正是社交溝通的核心，互動式語言對泛自閉症者的教學確實有其必要性。語言行為分析互動式語言之重要特徵在於前事刺激（A）與語言反應（B）是沒有定點對應的關聯，其學習的過程是透過連鎖（chaining）而產生的（Skinner, 1957），因此，教學上必須要能有效掌握連鎖的教學要領並配合提示系統的給予。剛開始階段，互動式語言需要以覆誦提示進行教學，搭配多重範例的方式，以引發一來一往的互動型態。Sundberg 和 Partington（1998）指出互動式語言的教學應安排階層性的課程，並建議可先從接續兒歌開始進行。教學前需確認兒童已具備至少五十組的請求及命名的技能項目，教學的方式是先教兒童跟著覆誦兒歌，之後再進行接續兒歌的訓練，接續的訓練可以使用固定延宕提示策略，教學階段一就是覆誦學習，待兒童能覆誦後，階段二則進入延宕提示，教學者唱出不完整的歌曲，讓兒童能接續唱出後面的歌詞，引發策略採用延宕提示，可以設定固定延宕三秒，如果兒童沒有出現接續的語言，則提供覆誦提示；目標設定可以先從最後一個字的接續開始，再逐步增加兒童須接續的字數。教學模式參考表 21。

表 21　接續兒歌的互動式語言教學階段

教學階段	A（前事刺激）	B（說者說出物品名稱）	C（後果）
階段一：覆誦階段	語言刺激（如：「一閃一閃亮晶晶」）	覆誦	獲得類化制約增強
階段二：延宕提示	語言刺激（如：「一閃一閃亮晶……」）	接續唱出「晶」	獲得類化制約增強
提示方式：固定三秒延宕，若沒有出現接續，則給覆誦提示。			
階段三：獨立接續兒歌	語言刺激（如：「一閃一閃……；滿天都是……」）	接續唱出「亮晶晶」、「小星星」等	獲得類化制約增強

　　接續兒歌的互動式語言為互動式語言教學的起點，之後還有接續未完成的語句、回應他人的提問，以及一來一往的對話。接續語言可以善加利用自然情境所發生的事件，例如，要帶小孩去洗手時，就可以營造一個教學的情境，可

以對孩子說：「小朋友要去洗你的……」，讓孩子可以接著說出「小手手」，其他自然情境如開門、穿鞋襪、穿脫衣服、刷牙洗臉等日常生活每天都會進行的活動，結合日常生活活動，讓孩子可以從日常作息的鮮活經驗學習互動式語言，讓語言與生活緊密連結。其他教學程序可以參考本書第二部分教學實務的詳細說明。

(三) 聚斂式與擴散式教學實務

人類語言式複雜多元的，泛自閉症者受限於偏限的興趣及過度選擇性，會發現其語言會有受控於單一刺激，或無法產生彈性思考或擴散思考等限制。Feng、Chou 和 Tsai（2015）運用語言行為中聚斂式和擴散式多重控制的原理，教導自閉症兒童回答分類的問題並學習提供多重解答。自閉症者在學習過程會容易認為一個問題只能有一個答案而產生刻板的回應；或者，即便學會提供多重答案，但每次回答的答案都是一樣的，也缺少創新的答案，此種學習是以記憶而非以理解或表徵的方式，就容易流於固著的形式。Feng 等學者（2015）的教學則是透過系統化的教學程序，讓兒童產生彈性思考的能力，而彈性的具體表現則以擴散式及聚斂式的出現頻率展現。該研究採用互動式語言的方式，用圖片提示，教孩子回答分類的問題（如：有哪些水果是紅色的？），孩子必須提供至少三個不同的正確答案（擴散式多重控制）。在這特別設計的教學之下，孩子開始學會從多元的刺激控制下（紅色、水果），能提供多種不同的答案；該研究亦同時記錄受試者自發產出的答案，以確認受試者已經有擴散思考的能力，而非局限於教學者教過的答案，而能真正產生彈性思考的模式。

結語

本章節整理了 Skinner《語言行為》書中對語言行為的定義，並結合相關實證研究，將學理運用於實務教學，對泛自閉症者語言的教學提供依據實證本位的教學程序，本書 Part 2 的語言行為的實務教學領域則會針對上述提及的相關教學提供詳盡的教學程序，使學理與實務密切結合，達到學理引導實務，實務驗證學理的境地。

Part 2

教學實務

社會情緒領域

　　DSM-5（APA, 2013）明確界定自閉症的臨床特徵之一為社交溝通及社交缺損，其中社會情緒互惠的缺損中包含一來一往社會互動的缺損、欠缺與他人分享有趣的物品及缺少情緒交流、缺少覺察他人情緒的能力，以及欠缺主動性；非語言溝通能力的缺損則包含缺少眼神接觸及對肢體語言的理解；此外，社交缺損中亦包含與人發展與維繫關係能力的缺損，例如開啟話題、維持話題等，以及欠缺模仿能力與假扮遊戲，和心智理論的缺陷。泛自閉症者另一個主要的臨床特徵為侷限、重複的行為及興趣，為協助他們突破這臨床症狀的困境，本課程則特別介紹興趣拓展的課程設計，其中包含制約故事書或玩具為增強物，增加他們對環境中各種物品的興趣；此外，有些自閉症者對於人的聲音沒有興趣，本課程領域亦提供了制約聲音為增強物的課程，以協助他們能擴充對環境中人聲音的興趣。總括而言，本領域依據自閉症者臨床診斷項目，並參考社會情緒發展相關理論，課程內容大項涵蓋興趣拓展、非語言情緒能力、命名情緒、假裝遊戲、心智理論、情緒管理及人際互動。詳細課程內容請參閱下表，其中涵蓋大項、分項及延伸項目，並標註相對應的頁碼，供讀者方便查閱。本課程領域與領域二的語言行為（含溝通／認知）相輔相成，期望能針對泛自閉症者的臨床症狀發展核心課程，以協助泛自閉症者走出症狀的藩籬，提升其生活品質。

社會情緒課程檢核表

技能大項	分項	延伸項目	評估 日期 1	評估 日期 2	精熟 日期	對應 頁數
一、興趣拓展	1-1 制約聲音、玩具或故事書成為增強物					p. 106
		1-1-1 制約聲音成為增強物				p. 106
		1-1-2 制約故事書成為增強物				p. 108
	1-2 刺激—刺激配對與口語引發					p. 110
	1-3 後效增強與興趣拓展					p. 112
二、非語言情緒能力	2-1 眼神接觸					p. 116
		2-1-1 眼神注視				p. 121
		2-1-2 點頭				p. 123
		2-1-3 搖頭				p. 124
		2-1-4 遊戲活動：行為連鎖中斷策略				p. 126
	2-2 分享式注意力					p. 128
		2-2-1 回應型分享式注意力				p. 128
		2-2-1-1 對展示有反應				p. 131
		2-2-2 自發型分享式注意力				p. 132
		2-2-2-1 注視協調移動				p. 132
		2-2-2-2 原始宣告指示				p. 133
		2-2-2-3 展示				p. 136

（續下表）

技能大項	分項	延伸項目	評估 日期 1	評估 日期 2	精熟 日期	對應 頁數
		2-2-2-4 純粹命名				p. 137
	2-3 眼神偵測與意圖					p. 138
		2-3-1 眼神偵測				p. 138
		2-3-2 意圖				p. 142
	2-4 模仿課程					p. 146
		2-4-1 單一動作模仿				p. 146
		2-4-2 兩個動作模仿				p. 150
		2-4-3 連續三個以上動作模仿				p. 151
		2-4-4 隨音樂律動				p. 152
三、命名情緒	3-1 命名單一抽象情緒					p. 157
		3-1-1 聽者命名單一情緒				p. 157
		3-1-2 表達性命名單一情緒				p. 158
		3-1-3 依指示做出表情				p. 161
		3-1-4 理解他人臉部線索				p.162
	3-2 命名情境中之情緒					p. 164
		3-2-1 命名他人在情境中之情緒				p. 164
		3-2-2 命名自己在情境中之情緒				p. 168
	3-3 命名情緒之因果關係（包含他人與自己）					p. 171

（續下表）

技能大項	分項	延伸項目	評估日期 1	評估日期 2	精熟日期	對應頁數
		3-3-1 因果關係：命名出以他人為主的情境、情緒及因果關係				p. 171
		3-3-2 情緒因果關係：該情緒是基於自己的情緒				p. 175
	3-4 進階的情緒命名：能說出較為複雜的情緒					p. 179
	3-5 命名與慾望（或期待）相關的情緒					p. 183
		3-5-1 命名以他人為主角的慾望（期待）相關情緒				p. 183
四、假裝遊戲	4-1 以兒童為主體的假裝遊戲					p. 190
	4-2 象徵遊戲（物品替代、無中生有、賦予抽象屬性）					p. 192
		4-2-1 物品替代象徵能力				p. 192
		4-2-2 無中生有象徵遊戲				p. 196
		4-2-3 賦予抽象屬性象徵遊戲				p. 197
	4-3 與人物、環境有關的象徵遊戲					p. 200
		4-3-1 與人物轉換有關的假扮				p. 200
		4-3-2 與空間有關的假扮遊戲				p. 202

（續下表）

技能大項	分項	延伸項目	評估 日期 1	評估 日期 2	精熟 日期	對應 頁數
五、心智理論	5-1 觀點取替					p. 206
		5-1-1 看到導致 知道				p. 206
		5-1-2 觀點取替 ：分辨外觀與實 體的雙重特性				p. 209
		5-1-3 觀點取替 ：從不同位置觀 察物體的不同面 向				p. 211
		5-1-4 使用心智 動詞：利用「我 覺得」、「我想」 來表達想法				p. 215
	5-2 基本信念：辨 識基本信念					p. 217
	5-3 第一順位錯誤 信念					p. 221
六、情緒管理	6-1 尋求協助					p. 228
		6-1-1 尋求協助 進階版──辨識 情境並主動尋求 協助（生活情境 為主）				p. 230
		6-1-2 在日常生 活中營造情境， 讓學生思考並進 行問題解決				p. 231
	6-2 自我調節：情 緒轉換					p. 237
	6-3 人際問題解決					p. 241
		6-3-1 危急時尋 求協助				p. 244
	6-4 同理心					p. 246

（續下表）

技能大項	分項	延伸項目	評估日期1	評估日期2	精熟日期	對應頁數
七、人際互動	7-1 主動提出 wh 問題					p. 252
		7-1-1 地點的主動提問				p. 252
		7-1-2 物品的主動提問				p. 253
		7-1-3 人的主動提問				p. 254
		7-1-4 時間的主動提問				p. 254
		7-1-5 如何的主動提問				p. 255
		7-1-6 選擇的主動提問				p. 256
		7-1-7 原因的主動提問				p. 256
	7-2 主題式對談					p. 258

104

技能大項一 興趣拓展

　　自閉症臨床症狀的其中一大類為侷限、重複的行為及興趣,其中包含:固著或重複的語言、動作及對物品的使用,這個臨床特徵嚴重影響自閉症兒童對環境探索的動機並限制其多元興趣的培養。教育現場常會發現自閉症兒童在課餘時間會有不當的自我刺激或以固定模式進行遊戲活動,因而限制了與環境及同儕互動的機會與可能。興趣拓展的課程則可以有效增進自閉症兒童對各種事物的探索,增進自閉症兒童對各種事物的興趣。本技能大項課程即透過刺激配對法則及後效增強的方式,以系統化的教學方式協助自閉症兒童增進各種興趣能力。此外,自閉症者對感覺刺激的輸入產生過高或過低的反應性,也影響部分自閉症兒童對聽覺接受的能力,進而影響語言發展中發音的功能。發音是日後發展說話的先備技能,本技能大項課程亦詳細說明如何運用制約方式讓自閉症兒童能開啟發音的機制,為日後的語言發展奠立基礎。

1-1 制約聲音、玩具或故事書成為增強物

　　自閉症者有物品使用的固著性問題，或由於窄化的注意力或過度選擇的特性，使個體對環境的刺激（包含聲音、玩具或是故事書等）較缺乏興趣或出現反應，而影響個體日後的各項發展。因此，如何系統化的協助自閉症者對環境的聲音、玩具或故事書產生興趣，以下分別說明之。

1-1-1 制約聲音成為增強物

? 教學理由

　　部分自閉症兒童對於人聲音的反應缺乏興趣，他們在學習上會過分依賴視覺的提示和刺激，忽略聽覺所傳達的訊息，導致在語言的發展產生缺陷。如果能在早期介入階段，盡早讓兒童對大人所說的話、發出的聲音形成制約增強，進而產生興趣，則能使兒童在語言的學習上走入正軌。此外，人際互動過程需要使用大量口語，在沒有視覺提示的情形下，如何讓自閉症者對聲音的反應產生興趣，進而在後續對聲音有正向的反應，這個課程即對未來人際溝通的發展扮演先備技能的角色。

教學程序

一、**技能描述**：學生對主要照顧者或教師的聲音會產生興趣，例如：轉向聲音來源，或持續聽聲音錄音帶至少五分鐘。

二、**執行程序**：依據 Greer 和 Ross（2008）的教學程序，事先錄製好教師或主要照顧者的錄音資料，內容以描述兒童的行為為主（例如，「○○○，你在玩玩具嗎？」）制約刺激配對程序為：兒童戴著耳機，提供一紙製鍵盤，只要兒童按壓鍵盤上的按鍵，就播放錄音帶並同時給予增強物；兒童的手離開按鍵，則停止播放錄音帶，之後再重新開始刺激配對。聲音刺激的配對課程每次約進行五分鐘，在一開始訓練初期，可先設定五秒鐘時距，每五秒鐘內至少提供二至三次增強物。五秒的刺激配對（按按鍵發出聲音，

並給予增強物）後，進行五秒的探測（觀察兒童是否會持續按著按鍵聽聲音，但不給增強物），如果兒童可以獨立按按鍵聽聲音五秒鐘，再逐步延長為十秒（配對）一十秒（探測）、二十秒（配對）一二十秒（探測），一直到兒童可以持續到六十秒（配對）一六十秒（探測），終點目標為兒童可聽錄音帶時間連續五分鐘。

三、**技能標準**：讓兒童按壓一按鍵（或圖示按鍵）並由錄音帶產出聲音，持續五分鐘（剛開始的目標可從五秒鐘開始）。

四、**教學材料**：探測情境只有錄音帶、按鍵或耳機，沒有其他玩具。

五、**教學程序圖示**：

配對教學	探測	配對教學	探測	配對教學	探測	配對教學	探測	持續五分鐘
按按鍵發出聲音＋增強	按按鍵發出聲音（教學記錄）	按按鍵發出聲音＋增強	按按鍵發出聲音（教學記錄）	按按鍵發出聲音＋增強	按按鍵發出聲音（教學記錄）	按按鍵發出聲音＋增強	按按鍵發出聲音（教學記錄）	按按鍵發出聲音

註：該程序每次介入都持續五分鐘從時距五秒鐘開始，逐步增加到十秒、二十秒，以此類推。

🔍 **教學資訊箱**

1. 此階段的教學重點是讓學生對主要照顧者或教學者的聲音產生正向的反應，透過中性刺激（教學者或照顧者的聲音）與增強物的配對，使兒童對聲音產生正向反應。

2. 此教學著重於學生的聽者基本能力的訓練，學生於教學期間有無發出聲音不是本課程的教學目標。

3. 增強物的選擇要依據學生的狀況而定，若需要提供原級增強物（例如，食物），盡量以少量為原則，以免學生食用過多容易飽足，並應斟酌考量其健康因素；此外，少量的增強物也較易褪除或轉換為其他社會增強。

4. 教學記錄表採時距記錄方式進行，表 22 是以五秒為一時距的記錄範例。建議以全時距方式進行登錄，「＋」代表五秒鐘兒童都按在按鍵上，「－」則代表沒有按按鍵或少於五秒鐘。該評量達 90% 的成功率時，則

表 22　以五秒為時距之記錄表單

	第一次	第二次	第三次	第四次	第五次	第六次
第一分鐘	＋	＋	－	－	＋	－
第二分鐘						
第三分鐘						
第四分鐘						
第五分鐘						

註：記錄的部分為探測階段的表現，配對階段無須記錄。

加長為十秒時距。以此類推。

1-1-2　制約故事書成為增強物

? 教學理由

　　自閉症兒童由於固著性的影響，只對特定物品產生注意或興趣，其侷限的興趣選擇，也限制了後續多元學習的可能性。故事書是開啟兒童學習視野的重要管道，諸如語言或人際互動及正向特質的學習等，大都是透過故事書的楷模學習經驗，同時擴展學生的學習視野。如果能在早期介入階段，盡早讓兒童對故事書產生自動增強，應能有效拓展兒童各領域的學習。

教學程序

一、**技能描述**：學生對故事書產生興趣，例如，能夠翻閱故事書至少五分鐘。

二、**執行程序**：參考 Nuzzolo-Gomez 等學者（2002）的教學程序，在教學者提示下，引導學生做出眼神看書或觸摸書的行為時並同時配對增強，五秒鐘內至少提供二至三次增強物。五秒的刺激配對後，進行五秒的探測，探測階段沒有提示也沒有配對增強物；探測主要是觀察在沒有提供增強物的情形下，學生是否會持續翻閱書籍，如果在五秒的探測中，學生可以獨立持續翻閱書籍五秒鐘，持續兩天達 90% 的正確率，則再逐步延長為十秒（配對）一十秒（探測）、二十秒—二十秒，一直到兒童可以持續到六十秒一

六十秒。每次教學五分鐘。

三、技能標準：學生能注視或觸摸書本，達 90% 的六十秒全時距的達成率，持續五分鐘（六個時距）（剛開始的目標可從五秒鐘開始）。

四、教學材料：探測情境只有書本及增強物，沒有其他玩具。

五、教學程序圖示：

配對教學	探測	配對教學	探測	配對教學	探測	配對教學	探測	持續五分鐘
翻故事書＋增強	翻故事書（教學記錄）	翻故事書＋增強	翻故事書（教學記錄）	翻故事書＋增強	翻故事書（教學記錄）	翻故事書＋增強	翻故事書（教學記錄）	

註：該程序每次介入都持續五分鐘從時距五秒鐘開始，逐步增加到十秒、二十秒，以此類推。

🔎 教學資訊箱

1. 本教學方式也可以用玩具取代故事書，建立制約玩具成為增強物的教學活動。在執行制約玩具成為增強物的課程時，目標行為應設定為具功能性的玩具玩法，以避免無意間增強玩具的固著玩法。

2. 文獻中建議在探測階段，對於達成目標的探測反應，教學者是不給學生任何形式的增強。然而在實務操作經驗中，會發現如果能在初期教學階段，於探測期中達成目標的行為給予社會增強或類化制約增強，可以有效促進獨立反應的表現，增進教學效能。後續有需要則可再依學習進展逐步減少增強比率。

3. 本教學法也可以運用在其他物品操作的活動，例如：串珠、堆積木、拼圖等，或是拓展兒童的休閒興趣，如畫畫、拼貼、美勞等。教學記錄表可參閱表 22。

1-2 刺激—刺激配對與口語引發

❓ 教學理由

　　一般嬰幼兒在牙牙學語期間，會產生很多自發的聲音，這是嬰幼兒對各種語音的試探，對促進日後的口語發展有很大助益。自閉症兒童則較少會發出多樣的聲音，有時可能只是出現單一重複的聲音，如果能在早期介入階段，盡早讓兒童願意嘗試發出各種聲音，以產生自動增強，應能有效拓展自閉症兒童語言能力的發展。

📝 教學程序

一、**技能描述**：學生在自由遊戲時段，會發出各種與教學者配對有關的聲音。

二、**執行程序**：參考 Sundberg 等學者（1996）的教學程序，將大人的聲音和具增強效力的刺激（例如：搔癢、舉高、由成人協助彈跳等）配對，每分鐘至少要將聲音與增強物配對十五次，可以集中或分散時段執行教學，每次時段至少五分鐘。三至五個時段後進行探測，觀察兒童各種口語類型的出現頻率。

三、**設定標準**：在探測階段，兒童每分鐘出現五次以上自發性口語。當兒童達成時，可以再變化其他聲音。

四、**教學材料**：教師的聲音及增強物（增強物可以是原級增強、社會增強、活動等學生有興趣的刺激物）。

五、**教學程序圖示**：

配對教學	配對教學	配對教學	探測	配對教學	配對教學	配對教學	探測
成人發出聲音＋增強	成人發出聲音＋增強	成人發出聲音＋增強	兒童自發性口語（觀察記錄）	成人發出聲音＋增強	成人發出聲音＋增強	成人發出聲音＋增強	兒童自發性口語（觀察記錄）

註：每次教學至少五分鐘，可依學生需求調整時間長度，每分鐘至少配對十五次。

🔍 **教學資訊箱**

1. 教學者在呈現聲音時，要變化各種音調。

2. 可依據學生的口語表現水準選擇目標口語，例如：聲音（單音）、單字或詞彙。

3. Sundberg 等學者（1996）的研究發現，一名兒童在刺激配對前是每分鐘發出四個字詞；在刺激—刺激配對過程中，將新詞「蘋果」與成人搔癢刺激配對，六十秒內配對十五次。在配對之後的觀察期，該兒童在四分鐘內說「蘋果」十七次，此外，其他原本有的口語也明顯增加出現率。該研究發現此方式可以有效引發新的口語，並增加原本口語的出現率。此範例的立即明顯成效讓口語訓練有了突破性的發展。

1-3 後效增強與興趣拓展

❓ 教學理由

　　一般幼兒在學會走路，自主性出現後，會對環境產生極大的興趣，各種探索活動會逐步展開，也在探索中發現自我對環境的掌控力；透過操作物品、接觸各樣玩具與活動，開始能理解及控制環境中的各樣刺激。自閉症兒童臨床症狀之一為固著性，由於過度選擇的問題，使他們侷限在環境的特定刺激，甚而產生許多重複、自我刺激的行為議題。如果能在早期介入階段，盡早讓兒童願意嘗試發出各種聲音，以產生自動增強，應能有效拓展自閉症兒童語言能力的發展。

📝 教學程序

一、**技能描述**：學生在自由遊戲時段，會選擇經後效增強的中性玩具組或操作型活動。

二、**執行程序**：選擇適合學生年齡層的玩具或活動，從 1：1（出現一次目標反應即獲得一次增強物）開始，讓操作玩具或進行活動的行為獲得後效增強。之後逐漸淡化增強計畫表，從 1：1（一個正確反應即獲得增強），2：1（二個正確反應才獲得增強），5：1（五個正確反應才獲得增強）到能完全獨立完成一整項活動。若行為是要延長進行遊戲活動的時間長度，則採用時距增強計畫表方式進行訓練，從 5sec：1（持續五秒鐘則給增強）開始，逐步淡化計畫表為 10sec：1，20sec：1，逐漸拉長行為可持續的時間長度，目標則可依不同類型活動設定最終的持續時間長度。每次教學以三分鐘為原則，階段目標達成 90% 的成功率，則可以進入下一階段目標。

三、**技能標準**：在不需要提示下，能獨立完成操作型的活動，至少能拓展十種以上玩具組或操作型活動。

四、**教學材料**：事先以自由操作的方式，篩選出符合學生年齡層及興趣的玩具組或活動。初期訓練階段，如有需要可以採用原級增強，但要搭配社會性

讚美,並逐漸褪除原級增強,使學生能由活動中產生自然性增強。

五、教學提示:剛開始的階段先使用全提示,再進入獨立階段。提示依不同的活動選擇適當的提示,建議以肢體提示為主要選擇,避免使用口語提示,以免學生產生對口語提示的依賴。

六、教學程序範例:

活動舉例	目標	增強計畫表	說明
塗鴉	可以拿色筆或彩色筆在圖畫紙上塗鴉至少持續五分鐘	時距增強計畫表	1. 從五秒時距開始,逐步增加到十秒時距,以此類推,直到五分鐘時距。 2. 可以視需要加上肢體的協助,增強計畫表的淡化則要確認學生可以在時限內獨立塗鴉。
串珠	可以自行完成不同形狀大小的串珠至少串十五顆	比率增強計畫表	1. 從串一個串珠給一個代幣增強,串二個給一個代幣增強,逐步增加到串十五個串珠完成後再給一個代幣增強。 2. 可以視需要加上肢體的協助,增強計畫表的逐步淡化則要確認學生可以獨立完成階段性串珠的數量。

🔍 教學資訊箱

1. 以時距為主的後效增強興趣拓展課程,建議初期要結合上述的刺激－刺激配對的教學程序,以快速達成教學目標。

2. 拓展的活動可盡量選擇具有開展性或與未來休閒、生活自理、職業發展有關的活動,例如:堆積木、拼圖、串珠、畫畫、摺信封、收納物品、分類物品、物品上架、縫鈕扣等。

3. 興趣拓展可以有效減緩自閉症者的自我刺激行為,此外,在實務操作過程中也發現學生會開始對周遭的事物產生興趣與好奇;藉由好奇心的引發,才能讓自閉症者打開自我的藩籬,與社會環境產生連結及互動。

4. 教學記錄表範例可參考表 23、表 24。

表 23 以五秒為時距之記錄表單（5sec：1，持續五秒則給增強）

	第一次	第二次	第三次	第四次	第五次	第六次	第七次	第八次	第九次	第十次
第一分鐘	P＋	P＋	－	－	P＋	－	P＋	P＋	－	－
第二分鐘										
第三分鐘										

註：若該行為需教學者的提示才完成者，記錄為 P＋，計分時視為－。

表 24 以完成量為主之記錄表單

	第一次	第二次	第三次	第四次	第五次	第六次	第七次	第八次	第九次	第十次
1：1	P＋	P＋	＋	＋	＋	P＋	＋	＋	P＋	P＋
2：1										
3：1										
4：1										
5：1										
6：1										
7：1										
8：1										
9：1										
10：1										
11：1										
12：1										
13：1										
14：1										
15：1										

註：若該行為需教學者的提示才完成者，記錄P＋，計分時視為－，超過3秒才啟動該行為，
　　則依舊視為 P＋。

技能大項二　非語言情緒能力

　　DSM-5（APA, 2013）明確界定自閉症的臨床特徵之一為社交用的非語言溝通行為缺損，其中包含：統整語言及非語言的溝通能力（如，缺少眼神接觸及肢體語言）以及缺乏臉部表情及手勢。本技能大項的課程則依據自閉症者臨床上的不足，搭配文獻資料彙整出自閉症者非語言溝通的重要基礎技能，所選擇的課程包含眼神接觸、分享式注意力、眼神偵測與意圖，及模仿等四大項，這些課程中所需的先備技能或延伸的課程，亦將逐一說明，讓教學者能依學生的不同能力水準，選擇不同層次的課程。

2-1 眼神接觸

❓ 教學理由

　　眼睛是人類的靈魂之窗，眼神則是眼睛最重要的表徵。兩眼無神與炯炯有神明顯呈現兩種截然不同的神情外，也隱喻兩種不同神態的個體，可見眼神在人類生活中所扮演的重要角色。只要使一個眼神，對方就能心領神會，這也顯示眼神是人類非語言互動的重要媒介之一；而缺少眼神接觸是自閉症者的主要臨床症狀之一。眼神接觸是建立人際互動的起點，對日後社會適應或語言發展影響深遠。從 1980 年代開始，眼神接觸被視為教導其他社會、語言技能的先決條件；若早期未發展眼神接觸，將嚴重影響語言和社會行為的發展。

📝 教學程序

一、**技能描述**：當教學者、主要照顧者或是親近的人喚名或是看著學生時，學
　　生會和對方眼神接觸至少達十秒。

二、**執行程序**：由教學者叫喚學生名字或是叫學生看教學者，在訓練階段時，
　　當學生與教學者做眼神接觸，教學者需給予社會增強或是學生喜愛的增強
　　物／代幣，提示方式可以直接使用學生喜愛的物品做為引導出眼神接觸的
　　媒介。

三、**「眼神接觸」教學單位**：

A（前事刺激）	B（行為）	C（後果）
S^D：「○○（學生名字）／看老師。」	學生和教學者眼神接觸十秒	獲得增強或代幣、自然增強（對方的眼神交會）

【前事安排與 S^D】

　　1. 教學者給予的指令可用「看老師」或是叫學生的名字。

　　2. 該指令需簡潔有力，避免使用過長、易混淆的句子（錯誤範例：「○○
　　　來，趕快看老師喔！」）

【教學提示】

1. 眼神接觸的提示有三種：以增強物引導、教學者移動位置、教學者以手
   去轉動學生的頭（此法較具侵入性，不建議使用）。

2. 教學提示方式可分為三階段：

   (1) 全增強物提示（圖 8）：教學者選擇的增強物不限定原級增強（以少
       量為原則，以避免學生飽足），也可使用學生感興趣的小玩具，將學
       生喜歡的物品置於學生的眼睛前方，確認學生眼睛注視到該物品時，
       教學者將物品拉至自己的眼睛前方，讓學生看到教學者的眼睛。當學
       生與教學者有眼神接觸時，教學者需將所使用的增強物給學生；若是
       使用玩具則可讓學生玩一會兒。

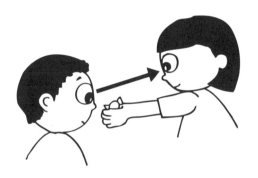

圖8　**全增強物提示階段**

   (2) 1/2 增強物＋1/2 手勢提示（圖 9）：此階段需要注意的是增強物與手
       勢的轉換，將學生喜歡的物品置於學生的眼睛前方，確認學生注視到
       該物品時，教學者將物品收到掌心內，且迅速以手指帶到自己的眼睛
       前方，讓學生看到教學者的眼睛。當學生與教學者有眼神接觸時，教
       學者需給予代幣與社會增強，並以不固定比率提供該增強物（建議以
       拇指和中指抓握增強物，再用食指做為手勢提示，在做提示轉換時會
       較流暢）。不固定比率的增強方式，如學生做出目標反應兩次、三次
       或一次時，則給予增強物，讓學生不能預期何時獲得增強，以減少學
       生對增強物的依賴。

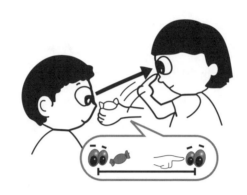

圖 9　1/2 增強物 + 1/2 手勢提示階段

(3) 全手勢提示（圖10）：當學生通過上一階段後，則可褪除增強物，僅使用手勢做為教學提示，即教學者將手指置於學生的眼睛前方，確定學生注視教學者手指之後，教學者將手指拉到自己的眼睛前方。當學生與教學者有眼神接觸時，教學者需給予學生代幣及社會增強。

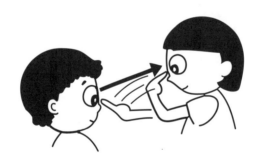

圖 10　全手勢提示階段

3. 若使用增強物做為引導，當教學者確定學生已注視增強物時，即可迅速將其帶至教學者的眼前，引導學生做出眼神接觸。

【後效】

1. 在教學期間內，若是使用增強物做為引導，當學生做出眼神接觸反應時，教學者需給予學生該增強物。

2. 因眼神接觸強調的是與人互動時的情感交流，故在教學後期建議褪除增強物，並合併代幣系統與社會增強。

3. 此外，亦可透過動機操作「制約性注意」訓練學生的眼神接觸（例如：當學生僅以口語要求所需物品時，教學者可暫時忽略其要求，在學生要求的過程有搭配眼神接觸時，教學者才給予物品並鼓勵：「哇！你說話時有看老師耶，你好有禮貌喔！」）

▶ 教學範例

A（前事刺激）	B（行為）	C（後果）
範例一：點心時間，學生從老師手中拿取點心時，老師握著點心	學生能主動看老師做出眼神接觸（至少一秒鐘）	老師給點心，學生獲得增強（自然增強）（對方的眼神交會）
範例二：發作業時間，學生從老師手中取作業時，老師握著作業（至少三秒鐘）	學生抬頭、主動看老師做眼神接觸（至少一秒鐘）	老師給增強後，鬆手讓學生獲得作業（自然增強）（對方的眼神交會）

🔍 教學資訊箱

1. 教學前試探：觀察學生在打招呼或喚名時是否會有眼神接觸。
2. 採用零秒延宕策略，並使用移動位置與學生對焦，或是以增強物做為引導提示。
3. 眼神接觸的時間設定不僅是眼神對焦，主要目的是學生的眼神注視是受控於眼神接觸時所產生的增強。
4. 使用「1/2 增強物＋1/2 手勢」做為提示時，需注意轉換的流暢度。
5. 當學生慢慢能從結構教學中習得眼神接觸後，建議在自然情境中帶入眼神接觸，讓學生更能融入環境中與人互動及情感交流。

6.「眼神接觸」教學檢核表：

項目	檢核	備註
教學材料與指令		
指令清楚，例如：「看老師」或直接喚名	□是　□否	
提示方式		
全增強物階段：提供明確的刺激物，並從學生眼睛帶到教學者眼睛位置	□是　□否	
1/2 增強物＋1/2 手勢階段：使用刺激物吸引學生目光後，轉換成手勢帶到教學者眼睛位置	□是　□否	
全手勢階段：運用手勢從學生眼睛帶到教學者眼睛位置	□是　□否	
提示用的物品是學生有興趣、喜歡的	□是　□否	
後效增強		
教學初期立即給予增強，後期搭配代幣	□是　□否	
使用多樣化的增強物	□是　□否	
社會增強與實體增強物配對	□是　□否	

眼神接觸先備技能課程

　　眼神注視是嬰幼兒建立與人關聯的基礎，亦是建立眼神接觸及後續分享式注意力的先備能力。本眼神注視課程是依據本書兩名作者 Sun 和 Feng（2018）所發表的研討會論文修訂而成，教學概念則結合 Baron-Cohen（1995）的兩者間的表徵，以行為分析的教學模式，建立一創新的教學模式。

2-1-1 眼神注視

一、**目的**：增進個體對環境中人、物的注意行為，建立學生「看到」的行為，以建立人我關係。

二、**教學考量**：學生若對環境中的人沒有產生基本注意行為，則考慮教導此課程。

三、**執行程序**：先讓學生能辨識在他面前的人，再來是人加上物品的辨識，最終學生要有「看到某人在看他」的能力。

四、**教學材料**：(1)不同的人，穿著及性別要有變化；(2)各種不同的物品（積木、小汽車、小玩具等）。

五、**「眼神注視」教學單位**：

▶ 階段一

MO（動機操作）	A（前事操作）	B（行為）	C（後果）
讓學生事先看到其偏好物	安排兩人坐在學生對面，先介紹兩人的名字（教學指令：「這是誰？」「那一位是○○○？」「去碰○○的肩膀。」）	學生說出、指出或做出正確的反應	類化制約增強

▶ 階段二

MO（動機操作）	A（前事操作）	B（行為）	C（後果）
讓學生事先看到其偏好物	安排兩人坐在學生對面，讓兩人拿一樣的物品（積木或玩具）（教學指令：「把○○○的積木給我？」）	學生做出正確的反應	類化制約增強

▶階段三

MO（動機操作）	A（前事操作）	B（行為）	C（後果）
讓學生事先看到其偏好物	安排兩人站著面對學生，一位看著學生，一位沒有看學生（教學指令：「誰在看你？」）	學生說出正確的反應	類化制約增強

六、教學精熟標準：每次教學十個嘗試，每次需達 100%正確連續兩次，則可以進入下一個階段的教學。

🔍 教學資訊箱

1. 三個階段的教學提示可以是口說或肢體提示，提示須逐步褪除。

2. 階段一人的安排要包含不同性別、不同形式的穿著及不同的外觀特徵，讓學生能對各種不同的人有反應。指令可以是簡單的詢問人的名字，或是指認正確的人，或是去碰觸特定人的身體部位（頭髮、肩膀等）。因此，該學生需要具備口說及身體部位辨識的能力。如果沒有，則以指認為主要的教學目標。

3. 階段二的物品安排，要確認兩人手上的物品是要完全一樣，例如，兩人手上都握有紅色的正方形積木，或是藍色小汽車。物品每次都要更換。也必須要確認學生具備命名該物品的能力。

4. 階段三的人物安排，可以先是一人面對著學生，一人背對著學生，從差異很明顯的狀態，再逐步轉變成相似性高的情境（兩人都面對著學生），以利學生循序漸進的學習。

5. 如果上述課程對兒童的難度過高，可以考慮先從看物的行為著手，例如，當兒童想要一物品時，可以移動物品的位置（往上、往左等），等待兒童有注視物品 3 秒以上，再給兒童該物品，並搭配社會增強，除增進兒童眼神注視物品外，也讓物品（高偏好）與教學者配對。

引發眼神相關課程 **I**

非語言溝通為語言溝通的基礎。一般兒童在一歲前語言尚未發展出來之前，會以點頭、搖頭表達需求，自閉症兒童則需要透過教學才能習得此能力。而進行此課程訓練的過程，可以同時在自然情境中引發眼神的接觸。

2-1-2 點頭

一、**目的**：以非語言方式表達需求，培養基本注意行為及眼神接觸。

二、**執行程序**：營造動機，讓學生想要教學者手中的物品；當學生伸手想要拿時，先將物品控制在教學者手中，詢問學生要不要該項物品，並搭配眼神的接觸；當學生點頭之後，立即給予該項偏好物。

三、**教學材料**：個體的偏好物（食物、小玩具）。

四、**「點頭」教學單位**：

MO（動機操作）	A（前事刺激）	B（行為）	C（後果）
呈現學生偏好物	教師手拿著偏好物，詢問：「要不要」＋眼神接觸	點頭	眼神接觸後，讓學生吃或玩該物品（R+）忽略錯誤反應

五、**教學提示**：

1. 動機操作：呈現學生偏好物，並在學生面前假裝想要吃，或在學生面前玩得很高興。

2. 提示方式：示範、手勢（可使用增強物引導，從學生的額頭上方往下帶領，讓學生的頭可以由上往下移動，自然展現出點頭的型態）。

3. 提示時間點：零秒延宕提示。

4. 逐步減少提示程度。

5. 確認眼神的接觸。

6. 要確認學生的偏好物，並於實施教學前確認該生對偏好物有匱乏經驗（至少二至三小時沒有吃過該食物或是玩過該物品）。

六、**教學精熟標準**：在沒有提示下，呈現該生喜歡的物品並詢問該生要不要時，學生能先與教學者眼神接觸並獨立點頭表達需求，達 100% 正確度（每天至少十次教學嘗試），連續兩天。

2-1-3 搖頭

一、**目的**：以非語言方式表達「不要」的需求，培養基本注意行為。

二、**執行程序**：教學者手中握有學生不喜歡的物品，詢問學生要不要該項物品，並搭配眼神的接觸，當學生搖頭之後，立即移開該項物品，並呈現該生偏好物。重複「點頭」的教學程序。

三、**教學材料**：個體不喜歡的物品及偏好物（食物、小玩具）。

四、**「搖頭」教學單位：**

MO（動機操作）	A（前事刺激）	B（行為）	C（後果）
確認學生不喜歡的物品	教師手拿著該物品，詢問「要不要」＋眼神注視	搖頭	眼神接觸後，移除該物品，並呈現偏好物，依「點頭」教學程序進行後續教學

五、**教學提示**：

1. 提示方式：示範、肢體。

2. 提示時間點：零秒延宕提示。

3. 逐步減少提示程度。

4. 確認眼神的接觸。

5. 要確認學生不喜歡的物品及偏好物。

6. 移開學生不喜歡的物品後，立即拿出他想要的物品，學生點頭後，立即增強（給予該物品）。

六、**教學精熟標準**：在沒有提示下，呈現該生不喜歡的物品，並詢問該生要不要時，學生能獨立搖頭表達需求，達 100% 正確度（每天至少十次教學嘗試），連續兩天。

七、延伸自然情境教學：學生如廁（如：排尿）後，問學生還要不要尿尿，學生可以搖頭表達「不要」。或是完成用餐後，學生想離座時，詢問學生還要不要吃飯，學生可以搖頭以表達「不要」。

引發眼神相關課程 II

2-1-4 遊戲活動：行為連鎖中斷策略

一、目的：在既定的簡單遊戲活動進行中，阻斷原有的連鎖反應，始能引發新的行為（眼神接觸）。

二、執行程序：先引導學生開始其遊戲連鎖行為，然後在預設的步驟中阻斷其連鎖，營造教學動機，讓學生在想要完成該連鎖的高度期待下（動機），引導學生做出新的反應後，繼續進行未完成的連鎖行為。

三、教學材料：學生平常喜歡的肢體活動（例如：跳床、盪鞦韆）或靜態的獨自遊戲活動（例如：拼圖、堆積木等）。

四、「行為連鎖中斷策略」教學單位：

MO（動機操作）	A（前事刺激）	B（行為）	C（後果）
預設──中斷連鎖的步驟	堆積木 教師擋住其中一個學生正伸手要拿的積木	暫停玩積木 眼神接觸（與教師）	社會讚美，讓學生繼續堆積木

五、教學提示：

1. 動機操作：引導學生進行其偏好的活動，並在學生進行該項活動時，預設一種中斷的步驟。

2. 中斷方式：肢體暫停（如，壓住學生想要伸手拿取的積木）。

3. 提示方式：零秒延宕提示學生眼神接觸（以手勢或教學者移動去接觸學生眼神）。

4. 逐步減少提示程度。

5. 確認眼神的接觸。

6. 要確認學生的偏好活動，實施教學前，確認該生對偏好活動有匱乏經驗（至少二至三小時沒有玩過該物品或活動）。

六、教學精熟標準：在遊戲活動中，學生可以在中斷既有的連鎖反應下，能主動與遊戲對象產生眼神接觸，至少持續三秒鐘。

七、**活動範例**：盪鞦韆、玩拼圖、跳床、轉圈圈。例如，盪鞦韆的活動，情境安排是學生在教學者協助下玩盪鞦韆，每次要再盪出之前，教學者可以拉住鞦韆，讓學生自動產生與教學者的眼神接觸，教學者立即增強學生的眼神注視後，再放手盪出鞦韆，以自然增強的方式引發眼神接觸。

八、**延伸教學**：引發口語溝通技能，例如：在停住鞦韆時，除了引導眼神接觸之外，也可以引導說出「盪」，當學生跟著教學者的覆誦說出「盪」的口語時，即可立刻獲得盪鞦韆的增強後效，其他範例以此類推。

2-2 分享式注意力

❓ 教學理由

分享式注意力為嬰幼兒發展覺知自己與他人的里程碑，亦為心智理論等較高階層認知及社交能力的基礎能力（Morgan, Maybery, & Durkin, 2003）。其發展除了是兒童未來語言發展的決定要素（Adamson & Chance, 1998），亦可以與他人分享自己的感情，了解他人有其個人的想法，故也是學齡前社交溝通能力的要素（Mundy & Crowson, 1997）。分享式注意力分為回應型分享式注意力及自發型分享式注意力，以下分別說明兩種分享式注意力的教學程序。

2-2-1 回應型分享式注意力

📝 教學程序

一、**技能描述**：依據行為分析模式進行回應型分享式注意力教學時，教學者的眼神及手勢即為前事刺激（A），對學生的眼神轉換行為（B）產生刺激控制，看到的新奇物品則是後效（C），可維持其眼神轉換的行為，因此教學者使用的玩具或物品需對學生具有高度吸引力，例如：聲光、遙控玩具。技能描述為當學生注視教學者時，可遵循教學者的眼神／手勢看向某一特定物品，即學生的眼神注視由教學者轉換到新奇的物品上。

二、**技能標準**：學生可遵循教學者的眼神／手勢看向某一特定物品，每一次都能達 100% 正確，連續十次教學嘗試，並能跨不同擺放位置、兩位不同教學者及教學場域。

三、**教學材料**：準備會引發學生興趣的新奇玩具，擺放的位置建議先由學生的旁邊，逐步轉變到各個方向（前、後、上、下），同時材料與學生的距離也要逐漸拉長。

四、「回應型分享式注意力」教學單位：

MO（動機操作）	A（前事刺激）	B（行為）	C（後果）
讓學生進行自由的活動	先對學生喚名，建立眼神接觸後，教學者做出眼神或手勢的轉換，並搭配口語「看」	學生眼神的轉換（從教學者到物品）	新奇的物品

【前事安排與 S^D】

1. 教學者與學生的眼神接觸之後，給予手勢及搭配指令「看」。

2. 若學生在前一階段（使用手勢）的表現持續進步，則可褪除手勢提示的部分，直接以教學者的眼神搭配口語，讓學生透過他人的眼神去做眼神轉換。

【教學提示】

1. 在教導跟隨教學者眼神時，手勢或口語「看」為提示方式。

2. 倘若學生無法做出眼神轉換時，可放慢「手勢指向新奇物品」的速度。

3. 當學生有轉向所指的方向時，應立即啟動聲光玩具；若學生的反應未如預期，則可以在執行教學指令時，同時啟動聲光玩具。

圖 11 回應型分享式注意力

【後效】

1. 盡量選擇學生高度偏好的刺激物，並確認有匱乏經驗（至少二至三小時沒有玩過或接觸該物品）。

2. 可以安排具聲光刺激的玩具，當學生轉向該物品時，即透過遙控方式讓學生看到鮮明、具聲光音效的強烈增強。

3. 後效刺激物的安排，建議從具聲光刺激的玩具到靜態的物品或圖片。

4. 搭配社會增強。

教學資訊箱

1. 教學前，需確認學生是否具備眼神注視及眼神接觸之基礎能力。

2. 物品擺放的位置可以從學生的旁邊到各種不同的方位，例如：牆壁、櫃子等。但要確認該物品是主要刺激，無其他干擾刺激。

3. 教導本技能時搭配社會增強，可以順勢引導出注視協調移動的能力，亦即學生出現眼神從物品轉向成人的部分。

4. 出現注視協調移動能力之際，可以觀察是否具有預期性微笑的出現，做為觀察學生內在分享意圖出現與否的指標之一。

5. 社會增強應搭配聲調的變化及生動的臉部表情。

6. 「回應型分享式注意力」教學檢核表：

項目	檢核	備註
教學材料與指令		
事先做好情境操作	□是　□否	
使用多樣化、有趣且學生具高度動機的刺激物	□是　□否	
確認學生具備眼神接觸能力	□是　□否	
確認與學生有眼神接觸後，提供教學指令：「看」	□是　□否	
提示方式		
學生無法做出眼神轉換時，放慢「手指向新奇物品」的速度	□是　□否	
後效增強		
提供學生可以操作刺激物的機會	□是　□否	
社會增強與實體增強物配對	□是　□否	

回應型分享式注意力先備技能

2-2-1-1 對展示有反應

一、**目的**：引導學生對環境周遭的變化有適切反應。

二、**執行程序**：讓學生選擇他要獨自操作的物品，教學者在學生旁邊展示事先
準備的另一些玩具或物品，引導學生可以去看教學者展示的物品，或至少
碰觸、操弄該物品三秒。

三、**技能標準**：在沒有提示下，當教學者展示一物品或玩具時，學生能獨立轉
向該物品，碰觸或操弄該物品或玩具至少三秒，達 100% 正確率（每天十
次教學嘗試），連續兩天，跨兩位不同教學者及情境。

四、**教學材料**：學生平常中度喜歡的物品（例如：拼圖、書本、玩具或玩偶
等）。

五、**「對展示有反應」教學單位**：

MO（動機操作）	A（前事刺激）	B（行為）	C（後果）
讓學生進行單獨的活動	教學者展示一個玩具或物品（弄出聲音並很高興地玩）	看或碰觸該玩具或操弄該物品（三秒）	類化制約增強

六、**教學提示**：

1. 動機操作：要提供給該生選擇做為獨立活動的物品，為學生中等感興趣
者。

2. 提示方式：透過輕拍玩具或玩出聲響的方式吸引學生的注意，若仍無反
應，則採用肢體協助方式（拍手、直接拉手碰觸玩具）。

3. 逐步減少提示程度。

4. 只要學生有反應，都要提供大的增強。

5. 實施教學前要確認學生的偏好物，並確認該生對偏好物有匱乏經驗（至
少二至三小時沒有玩過或接觸該物品或活動）。

2-2-2 自發型分享式注意力

　　自發型分享式注意力是一種能與他人分享交流情感的重要溝通技能。一般一歲大左右的幼兒已發展出自發型分享式注意力。Dube等學者（2004）將自發型分享式注意力分為幾個行為階層：(1)向他人展示物品；(2)具有純粹命名的能力；(3)注視協調；(4)原始宣告指示。其中，(3)和(4)是真正界定自發型分享式注意力的內涵。應用行為分析學理對自發型分享式注意力的定義為：兒童看見新奇的物品（A），兒童的眼神從物品轉換到成人的眼神（B），二者產生非語言訊息的情感交流（C）。以下課程設計則依據上述的行為定義，詳細說明教學的步驟。

2-2-2-1 注視協調移動

一、**技能描述**：與回應型分享式注意力不同，自發型分享式注意力指的是學生能結合非口語（手勢）及口語的方式，與他人分享有趣的事物。學生的眼神注視是由新奇的物品轉換到教學者，呈現一種情感的交流，此階段稱為注視協調移動。

二、**執行程序**：在教學前，先進行偏好評估，在學生面前呈現學生選擇的物品，教學者在學生旁邊觀察，在預設的時間內提供提示，促使學生的眼神可以從物品轉換到教學者，產生眼神接觸至少三秒。

三、**技能標準**：在沒有提示下，學生的眼神可以從有趣的物品轉換到教學者的眼神，在自然情境下觀察，一小時出現至少十次，跨兩位不同教學者及情境。

四、「**注視協調移動**」教學單位：

MO（動機操作）	A（前事刺激）	B（行為）	C（後果）
學生選擇一項玩具	學生操作該玩具，教學者在一旁觀察	眼神由玩具轉換到教學者	教學者的眼神接觸與社會互動

【前事安排與 S^D】

1. 教學者提供一有聲光刺激或可移動的玩具或物件，等待學生十秒內是否會由玩具轉向教學者。

【教學提示】

1. 初期階段，教學者可在一旁以口頭回饋方式（如：「好可愛的玩具喲！」）誘導學生將眼神轉到教學者的眼神。

2. 若十秒內學生沒有出現注視協調移動，可以採用兩種提示方式；第一是移動教學者的眼神去與學生的眼神接觸，第二是採用行為連鎖中斷策略，遮住玩具，讓學生眼神轉移到教學者處。

【後效】

1. 當學生眼神主動轉移到教學者處時，後效增強要盡量誇張，讓學生感受到互動交流的樂趣。

2. 採用提示方式誘導出的注視協調移動，剛開始可以考慮社會注意搭配原級增強或代幣。之後再逐步褪除，而以社會注意及情緒分享為主。

🔍 教學資訊箱

1. 此技能的教學可以安排與回應型分享式注意力教學同時進行。

2. 採用行為連鎖中斷策略時，需注意此連鎖中斷程序不會造成學生的負向情緒，以免破壞為達成情緒分享交流的原始教學目的。

■ 2-2-2-2 原始宣告指示（最成熟的自發型分享式注意力）

一、**技能描述**：注視協調移動意指學生的眼神注視是由新奇的物品轉換到教學者的眼神；原始宣告指示則是指學生用眼神或手指的方式引導他人看到新奇的物品，學生能更熱切的展現其所看見的新奇物品，以分享喜悅的意圖。

二、**先備技能**：此項技能之基礎為展示及純粹命名（二十種以上物品）。

三、**技能標準**：看到一新奇物品時，學生能從物品轉換到成人，並做出原始宣告（以眼神或用手指出該物品），每一次都能達 100% 正確率，連續五次

教學嘗試,並能跨不同擺放位置、兩位不同教學者及教學場域。

四、教學材料:能引發學生高度興趣的物品,建議可安排在另一個空間。

五、「原始宣告指示」教學單位:

MO(動機操作)	A(前事刺激)	B(行為)	C(後果)
在另一個房間安排學生喜愛且新奇的物品	新奇的物品	學生眼神的轉換從物品到教學者外,並做出原始宣告指示(向教學者指出該項物品、要求教學者看該項物品,或是看著教學者說出該項物品名稱)	社會互動與自動增強

【前事安排與 S^D】

1. 為增加學生的分享動機,教學者可以安排學生進入另一間教室或另一個教學區域,並事先放置學生喜愛且新奇的物品或玩具,例如:學生喜歡泰迪熊,可以在另一間教室事先放置他沒有看過的泰迪熊,以引發其想要分享看到此物件的欣喜。

【教學提示】

1. 若五至十秒後未出現目標行為,則提供教學提示。第一種為示範:教學者做出指出的動作,若還是沒有出現目標行為,則採用第二種提示:肢體協助學生做出指出的動作。

2. 提示方式由最少到最多,並逐步褪除提示。

圖 12 原始宣告指示之分享式注意力

【後效】

1. 當學生表現出原始宣告指示時，後效增強要盡量誇張，讓學生感受到互動交流的樂趣。

2. 採用提示方式誘導出的原始宣告指示，剛開始可以考慮社會注意搭配原級增強或代幣。之後再逐步褪除，而以社會注意及情緒分享為主。

🔎 教學資訊箱

「原始宣告指示」和「（用手）指示」二者容易產生混淆，教學者需能清楚分辨這兩者的不同。這兩種行為背後蘊藏的目的及行為後產生的後效都不相同：原始宣告指示的主要目的是藉由（用手）指示（非語言互動方式）與他人分享自己所注意到的事件或物品，並與他人分享看到物品高興的情緒經驗，而要求行為之主要目的則是取得該物品。前者的後效是受控於教學者的社會情緒交流，後者的後效則受控於取得該物品。

自發型分享式注意力先備技能 I

■ 2-2-2-3 展示

一、**目的**：引導學生將完成的成品或新奇的物品向他人分享的行為。

二、**執行程序**：讓學生選擇他要獨自操作的活動，完成作品後，等待學生主動向旁邊的成人展示其成品，成人則對學生的展示給予社會注意及增強；或是當獲得新奇的玩具或物品時，會主動向周遭的成人展示其新奇的玩具或物品。

三、**教學材料**：學生平常喜歡的物品（例如：拼圖、畫畫或給予新的玩具、玩偶等）。

四、「展示」教學單位：

MO（動機操作）	A（前事刺激）	B（行為）	C（後果）
學生完成作品或獲得新奇的物品	大人或同儕	學生向大人展示該物品（給成人看、拿給成人，或對成人說：「看」）	社會注意及社會增強

五、**教學提示**：

1. 動機營造：所選擇的獨立活動為學生感興趣者。

2. 提示方式：透過第三者的示範或肢體協助，帶學生做出展示的行為。

3. 逐步減少提示程度。

4. 只要學生有正確或接近的反應，都要提供大的增強。

5. 實施教學前，要確認學生的偏好活動或物品，並確認該生對該活動或物品有匱乏經驗（至少二至三小時未玩過或接觸該物品或活動）。

六、**教學精熟標準**：

1. 在沒有提示下，當學生完成一項作品時，會主動向教學者展示其成品，達 100% 正確率（每天至少出現三次），連續兩天。

2. 在沒有提示下，當學生獲得一新奇的玩具或物品時，會主動向教學者展示其物品，達 100% 正確率（每天至少出現三次），連續兩天。

自發型分享式注意力先備技能 **II**

■ 2-2-2-4 純粹命名

一、**目的**：透過命名環境中的各種物品、動作或事件，引發學生對環境各種物件的控制力。

二、**執行程序**：呈現一樣物品，學生可以說出該物品的名稱，獲得類化制約增強。當一張圖片命名達精熟標準時（100% 正確，五次教學嘗試），可再加新的教學刺激，或是兩張教學刺激物同時教學。

三、**教學材料**：學生生活周遭常見及喜歡的物品實物（或圖片）和動作圖片。

四、「**純粹命名**」教學單位：

MO（動機操作）	A（前事刺激）	B（行為）	C（後果）
選擇學生中等喜歡的物品	物品（環境中的非語言刺激物）	說出或以其他溝通型態表達（手勢、圖片）	類化制約增強

五、**教學提示**：

　　1. 動機操作：選擇學生中等喜歡的物品，教學階段初期應避免使用學生高度偏好的物品。

　　2. 提示方式：覆誦提示。

　　3. 逐步減少提示程度。

　　4. 只要學生有正確或接近的反應，都要提供大的增強。

六、**教學精熟標準**：

　　1. 呈現五十組物品圖片時，學生可以獨立命名（說出）該圖片，達 100% 正確率，連續兩天。

　　2. 呈現二十組動作圖片時，學生可以獨立命名（說出）該圖片，達 100% 正確率，連續兩天。

2-3 眼神偵測與意圖

Gillberg（1998）以及 Szatmari 等學者（1989）指出亞斯伯格症者有社會功能／互動的損傷，例如：與同儕只有單向的對話、難以了解他人的感受，以及對他人的感覺較無反應等，顯示出亞斯伯格症在社會互動領域有困難。而其核心問題在於解讀他人意圖上的困難，由於缺乏此能力，在人際互動上會被認為是自我中心的及單向的。意圖的推理是所有社會互動的先備技能，也是心智能力發展的基礎；能清楚理解推論他人的意圖，才能與他人進行互惠式的人際互動，也才能經由協助融合到普通環境。因此，意圖理解與推理能力符合 Cooper 等學者（2007）提出選擇教學目標的三大指標：先備技能、核心技能，以及進入團體的技能，作者也假設意圖理解與推理能力應是亞斯伯格症者的核心技能之一（鳳華，2011）。

教學理由

Wellman（1993）的研究認為，心智理論的開始可能發生在嬰幼兒有能力使一個人和一個物品或事件發生關聯時，這種形式的理解就代表著一種意圖的內涵概念；Baron-Cohen、Tager-Flusberg 和 Cohen（2000）認為，心智理論的發展應該要有一先備的能力，就是透過眼神覺察內在心智的訊息，又稱為眼神導向偵測（eye-direction detector）。而意圖的理解與推論也顯示個體開始有區分物理與心理的能力，並知道行動背後的意圖是一種心理狀態（Baron-Cohen et al., 2000）。目前國內已經初步發展出一套眼神偵測測量方式，其中包含卡通眼神版、真人眼神加手勢版，以及真人眼神版等（鳳華，2011），並有實證研究顯示透過系統化的教學，可以有效增進眼神偵測的能力（廖思雅，2012）。

2-3-1 眼神偵測

教學程序

一、**技能描述**：學生透過觀察他人的眼神注視方向，得知他人心中所想的物品。

二、**技能標準**：能正確回答不同版本中個體想要的物品，達 100% 正確率，連續兩天（每次教學時段至少十次教學嘗試）。

三、**教學材料**：電腦媒材，包含卡通版眼神、真人版手勢＋眼神、真人版眼神，物品的放置位置可以放在人物前面、上面或是四個對角。

四、**「眼神偵測」教學單位：**

A（前事刺激）	B（行為）	C（後果）
呈現眼神偵測圖片，S^D：「這個人想要什麼？」	學生說出圖片人物注視／想要的物品	獲得增強或代幣、自然增強

【前事安排與 S^D】

依序呈現不同階段的教材，物品數量由少到多（從兩個增加到四個不同的刺激物）。

1. 卡通版固定的眼神偵測圖片

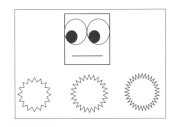

图 13　卡通版眼神（一）

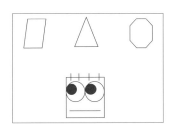

图 14　卡通版眼神（二）

2. 真人版固定及移動的眼神偵測動畫

图 15　真人版眼神（一）

图 16　真人版眼神（二）

3. 固定版眼神加上手勢的提示

圖 17　真人版眼神＋手勢

註：圖 13、14、15 及 17　資料來源：鳳華（2011）

【教學提示】

　　教學時以電腦圖示進行，並給予漸進式提示。

1. 教學提示，分為三階段，分別為眼神提示、位置提示、物品提示：

　　(1) 眼神提示：以紅色圓圈將人物之眼睛圈出，提示學生注意眼睛部分。

　　(2) 位置提示：若學生仍無法答對，則給予位置提示，以紅色箭頭提示學生人物眼睛注視之方向和其所想要之物品位置。

　　(3) 物品提示：若學生仍無法答對，以紅色圓圈圈出人物所想要之物品。

①眼神提示：紅色圓圈（圈出眼睛）

②位置提示：紅色箭頭（箭頭提示）

③物品提示：紅色圓圈（圈出物品）

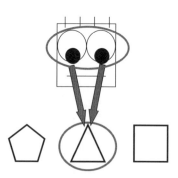

圖 18　提示流程圖

註：提示的線條或圓圈使用明顯的顏色（如紅色）

2. 若是由教學者擔任提示的角色，當學生無法回答出教學者注視的物品時，教學者給予「手勢提示」，若仍無法回答，則由教學者「直接說出物品名稱」。

【後效】

1. 增強後效以類化制約增強（如：代幣、社會增強等）為主，如果教學過程使用的教材是以電腦PPT的方式呈現，電腦播放本身就具有增強作用。提供後效增強時，描述性增強（如：「對的，這是這個姊姊想要的東西。」）是必要的元素，主要為強化學生的行為反應，避免只是給予一般性的讚美。

🔍 **教學資訊箱**

1. 為避免學生混淆課程內容，誤認為教學者在與他進行遊戲，而可能無法做出適當反應，故教學前須明確告知學生所要進行的課程，例如：「○○，等一下我會給你看一些圖片，要請你告訴我：『圖片中的人想要什麼？』」確定學生理解教學者的教學指令後再進行教學。

2. 教學活動除以動畫呈現外，建議類化課程可以安排讓教學者或其他重要他人於現場真實演示，使學生能將所學類化到真實情境中。

3. 類化課程的安排除跨人物的教學外，也可以安排跨情境的教學，例如：到超商、賣場、餐飲店等，請學生觀察眼神，並指出對方想要的物品。

4.「眼神偵測」教學檢核表：

項目	檢核	備註
教學材料與指令		
呈現不同階段的教材，物品數量需由少到多	□是　□否	
確認學生的注意力	□是　□否	
使用的圖卡需能清楚看見人物眼神	□是　□否	
清楚地詢問：「這個人想要什麼？」	□是　□否	
提示方式		
採取漸進式提示（由少到多）	□是　□否	
眼神提示：圈出眼睛，提示學生注意眼睛部分	□是　□否	
位置提示：使用眼神提示仍無法答對時，則以箭頭提示人物眼睛注視之方向和該物品之位置	□是　□否	
物品提示：使用眼神提示仍無法答對時，則圈出人物所想要之物品	□是　□否	
後效增強		
具體增強學生之正向反應	□是　□否	
社會增強與實體增強物配對	□是　□否	

2-3-2 意圖（區辨臉部表情）

教學程序

一、**技能描述**：學生透過他人的眼神注視與表情，推估他人心中是否想要該物品。

二、**技能標準**：能正確回答圖片中個體是否想要該物品（每次教學至少十次教學嘗試），達 100% 正確率，連續兩天，跨不同教學者與情境。

三、**教學材料**：電腦媒材，以真人版眼神為主，搭配臉部表情，物品的放置位置可以放在人物前面、上面或是四個對角。

四、「意圖」教學單位：

A（前事刺激）	B（行為）	C（後果）
呈現圖片，S^{D}1：「這個人的眼睛在看什麼？」	學生說出圖片人物注視的物品	獲得描述性增強
S^{D}2：「他的表情看起來如何？」	學生說出圖片中的表情	獲得描述性增強
學生說出物品後，S^{D}2：「那他想要○○嗎？」	學生說出圖片人物想要（或不想要）該物品	獲得描述性增強
S^{D}3：「為什麼？」（「你從哪兒知道他想要／不想要呢？」）	學生說出與表情有關的原因	獲得增強或代幣

【前事安排與 S^D】

1. 當學生已可透過眼神注視得知他人心中所想的物品後，則可進一步加入表情，故除了說出圖片人物眼神注視的物品，還需藉由人物表情去判斷其是否想要該物品。

2. 呈現教學指令需循序漸進，先確定眼神注視的部分是否回答正確，再進一步詢問想要／不想要的原因。

【教學提示】

1. 進行此課程之前，需先確認學生是否具有眼神偵測能力。

2. 倘若學生無法說出想要／不想要的原因時，教學者則提供「手勢提示」，指向圖片人物的表情以利學生回答，例如：「因為他看起來很高興，所以他想要○○」，或是「因為他皺著眉頭，看起來對該物品是負向的反應，所以他不想要○○」。

【後效】

1. 增強後效以類化制約增強為主。教學者在提供描述性增強時，要特別回應表情的部分，以強化學生區辨表情的能力，並協助學生學習結合眼神與不同表情其所代表的意涵。

▶教學範例

圖 19　眼神注視＋表情之意圖

A（前事刺激）	B（行為）	C（後果）
呈現圖片，S^D1：「這個人的眼睛在看什麼？」	學生説：「她在看洋娃娃。」	描述性增強：「哇！她在看洋娃娃。」
S^D2：「她的表情看起來如何？」	學生説：「她看起來很開心。」	獲得描述性增強
學生説出物品後，S^D2：「那她想要洋娃娃嗎？」	學生説：「對，她想要。」	獲得描述性增強
S^D3：「為什麼？」	學生説：「因為她看洋娃娃的時候表情很開心。」	獲得代幣或社會增強：「很棒！你有説她看起來很開心。」

🔍 教學資訊箱

1. 此階段的課程因為涉及圖片中人物表情的能力，建議要先確認學生已經具備辨識情緒的能力，再進行本課程的教學。

2. 本課程之教學設計包含因果關係的教導，如果學生一次回答這麼多問題會產生學習困難，可以將因果關係的課程分開教導。亦即先能回答前三個問題，至於第四個因果關係的課程，則等前面的提問都已經達到精熟標準，再進行接續的教學。

3.「意圖」教學檢核表：

項目	檢核		備註
教學材料與指令			
呈現不同階段的教材，物品數量需由少到多	□是	□否	
確認學生的注意力	□是	□否	
確認學生是否具有眼神偵測能力	□是	□否	
使用的圖卡需能清楚看見人物眼神及表情	□是	□否	
教學指令需循序漸進，眼神→想要／不想要→原因	□是	□否	
提示方式			
採取漸進式提示（由少到多）	□是	□否	
無法說出原因時，提供「手勢提示」指向人物表情	□是	□否	
錯誤糾正			
確認提示、轉換、重複的步驟	□是	□否	
後效增強			
具體增強學生之正向反應	□是	□否	
社會增強與實體增強物配對	□是	□否	

2-4 模仿課程

？ 教學理由

　　模仿是促進個體快速學習的有力管道，Harlow（1959）稱之為學習機制或一種學習如何去學習的現象（引自鳳華等譯，2012），而非只是單純的學習目標。一般正常發展的孩子其模仿能力是自然發生的，並常會在生活中以隨機學習的方式（模仿學習），獲得許多新的技能。然而，部分發展障礙的嬰兒和兒童，一旦沒有出現模仿行為，將很難在基本技能範圍以外發展其他的技能。Baer、Peterson 和 Sherman（1967）是最早進行模仿訓練的學者，其研究結果顯示，之前沒有模仿技能的孩子，藉著提示、塑造及增強等方式的訓練學會了模仿；此外，這些學生在沒有增強的情形下，可以表現出模仿新的示範，並展現了學習如何去學習的現象。模仿訓練可初步分為單一動作模仿、兩個步驟的動作模仿，到連續動作模仿，以下分別說明教學步驟。

2-4-1 單一動作模仿

教學程序

一、**技能描述**：當在學生面前做出一動作時，學生能依示範做出單一的動作模式（例如：單一表情、大肢體動作、操作物品或精細動作）。

二、**技能標準**：學生能依示範做出單一動作，至少二十組（每次教學至少十次教學嘗試），達 100% 正確率，跨不同教學者與情境。

三、**類化探測**：要準備五組沒有教過的動作，以探測在沒有教學下，學生是否可以獨立表現出正確的模仿反應。

四、**「單一動作模仿」教學單位及範例：**

1. 大肢體動作模仿

A（前事刺激）	B（行為）	C（後果）
S^D：「做這個／做一樣的」，教學者做出動作	學生做出與示範相同的動作	獲得增強或代幣

▶ **教學範例**

A（前事刺激）	B（行為）	C（後果）
S^D：「做這個／做一樣的」，教學者做出拍手	學生做出拍手的動作	給予代幣或社會增強：「對！你有拍手，有跟老師做一樣的！」

2. 物品操作模仿

A（前事刺激）	B（行為）	C（後果）
S^D：「做這個／做一樣的」，教學者操作物品	學生能依示範操作物品	獲得增強或代幣

▶ **教學範例**

A（前事刺激）	B（行為）	C（後果）
S^D：「做這個／做一樣的」，教學者將奶昔放入杯中	學生把奶昔放入杯中	給予代幣或社會增強：「哇！你有做一樣的，你的奶昔做得好漂亮哦！」

【前事安排與 S^D】

　　1. 教學者給予的指令可用「做這個／做一樣的」。

　　2. 該指令需簡潔有力，避免使用會讓指令混淆的句子（錯誤範例：「跟老師做一樣的拍手喔！」）

【教學提示】

　　1. 模仿的提示：若學生未出現目標行為，可依學生能力給予全肢體提示、部分肢體提示。

　　2. 教學者的提示越少越好，且可視學生狀況逐步褪除。

【後效】

　　1. 當學生有做出相同的反應時，教學者才給予代幣並鼓勵：「哇！你有跟老師做一樣的！」）

教學資訊箱

1. 呈現未經過教學的五組探測模仿動作，主要目的在確認學生確實已經獲得模仿學習或學習機制的能力。單純習得經教學的模仿項目不是本教學的最終目標。

2. 物品操作模仿的項目選擇以兒童生活中常見的操作為主，例如：可以操作放東西到盒子、放吸管、切玩具水果等，使教學與生活結合。

3. 教學內容（肢體動作模仿）請參酌下頁技能追蹤表。技能追蹤表的內容含有實際要進行教學的目標技能、探測的日期及結果、開始教學及完成教學的日期、類化課程（含人物及地點類化）的起／訖教學的日期。教學者可藉由此追蹤表持續檢覈學生在該目標技能的學習進展。

技能追蹤表

編號	目標技能	探測		教學		類化探測		類化教學	
		日期	結果	開始日期	完成日期	日期	結果	開始日期	完成日期
1	摸頭		Y Ⓝ	103.2.6	103.3.13		人 Y N 地點 Y N		
2	手放大腿		Y Ⓝ	103.4.24	103.6.17		人 Y N 地點 Y N		
3	拍手		Y Ⓝ	103.6.4	103.7.27		人 Y N 地點 Y N		
4	舉手		Y N				人 Y N 地點 Y N		
5	揮手		Y N				人 Y N 地點 Y N		
6	點頭		Y N				人 Y N 地點 Y N		
7	抬腳		Y N				人 Y N 地點 Y N		
8	踏腳		Y N				人 Y N 地點 Y N		
9	摸肩膀		Y N				人 Y N 地點 Y N		
10	站起來		Y N				人 Y N 地點 Y N		
11	拍肚子		Y N				人 Y N 地點 Y N		
12	轉手		Y N				人 Y N 地點 Y N		
13	飛吻		Y N				人 Y N 地點 Y N		
14	手抱胸		Y N				人 Y N 地點 Y N		
15	捧水		Y N				人 Y N 地點 Y N		
16	雙手舉高		Y N				人 Y N 地點 Y N		
17	搖頭		Y N				人 Y N 地點 Y N		
18	摸耳朵		Y N				人 Y N 地點 Y N		
19	手插腰		Y N				人 Y N 地點 Y N		
20	摸腳		Y N				人 Y N 地點 Y N		

2-4-2 兩個動作模仿

教學程序

一、**技能描述**：當在學生面前做出兩個動作時，學生能依示範做出兩個動作模式（例如：拍手＋摸頭，拍手＋舉手等）。

二、**技能標準**：學生能依示範做出兩個動作，至少十五組（每次教學教一至二組動作至少十次教學嘗試），達 100% 正確率，跨不同教學者與情境。

三、**類化探測**：要準備五組沒有教過的兩個連續動作，以探測在沒有教學下，學生是否可以獨立表現出正確的模仿反應。

四、**「兩個動作模仿」教學單位及範例**：

A（前事刺激）	B（行為）	C（後果）
S^D：「做這個／做一樣的」，教學者做出兩個動作	學生做出與示範相同的動作	獲得增強或代幣

▶ 教學範例

A（前事刺激）	B（行為）	C（後果）
S^D：「做這個／做一樣的」，教學者摸頭＋拍手	學生做出摸頭＋拍手的動作	獲得代幣或社會增強：「哇！你有跟老師做一樣的！」

【前事安排與 S^D】

　　1. 教學者給予的指令可用「做這個／做一樣的」。

　　2. 該指令需簡潔有力，且教學者說完指令「做一樣的」之後就要連續做出兩個動作。

【教學提示】

　　1. 模仿的提示以肢體提示為主：若學生未出現目標行為，可依學生能力給予全肢體提示、部分肢體提示。

　　2. 教學者的提示越少越好，且可視學生狀況逐步褪除。

　　3. 若學生僅做出其中一個動作，教學者需重複指令後給予錯誤糾正，帶著學生做出連續的動作。或是由教學助理先確認學生有看完教學者的兩個

示範動作，再讓學生執行反應。初期應該要有預期性提示，以提高兩個動作的連續性。

【後效】

1. 當學生有做出相同的兩個反應時，教學者才給予代幣並鼓勵：「哇！你有跟老師做一樣的！」
2. 若學生無反應或僅做出部分動作，教學者需給予錯誤糾正。

2-4-3 連續三個以上動作模仿

教學程序

一、**技能描述**：當在學生面前做出三個（或以上）動作時，學生能依示範做出三個以上動作模式。

二、**技能標準**：學生能依示範做出三個以上連續動作，至少十五組（每次教學教一至二組動作至少五次教學嘗試），連續兩天，達 100% 正確率，跨不同教學者與情境。

三、**類化探測**：要準備三組沒有教過的連續動作，以探測在沒有教學下，學生是否可以獨立表現出正確的模仿反應。

四、**「連續三個以上動作模仿」教學單位及範例：**

A（前事刺激）	B（行為）	C（後果）
S^D：「做這個／做一樣的」，教學者做出三個以上的連續動作	學生做出與示範相同的動作	獲得增強或代幣

▶ 教學範例

A（前事刺激）	B（行為）	C（後果）
S^D：「做這個／做一樣的」，教學者摸頭＋摸肩膀＋摸腳趾兩次	學生依序做出動作	獲得代幣或社會增強：「對！你有跟老師做一樣的！」

【前事安排與 S^D】

1. 教學者給予的指令可用「做這個／做一樣的」。

2. 指令需簡潔有力，且教學者說完指令「跟老師做一樣的」之後就要做出連續的動作。

【教學提示】

1. 提示以肢體提示為主，教學者可依從最多到最少方式，並依學生狀況逐步褪除。

2. 可以結合歌曲哼唱的方式，讓學生能夠更容易表現出連續的模仿動作。

【後效】

1. 當學生有做出相同的連續反應時，教學者才給予代幣並鼓勵：「哇！你有跟老師做一樣的！」

2. 若學生無反應或是僅做出部分動作，教學者需給予錯誤糾正。

2-4-4 隨音樂律動

教學程序

一、**技能描述**：當在學生面前邊做動作邊唱音樂時，學生能依示範跟著做出動作。

二、**技能標準**：學生能依示範做出動作，至少十組兒歌（每次教學教一至二組兒歌至少五次教學嘗試），達 100% 正確率，跨不同教學者與情境。

三、**類化探測**：要準備兩組沒有教過的兒歌動唱，以探測在沒有教學下，學生是否可以獨立表現出正確的模仿反應。

四、**「隨音樂律動」教學單位及範例**：

A（前事刺激）	B（行為）	C（後果）
S^D：「跟老師一起做喔。」 教學者邊唱邊做出動作	學生做出與示範相同的動作	獲得增強或代幣

▶ 教學範例

A（前事刺激）	B（行為）	C（後果）
S^D：「跟老師一起做喔。」教學者唱：「頭兒肩膀膝腳趾。」同時做出摸頭、摸肩膀、摸膝蓋、摸腳趾	學生跟著教學者做出「摸頭、摸肩膀、摸膝蓋、摸腳趾」的動作	獲得代幣或社會增強：「好棒！你有跟老師做一樣的！」

【前事安排與 S^D】

1. 教學者給予的指令可用「跟老師一起做喔」，教學者可以邊唱邊做動作，或是用播放音樂的方式搭配動作亦可。

2. 一開始先從單句歌詞教學，之後才調整教學目標，增加為兩句、三句，甚至是整首歌。

【教學提示】

1. 模仿的提示有兩種：若學生未出現目標行為，可依學生能力給予全肢體提示、部分肢體提示。

2. 教學者的提示越少越好，且可視學生狀況逐步褪除。

3. 若學生僅做出其中一個動作，教學者需重複指令後給予錯誤糾正，帶著學生做出連續的動作。

【後效】

1. 當學生有做出完全相同的反應時，教學者才給予增強並鼓勵：「哇！你有跟老師做一樣的！」

2. 若學生無反應或是僅做出部分動作，教學者需給予錯誤糾正。

🔍 教學資訊箱

1. 模仿的教學目的並非讓學生習得該目標動作，而是讓學生學到「模仿的技能」。

2. 進行動作模仿時，可先由粗大動作開始，再慢慢加入物品操作或精細動作的模仿訓練。

3. 物品操作模仿的概念亦同，需由簡單的操作模仿開始，之後再增加需要

用到精細動作的操作模仿。

4. 需累積到二十組以上單一動作或兩個動作模仿,才可進入連續動作模仿的教學;或是類化探測已經顯示學生不需教學就能表現出示範行為,則可進入下一個階段的教學。

5. 教學者確認學生在連續動作模仿已達精熟,才可進入隨音樂律動之教學。

6. 「模仿」教學檢核表:

項目	檢核	備註
教學材料與指令		
確認學生的注意力	☐是　☐否	
動作指令清楚明確且多樣性	☐是　☐否	
物品操作模仿需有大量的材料及地點類化	☐是　☐否	
動作/物品操作模仿由簡單到困難	☐是　☐否	
進行教學時需先確認學生是否達成前一階段之標準(例如:進行連續動作模仿前需先達到二十組以上單一動作模仿)	☐是　☐否	
提示方式		
依學生的學習狀況選擇提示方式:全肢體、部分肢體提示	☐是　☐否	
逐步褪除提示	☐是　☐否	
錯誤糾正		
確認提示、轉換、重複的步驟	☐是　☐否	
若學生未做出完整的動作反應,需提供「所有動作」的錯誤糾正,而非針對遺漏的某個動作	☐是　☐否	
後效增強		
具體增強學生之正向反應	☐是　☐否	
社會增強與實體增強物配對	☐是　☐否	

技能大項三　命名情緒

? 教學理由

　　許多自閉症學生由於情緒辨識的困難，以致無法察覺、表達自己的情緒，進而無法同理他人的感受。命名情緒是情緒管理的基礎，個體需要能辨識、覺察自己及他人的情緒，並以適當的語言表達情緒及其因果關係，才能因應不同情緒做適當的處理或回應。

教學程序

一、**單一情緒教學順序**：情緒的教學順序依據情緒分化的程序，建議依照開心→害怕→難過→生氣的順序教學，若有需要，教學過程可依學生特性及需求彈性調整情緒的順序。

二、**教學程序**：教學程序的理論背景請參閱本書第一章之刺激控制。

　　1. 單一區辨：以單一情緒為目標，另給予其他情緒做為干擾。

　　2. 兩兩區辨：同時以兩種情緒為目標，另給予其他干擾（例如：情緒、物品、地點、動作圖卡等）；在教學過程中需平均分配兩種目標的教學次數，並隨機呈現目標圖卡。

　　3. 混合式教學：針對反應較快的學生可使用此方式，以兩種以上的情緒為目標，在教學過程中可結合「指認」、「配對」、「命名」、「互動式語言」等技能，並搭配其他圖卡做為教學干擾。

三、**情緒教學階層**：

　　情緒教學依發展概念可分為以下五個階層：

　　階層一（3-1）：命名單一情緒、依指示做出表情、辨識臉部線索。

　　階層二（3-2）：情境相關情緒之辨識與命名，當中又可區分為命名第三人

在情境中的情緒、命名自己在情境中的情緒。

階層三（3-3）：情緒因果關係，能命名他人為主的情境與情緒的因果關係，以及命名自己的情緒因果關係。其中，為因應自閉症學生與人關聯的能力較薄弱，課程可以再細分為單純情境下的情緒因果關係，以及與人有關的情緒之因果關係。

階層四（3-4）：命名複雜情緒。

階層五（3-5）：命名慾望相關的情緒。

3-1 命名單一抽象情緒

📝 教學程序

一、**目的**：透過命名各種類型的情緒表情，增進學生對情緒的辨識與命名能力。

二、**執行程序**：命名可分為接受性及表達性，接受性命名教學程序為呈現情緒圖片，學生依據教學者說出的情緒找出相對應的情緒圖片；表達性命名則是看到情緒圖片，學生能說出該情緒的名稱。

三、**教學材料**：各種年齡層、不同性別的人物圖片及卡通人物之基本情緒表情。

3-1-1 聽者命名單一情緒

📝 教學程序

一、**技能描述**：呈現四種基本情緒（開心、難過、害怕、生氣）圖卡時，學生能以接受性命名方式指認該情緒圖片。

二、**技能標準**：呈現多種情緒圖片，學生能依指令獨立找出相對的情緒圖片，四種情緒皆達 100% 正確率，連續兩次教學（每次約十次教學嘗試，視學生能力會有不同的嘗試量），並能跨兩位不同教學者及教學場域。

三、**教學材料**：包含不同性別、年齡層的人物圖片及卡通人物之情緒圖卡。

四、**「接受性命名單一情緒」教學單位**：

A（前事刺激）	B（行為）	C（後果）
呈現圖片，S^D：「哪一個是○○的圖片？／給我○○的表情。」	學生指出／給予○○的圖片	描述性回饋＋獲得增強或代幣

【前事安排與 S^D】

　　1. 教學者的指令需要多樣化，例如：教學者進行「開心」的接受性命名，可以使用的指令有：「哪一個是開心的圖片」、「給我開心的表情」、「開心在哪裡」、「找出開心」、「指出開心」等。

2. 情緒名稱亦應多樣化，例如，開心可以是高興、快樂等。教學時可先以單一名稱呈現，待該名稱精熟後，再進行情緒名稱類化教學。

3. 教學者給予的指令必須明確，避免使用冗長複雜的指令（錯誤範例：「請你幫我找到桌上的那張開心。」）

【教學提示】

1. 接受性命名的提示有兩種：位置、手勢。位置提示是將目標圖卡放在較靠近學生的地方；手勢提示則是教學者指向目標圖卡。

2. 若學生在提示階段已可連續兩次達到 80% 正確率，可進入提示後獨立階段。

3. 要依據學生學習速度的進程調整提示層次及辨識訓練的階段。

【後效】

1. 提供後效增強時，描述性增強（例如：「對，這是開心的表情。」）是必要的元素，主要為強化學生的行為反應，避免只是給予一般性的讚美。

2. 要逐步淡化增強計畫表，最終目的為受控於自然性增強。

3-1-2 表達性命名單一情緒

教學程序

一、**技能描述**：呈現四種基本情緒（開心、難過、害怕、生氣）圖卡時，學生能說出該圖片之情緒。

二、**技能標準**：呈現情緒圖片時，學生能依據情緒圖片正確說出該情緒的名稱，四種情緒（涵蓋刺激類化的圖片）都能達 100% 正確率，連續兩次教學（每次約十次教學嘗試），並能跨兩位不同教學者及教學場域。

三、**教學材料**：包含不同性別、年齡層的人物圖片及卡通人物之情緒圖卡。

四、「表達性命名單一情緒」教學單位：

MO（動機操作）	A（前事刺激）	B（行為）	C（後果）
教學前提供增強物選樣	依序呈現圖片，S^D：「他的心情怎麼樣？／他的感覺看起來怎麼樣？」	學生回答：「○○。」	描述性回饋＋獲得增強或代幣

【前事安排與 S^D】

1. 教學者的指令需要變化，例如：教學者呈現圖卡時，可以使用的指令有「他的心情怎麼樣？」、「他的感覺怎樣呢？」、「他的心情看起來怎麼樣？」、「他會有什麼感覺？」等。

2. 教學刺激物需要多樣化的呈現，每一種情緒都至少要準備三種以上類化刺激圖片。

【教學提示】

1. 表達性命名的提示有兩種：字卡、口語。字卡提示是將情緒印在卡片上，需要提示時再呈現給學生看；口語提示則是教學者說出情緒。

2. 若學生在提示階段已可連續兩次達到 80% 正確率，即可逐步褪除提示，進入提示後獨立或獨立階段的教學。

【後效】

1. 提供後效增強時，描述性增強是必要的元素，主要為強化學生的行為反應，避免只是給予一般性的讚美。

2. 要逐步淡化增強計畫表，最終目的為受控於自然性增強。

🔍 教學資訊箱

1. 進行情緒教學時，需有大量的材料類化，避免學生僅是記憶式學習，內容可包含真人版和卡通版的情緒圖卡，亦可使用故事書中角色的情緒與學生自身遭遇的情境進行隨機教學。

2. 較為複雜的情緒，例如：尷尬、害羞、罪惡感、羞恥心、引以為傲等和自我意識有關的情緒，則需要搭配認知及道德發展逐步成熟後，再逐步展開教學，建議這些情緒應搭配情境進行教學，提供較多的訊息，對自閉症者的學習較為容易。

3. 類化教學或自然情境教學對情緒辨識與表達有較直接的影響效果。建議在個體有情緒狀態時，家長或教師即可幫他命名當下的情緒，使該情緒能與學生本身的生活經驗做連結。

4. 教學程序檢核參照下頁表單。

(1)「接受性命名單一情緒」教學檢核表：

項目	檢核	備註
教學材料與指令		
依照學生特性，安排情緒的教學順序	□是　□否	
確認學生的注意力	□是　□否	
指令清楚明確且多樣性	□是　□否	
依照學生能力調整區辨干擾物數量	□是　□否	
大量的材料類化與情境類化	□是　□否	
提示方式		
依學生的學習特性選擇提示方式：位置、手勢	□是　□否	
依據學習速度進程調整提示層次及辨識訓練	□是　□否	
錯誤糾正		
確認提示、轉換、重複的步驟	□是　□否	
後效增強		
具體增強學生之正向反應	□是　□否	
社會增強與實體增強物配對	□是　□否	

(2)「表達性命名單一情緒」教學檢核表：

項目	檢核	備註
教學材料與指令		
依序呈現教學圖卡	□是　□否	
確認學生的注意力	□是　□否	
指令清楚明確且多樣性	□是　□否	
圖卡中的人物情緒可清楚區辨	□是　□否	
大量的材料類化與情境類化	□是　□否	
提示方式		
依學生的學習特性選擇提示方式：字卡、口語	□是　□否	
錯誤糾正		
確認提示、轉換、重複的步驟	□是　□否	
後效增強		
具體增強學生之正向反應	□是　□否	
社會增強與實體增強物配對	□是　□否	

其他相關課程

3-1-3 依指示做出表情

一、**目的**：學習以非語言方式表達情緒。對個體未來學習在適切的時間、地點以適切的方式表達情緒，進行基礎訓練。

二、**執行程序**：給予一口語指令，例如：「做出高興的表情。」學生可以依指示做出該臉部表情。

三、**教學材料**：各種情緒圖卡，做為提示參考之用。

四、**「依指示做出表情」教學單位**：

MO（動機操作）	A（前事刺激）	B（行為）	C（後果）
教學前，提供增強物選樣	S^D：「做出〇〇表情。」	做出該情緒表情	類化制約增強

五、**教學提示**：

1. 提示方式：教學者示範提示或提供情緒圖卡做為提示。

2. 逐步減少提示程度。

3. 只要學生有正確或接近的反應，都要提供大的增強。

4. 在給予後效增強時，教學者可以再做一次高興的表情，以加深學生對該表情的印象。

5. 應強調教學者的類化及地點類化。

6. 可以考慮使用刺激等同方式進行訓練，三種刺激材料是：A—說出情緒表情、B—指出情緒表情，及 C—做出情緒表情。只進行 A→B、B→C 的教學，之後 B→A、C→B、A→C、C→A 則用探測方式進行，檢核是否不需要教學，學生可以自然產生類化學習，以減少教學時間。

六、**教學精熟標準**：在沒有提示下，要求學生做出四種基本情緒表情，學生可以獨立做出該表情，達 100% 正確率，連續兩次教學（每次至少十個教學嘗試），跨兩個不同情境及教學者。

3-1-4 理解他人臉部線索

一、**目的**：學習辨認及理解臉部各種表情的意涵。對個體未來學習適當的社會
情緒技能進行基礎訓練。

二、**執行程序**：先詢問表情，再詢問代表的意義。給予一口語指令，例如：「做
出高興的表情。」學生可以依指示做出該臉部表情。

三、**教學材料**：各種臉部表情圖卡。

四、**「理解他人臉部線索」教學單位**：

MO（動機操作）	A（前事刺激）	B（行為）	C（後果）
教學前，提供增強物選樣	S^{D}1：「這個人的心情是什麼？」	回答：「生氣。」	類化制約增強
	S^{D}2：「生氣會出現哪些表情？」	回答：「嘴角下彎、嘴角緊繃。」	
	S^{D}3：「做出生氣的表情。」	做出表情	

五、**教學提示**：

　　1. 提示方式：教學者手勢、口語或提供字卡做為提示。

　　2. 逐步減少提示程度。

　　3. 只要學生有正確或接近的反應，都要提供較大的增強。

　　4. 應強調教學者的類化及地點類化。

　　5. 教學清單建議：

臉部表情	代表意涵
皺眉	不贊同
眼眶泛紅	難過、傷感
頭部向前	表示傾聽、關心
頭部往後	驚訝、遲疑
嘴角向上	表達善意、開心
嘴角向下	表達沮喪、難過
嘴角緊繃	表達怒氣

六、**教學精熟標準**：在沒有提示下，學生能正確回答至少八種臉部表情，並說出其代表的意涵，每種表情需達 80% 正確率，連續兩次教學（每次至少十個教學嘗試），跨兩個不同情境及教學者。

3-2 命名情境中之情緒

一、**目的**：透過命名在各種情境下的情緒表情，增進學生對情境相關情緒的辨識與命名能力。

二、**執行程序**：本教學以表達性命名為主軸，但學生必須學習能以第三人稱與第一人稱的方式幫主角命名情緒。一般教學程序為：教學者呈現情緒圖卡，說出其情境，再詢問學生該圖片中主角的情緒為何，學生能正確說出該情緒的名稱。先以第三人稱的情緒圖卡為教學材料，再進行學生為主體的情境相關之情緒命名。

三、**教學材料**：各種圖卡，包含不同性別、不同年齡層的人物圖片及卡通人物之情境相關情緒圖卡。

3-2-1 命名他人在情境中之情緒

教學程序

一、**技能描述**：呈現四種與第三人稱有關的情境相關的基本情緒（開心、難過、害怕、生氣）時，學生會依照該情境及情緒表情說出圖片中主角的情緒。

二、**技能標準**：呈現情境相關的情緒圖片時，學生能依據情緒圖片正確說出該情緒的名稱，四種情緒（涵蓋各種情境及情緒的類化圖片）都能達 100% 正確率，連續兩次教學（每次約十次教學嘗試），並能跨兩位不同教學者及教學場域。

三、「**命名他人在情境中之情緒**」教學單位及範例：

A（前事刺激）	B（行為）	C（後果）
呈現圖片，教學者先陳述情境內容；S^D：「他的心情怎麼樣？」	學生說出該情境之情緒	獲得增強或代幣

▶教學範例

命名他人在情境中之情緒範例圖

A（前事刺激）	B（行為）	C（後果）
呈現圖片，並陳述：「小安的冰淇淋掉了。」；S^D：「他的心情怎麼樣？」	學生說出「難過」或是「他的心情很難過。」	獲得增強或代幣：「對，他的心情很難過。」

【前事安排與 S^D】

1. 情境相關情緒圖片教材應準備大量的類化圖卡，例如：同樣是開心類的圖片，需提供各種不同開心的情境。建議每種情緒至少要準備十種不同的情境。

2. 同一種情緒的情境也可盡量提供多樣化圖卡，例如，同樣是「冰淇淋掉了」的情境，可以使用人物版（卡通版、真人版）和動物版本，避免學生只是記憶某些圖片的情境與情緒。

【教學提示】

1. 表達性命名情緒的提示有兩種：字卡或是口語。字卡提示是將情緒印在卡片上，需要提示時再呈現給學生看；口語提示則是由教學者說出圖片中主角的情緒。

2. 若學生在提示階段已可連續兩次教學達到 80% 正確率，即可逐步褪除提示，或直接進入提示後獨立或獨立階段教學。

【後效】

1. 提供後效增強時，描述性增強是必要的元素，主要為強化學生的行為反應，避免只是給予一般性的讚美。

2. 要逐步淡化增強計畫表，最終目的為受控於自然性增強。

教學資訊箱

1. 情緒圖卡熟練之後，可使用故事書中角色的情緒與其遭遇的情境進行隨機教學。

2. 情境中的情緒命名教學，可以先從開心的情緒開始，並教會學生所有不同情境的開心圖卡之後，再加入新的情緒做辨識訓練，以此類堆。

3. 較為複雜的情緒，例如：尷尬、害羞、罪惡感、羞恥心、引以為傲等和自我意識有關的情緒，可以在基本情緒教完後，先選擇前面二至三種情緒進行教學探測，以決定是否要繼續教學。

4. 類化教學或自然情境教學對情緒辨識、理解與表達有較直接的影響效果。建議在個體有情緒狀態時，家長或教師即可幫他命名當下的情境及情緒，使該情緒能與學生本身的生活經驗做連結。

5. 教學材料的準備可以參考下表的範例內容：

情緒類別	內容
開心	小花玩盪鞦韆
	小玲吃她最喜歡的蛋糕
	小華和家人一起去動物園
	小名跟哥哥一起玩遊戲
	媽媽收到母親節卡片
	妹妹收到表現優異的獎狀
害怕	天黑了，外面看起來很暗
	有一隻蜈蚣忽然出現在小花的桌上
	地震了，整棟房子搖來搖去
	小安發現有一個陌生人一直跟著他
	小虹把媽媽的鏡子打破了，不知道怎麼辦
	一隻老鼠突然出現在小明身邊

（續下表）

情緒類別	內容
難過	小洛要準備搬家，要跟好朋友說再見了
	畢業典禮到了，以後就不能跟同學一起上課了
	小朋的爺爺過世了
	小忠心愛的小鳥飛走了
	小雪的洋娃娃壞掉了
	小綠找不到他新買的玩具
生氣	姊姊和弟弟都想要氣球，氣球被姊姊拿走了
	爸爸的花瓶被打破了
	午休時間，老師發現有同學不睡覺在吵鬧
	上學時，在路上踩到大便
	我心愛的杯子被弟弟摔破了
	妹妹的存錢筒破掉了

6.「命名他人在情境中之情緒」教學檢核表：

項目	檢核	備註
教學材料與指令		
確認學生具備命名單一抽象情緒之能力	□是　□否	
使用的圖卡需具有情緒及情境	□是　□否	
確認學生的注意力	□是　□否	
指令清楚明確且多樣性	□是　□否	
大量的材料類化與情境類化	□是　□否	
提示方式		
依學生的學習特性選擇提示方式：字卡、口語	□是　□否	
依據學習速度進程調整提示層次及辨識訓練	□是　□否	
錯誤糾正		
確認提示、轉換、重複的步驟	□是　□否	
後效增強		
具體增強學生之正向反應	□是　□否	
社會增強與實體增強物配對	□是　□否	

3-2-2 命名自己在情境中之情緒

教學程序

一、**技能描述**：呈現四種與學生本人有關的情境相關基本情緒（開心、難過、害怕、生氣）時，學生會依照該情境及情緒表情，能以「我」為代名詞說出圖片中自己的情緒。

二、**技能標準**：呈現情境相關的情緒圖片時，學生能依據情緒圖片正確說出該情緒的名稱，四種情緒（涵蓋各種情境及情緒的類化圖片）都能達 100% 正確率，連續兩次教學（每次約十次教學嘗試），並能跨兩位不同教學者及教學場域。

三、**教學材料**：各種情境圖卡，包含學生本人在各種情境之相關情緒圖卡。

四、**「命名自己在情境中之情緒」教學單位及範例：**

教學階段	A（前事刺激）	B（行為）	C（後果）
階段一：以學生名字為主詞	情境：呈現一情境下的情緒圖卡，教學者口述情境。S^D：「XX的心情怎麼樣？」	學生能以自己的名字做為主詞回答正確的心情	獲得類化制約增強
階段二：加入代名詞為主詞	情境：呈現一情境下的情緒圖卡，教學者口述情境。S^D：「XX，你的心情怎麼樣？」	學生能以第一人稱代名詞做為主詞回答正確的心情	獲得類化制約增強

▶ 教學範例

教學階段	A（前事刺激）	B（行為）	C（後果）
階段一：以學生名字為主詞	呈現圖片，並陳述：「這是小明，小明的冰淇淋掉了。」；S^D：「小明的心情怎麼樣？」	學生說出：「小明覺得很難過／小明的心情是難過。」	獲得增強或代幣
階段二：加入代名詞為主詞	呈現圖片，並陳述：「這是小明，小明的冰淇淋掉了。」；S^D：「小明，你的心情怎麼樣？」	學生說出：「我覺得很難過／我的心情很難過。」	獲得代幣或社會增強：「哇！你有說你的心情很難過，太厲害了。」

168

【前事安排與 S^D】

1. 教學分為兩個階段進行，第一個階段以學生名稱為主詞，學生如果回答正確，可接著在階段一的教學嘗試之後，進行階段二的教學嘗試。

2. 教學重點是教學者在詢問情緒時，先置入學生的名字，這對自閉症學生而言是比較容易回答的，由此種方式將情境和情緒連結到學生自身，讓學生能站在自己的立場回答，並學習以代名詞方式做表達。

【教學提示】

1. 表達性命名情緒的提示有兩種：字卡、口語。字卡提示是將情緒印在卡片上，需要提示時再呈現給學生看；口語提示則是教學者說出「代名詞＋情緒」。

2. 若在提示階段，教學者依照教學設定，在下教學指令後給予提示，切勿在學生已經說出其他答案或是不相干的話後才給提示。

3. 若學生在提示階段已可連續兩次教學都達到 80% 正確率，可逐步褪除提示。

【後效】

1. 提供後效增強時，描述性增強是必要的元素，主要為強化學生的行為反應，避免只是給予一般性的讚美。

2. 當學生能以代名詞的方式回答問題時，應給予較大的增強。

3. 要逐步淡化增強計畫表，最終目的為受控於自然性增強。

🔍 教學資訊箱

1. 要進行命名自己的情緒前，教學者需先確認學生能夠命名他人在情境中之情緒。

2. 此階段的目標在於教導學生練習以第一人稱方式表達自己的情緒，為下一個階段——情境與情緒的因果關係做準備。為使學生在循序漸進的方式下學習，教學時先以該生的名字為問話主詞，再逐漸地加入「我」，以做為問話的要項。如此逐步轉變的方式，不會一下變化太大，較不會造成挫敗經驗。

3. 代名詞學習一般對自閉症學生而言是困難的,但是研究顯示,透過情緒命名教學,可以有效且快速的讓自閉症學生學會人稱代名詞的用法。

4. 教學圖卡的選擇可以考慮先使用學生之前已經學過的情境相關之情緒圖卡,只將原圖卡的角色以學生的大頭照做替代,因此要事先準備學生各種情緒表情的照片,大小要能符合圖片中角色的大小。先從他學過的圖卡開始,再逐步加入他的日常生活的範例。

5. 可以請家長事先準備學生的各種生活照片做為教學的材料,家長也可以在家中進行類化教學。

6. 自然情境教學對情緒辨識、理解與表達有較直接的影響效果。建議在學生有情緒狀態時,家長或教師即可幫他命名當下的情境及情緒,使該情緒能與學生本身的生活經驗做連結。

7. 「命名自己在情境中之情緒」教學檢核表:

項目	檢核		備註
教學材料與指令			
確認學生具備命名單一抽象情緒之能力	□是	□否	
使用的圖卡需具有情緒及情境	□是	□否	
確認學生的注意力	□是	□否	
指令清楚明確且多樣性	□是	□否	
大量的材料類化與情境類化	□是	□否	
提示方式			
依學生的學習特性選擇提示方式:字卡、口語	□是	□否	
依據學習速度進程調整提示層次及辨識訓練	□是	□否	
錯誤糾正			
確認提示、轉換、重複的步驟	□是	□否	
後效增強			
具體增強學生之正向反應	□是	□否	
社會增強與實體增強物配對	□是	□否	

3-3 命名情緒之因果關係（包含他人與自己）

❓ 教學理由

　　兒童尚未發展出語言之前，對他人的情緒反應及所引發的情境可以自然產生連結，這是兒童對世界產生理解的開始，也是建立刺激與反應之間因果關係的序曲，並建立未來因果關係學習的基模。自閉症者由於過度選擇的限制，會將刺激與反應切割，無法自然連結二者間的關聯性，為能建立此種能力，需要透過後天訓練，使他們對存在世界之間的刺激與刺激間，或是刺激與個人的反應之間能產生關聯，並開始對世界產生理解。

3-3-1 因果關係：命名出以他人為主的情境、情緒及因果關係

📝 教學程序

一、**教學重點**：邀請學生陳述情境發生的內容、說出特定情境下之情緒，並試著說出情境與情緒之間的因果關係。

二、**技能描述**：當呈現了四種基本的、不同的情緒圖片時（在某一情境下），學生會回答相關問題，其回答順序為：「說說看，發生什麼事了？」、「他／她的心情如何？」、「為什麼他會感到○○呢／為什麼她會有○○的心情？」。學生回答時能依序回應，並在回應「為什麼」的問題時，可以使用「因為……，所以……」的句型做回答。

三、**技能標準**：呈現情境相關的情緒圖片時，學生能依序：(1)描述該情境；(2)說出主角的情緒；(3)能使用「因為……，所以……」的句型做因果關係的回答。四種情境之情緒（涵蓋各種情境及情緒的類化圖片）中，每一種都能回答上述三個問題，並達 100% 正確率，連續兩次教學（每次約十次教學嘗試），並能跨兩位不同教學者及教學場域。

四、**教學材料**：可以直接延用「3-2 命名情境中之情緒」的教學材料。建議區分為簡單情境下的因果關係，及與人有關（由他人引發）的情緒因果關係。

五、「命名他人情緒之因果關係」教學單位及範例：

A（前事刺激）	B（行為）	C（後果）
S^D1：「說說看，發生什麼事了？」	學生回答情境	獲得增強／回應或代幣
S^D2：「他的心情怎麼樣？」	學生回答情緒	
S^D3：「為什麼他會有這樣的心情呢？」	學生回答出因果關係	

▶ 教學範例

圖 21 命名情境與情緒之因果範例圖

A（前事刺激）	B（行為）	C（後果）
S^D1：「發生什麼事了？」	學生回答：「有一隻老鼠出現在他旁邊。」	描述性回饋：「喔～出現了老鼠。」
S^D2：「他的心情怎麼樣？」	學生回答：「害怕。」	回應：「不錯喔！」
S^D3：「為什麼他會有這樣的感覺？」	學生回答：「因為出現一隻老鼠，所以他很害怕。」	獲得代幣或社會增強／回應：「對！因為有老鼠，所以他很害怕。很棒喔！」

【前事安排與 S^D】

1. 教學者呈現圖卡並詢問情境內容，當學生回答出情境後再問情緒。

2. 當學生回答出情緒後（例如：開心），教學者才進一步詢問：「為什麼他會覺得開心呢？／為什麼他的心情很開心呢？」，教學指令宜多樣化，但要緊扣住情緒教學的重點。

【教學提示】

1. 由於此階段的重點為因果關係，且「情境」和「情緒」已在先前達到精

熟，若學生無法回答出前兩個問題，則直接給予錯誤糾正。

2. 此階段使用的提示為「因為……，所以……」的字卡，引導學生在陳述時能夠說出具備因果結構的句型。

3. 若學生在提示階段已可連續兩次達到 80% 正確率，即可逐步褪除提示。

【後效】

1. 學生正確回答情境及情緒問題時，教學者僅需給予描述性增強或簡單回應，因為這兩項提問應是學生已經精熟的。

2. 學生回答因果關係問題時，要給予明確或較大的後效增強。

3. 要逐步淡化增強計畫表，最終目的為受控於自然性增強。

🔍 教學資訊箱

1. 上述的教學提示可以是字卡或口語，最終的標準是學生要能受控於非語言的教學材料，生活中的各種情境都是練習的教材。

2. 可以配合領域二生活事件因果關係的教學，讓學生能建立刺激與刺激間的因果關係的能力。

3. 反應類化的安排，可準備沒有教學過的刺激材料進行探測，以確認學生已經具備情緒因果關係的理解力；或是請家長於生活情境中隨機教學，例如，看到他人在吃冰淇淋很高興，就可以直接詢問學生這個人的心情怎麼樣？以及為什麼他會有這心情呢？讓學生能將學習與生活經驗相結合。這是學習情緒因果關係的重點。

4. 圖片與教學範例舉隅：

內容描述	圖片
呈現圖片，S^{D}1：「發生了什麼事？」、S^{D}2：「他的心情如何？」、S^{D}3：「為什麼他的心情是〇〇〇？」	

（續下表）

內容描述	圖片
呈現圖片，S^{D}1：「發生了什麼事？」、S^{D}2：「她的心情如何？」、S^{D}3：「為什麼她會有這樣的心情？」	
呈現圖片，並陳述：「一輛車子朝著一位女孩駛來。」；S^{D}1：「發生了什麼事？」、S^{D}2：「她的感覺如何？」、S^{D}3：「為什麼她會有這樣的感覺？」	
呈現圖片，並陳述：「有個男孩，他的姊姊將他的氣球弄破。」；S^{D}1：「發生了什麼事？」、S^{D}2：「他的感覺如何？」、S^{D}3：「為什麼他會有這樣的感覺？」	

5. 「命名他人情緒之因果關係」教學檢核表：

項目	檢核	備註
教學材料與指令		
確認學生具備命名情境中情緒之能力	□是　□否	
使用的圖卡需具有情緒及情境	□是　□否	
使用學生出現在該情境中的圖片	□是　□否	
確認學生的注意力	□是　□否	
指令清楚明確	□是　□否	
詢問時的順序為「情境→情緒→因果關係」	□是　□否	
大量的材料類化與情境類化（命名當下情緒）	□是　□否	
提示方式		
依學生的學習特性選擇提示方式：字卡、口語	□是　□否	
依據學習速度進程調整提示層次及辨識訓練	□是　□否	
錯誤糾正		
確認錯誤糾正的步驟（簡單或複雜）	□是　□否	
後效增強		
具體增強學生之正向反應	□是　□否	
社會增強與實體增強物配對	□是　□否	

3-3-2 情緒因果關係：該情緒是基於自己的情緒

教學程序

一、**教學重點**：邀請學生陳述情境發生的內容、說出特定情境下之情緒，並試著說出情境與情緒之間的因果關係。

二、**技能描述**：當呈現了四種基本的、不同的情緒圖片時（在某一情境下），學生會回答相關問題，其回答順序為：「說說看，發生什麼事了？」、「你的心情如何？」、「為什麼你會感到○○呢／為什麼你會有○○的心情？」。學生能依序回答，並在回應「為什麼」的問題時，可以使用「因為……，所以……」的句型，以及第一人稱代名詞做回答。

三、**技能標準**：呈現情境相關的情緒圖片時，學生能依序：(1)描述該情境；(2)說出主角的情緒；(3)能使用「因為……，所以……」的句型做因果關係的回答；(4)能使用第一人稱代名詞回答問題。四種情境之情緒（涵蓋各種情境及情緒的類化圖片）中，每一種都能回答上述四項問題，並達 100% 正確率，連續兩次教學（每次約十次教學嘗試），並能跨兩位不同教學者及教學場域。

四、**教學材料**：可以直接延用「3-2 命名情境中之情緒」的教學材料。

五、**「命名自己在情境中之情緒」教學單位及範例**：

教學階段	A（前事刺激）	B（行為）	C（後果）
階段一： 以圖卡作為材料	情境：呈現之前教學過的情緒圖卡，將圖片中的人物貼上學生的照片。 S^{D}1：發生什麼事？ S^{D}2：你的心情怎麼樣？ S^{D}3：為什麼你會有這樣的心情呢？	學生能以第一人稱做為主詞，依序回答正確的反應	獲得類化制約增強
階段二： 以生活自然情境為材料	情境：營造一個情境，或剛好當下發生的情境。 S^{D}1：你發生什麼事？ S^{D}2：你的心情怎麼樣？ S^{D}3：為什麼你會有這樣的心情呢？	學生能以第一人稱做為主詞，依序回答正確的反應	獲得類化制約增強

▶ 自然情境的教學範例

A（前事刺激）	B（行為）	C（後果）
S^{D}1：「你在做什麼？」	學生回答：「我在盪鞦韆。」	獲得增強／回應或代幣
S^{D}2：「你的心情怎麼樣？」	學生回答：「我很開心。」	
S^{D}3：「為什麼你會有這樣的心情？」	學生回答出「因為我在盪鞦韆，所以我很開心。」	

【前事安排與 S^D】

1. 教學者呈現圖卡並詢問情境內容，當學生回答出情境後再問情緒。情境的問句要以「你」做為詢問的主詞。

2. 如果學生在剛開始階段對代名詞學習有困難，可以先以學生的名字做為主詞，再將名字轉換為代名詞。

3. 當學生回答出情緒後（例如：開心），教學者才進一步詢問：「為什麼你會覺得開心呢？／為什麼你的心情很開心呢？」，教學指令宜多樣化，但要緊扣住情緒教學的重點。

4. 教學材料雖可使用一般情境圖卡教學，但使用學生日常生活中與情緒相關的照片更佳。

【教學提示】

1. 此階段使用的提示分為兩部分：第一部分為主詞的提示，可採用字卡或口語提示，口語提示建議要由教學助教提供為佳，以免學生混淆人稱代名詞的相對應關係。

2. 第二部分為因果連接詞的提示，可以使用「因為……，所以……」的字卡，引導學生在陳述時能夠說出具備因果結構的句型，或以口語方式提示。

3. 若學生無法以自身立場回答因果句型，則可將提示字卡改為「因為……，所以我……」。

4. 若學生在提示階段已可連續兩次達到 80% 正確率，即可逐步褪除提示。

【後效】

1. 提供後效增強時，描述性增強是必要的元素，主要為強化學生的行為反

應，避免只是給予一般性的讚美。

2. 學生能以人稱代名詞回答問題時，要特別強化增強他的回答。

3. 要逐步淡化增強計畫表，最終目的為受控於自然性增強。

🔍 教學資訊箱

1. 要進行以學生為主角的因果關係教學時，教學者需先確認學生能夠命名以他人為主角的因果關係。

2. 此階段的目標在於教導學生練習因果關係的連結，並試圖讓學生能以第一人稱方式表達自己情緒的發生原因，可以依照學生的學習狀況進行必要的進度調整。

3. 代名詞學習一般對自閉症學生而言是困難的，但是研究顯示（Feng & Williamson, 2003），透過情緒因果關係的教學，可以有效且快速的讓自閉症學生學會人稱代名詞的用法。

4. 教學圖卡的選擇可以考慮先使用學生之前已經學過的情境相關之情緒圖卡，只將原圖卡的角色以學生的大頭照做替代，因此要事先準備學生各種情緒表情的照片，大小要能符合圖片中角色的大小。先從他精熟學習的圖卡開始，再逐步加入他的日常生活範例。

5. 可以請家長事先準備學生的各種生活照片，做為教學的材料。家長也可以在家中進行類化教學。

6. 自然情境教學對情緒辨識、理解與表達有較直接的影響效果。建議在學生有情緒狀態時，家長或教師即可幫他命名當下的情境及情緒，使該情緒能與學生本身的生活經驗做連結。

7. 情緒與情境因果關係的覺察是情緒管理的基礎，特別是面對挫折或困擾的情境，學生學習以語言方式陳述自己的情緒狀態，可以有效緩和逐漸上升的負向情緒，語言表述類似於自我對話的方式，讓自己可以開始覺察能以自身的力量安撫負向的情緒。

8.「命名自己在情境中的情緒」教學檢核表：

項目	檢核	備註
教學材料與指令		
確認學生具備命名自己在情境中情緒之能力	□是　□否	
使用的圖卡需具有情緒及情境，學生的生活照尤佳	□是　□否	
確認學生的注意力	□是　□否	
指令清楚明確，且問句要以「你」做為主詞	□是　□否	
指令多樣化，且能緊扣住情緒教學的重點	□是　□否	
詢問時的順序為「情境→情緒→因果關係」	□是　□否	
大量的材料類化與情境類化（命名當下情緒）	□是　□否	
提示方式		
依學生的學習特性選擇提示方式	□是　□否	
主詞提示階段：字卡、口語提示，口語提示若能由教學助教提供為佳，以免學生會混淆人稱代名詞的相對應關係	□是　□否	
因果連接詞提示階段：字卡、口語提示，「因為……，所以……」	□是　□否	
當無法以自身立場回答因果句型時，使用字卡「因為……，所以我……」	□是　□否	
依據學習速度進程調整提示層次及辨識訓練	□是　□否	
錯誤糾正		
確認錯誤糾正的步驟（簡單或複雜）	□是　□否	
後效增強		
具體增強學生之正向反應	□是　□否	
社會增強與實體增強物配對	□是　□否	

3-4 進階的情緒命名：能說出較為複雜的情緒

? 教學理由

　　個體隨著年齡的成長，情緒也逐漸分化得更為細緻與複雜，有時會發現一種情境可能會有兩種以上的情緒同時發生，或是不同個體在相同的情形下，會有不同的情緒反應，以及在一些場合中，真實情緒的表露可能會造成他人的困擾等。這些對複雜情緒的辨識與理解，會隨著個體觀點取替的逐漸成熟及社會互動經驗的累積而更趨成熟。這些對自閉症者而言，都是需要額外學習的功課，使其能適應多變的社會情境。

📝 教學程序

一、**教學重點**：教學者陳述情境發生的內容、邀請學生說出特定情境下之複雜情緒，可以請學生試著說出情境與情緒之間的因果關係。

二、**技能描述**：當提供了三種更高層次的情緒圖片時（例如：驕傲、驚訝、困惑、焦慮／緊張、愧疚），學生能夠了解、接受，並能有區別圖片的表現。

三、**技能標準**：呈現情境相關的情緒圖片時，教學者先陳述情境，學生能說出主角的情緒，進階之課程則讓學生能依序回答下列問題：(1)描述該情境；(2)說出主角的情緒；(3)能使用「因為……，所以……」的句型做因果關係的回答。三種複雜情境之情緒（涵蓋各種情境及情緒的類化圖片）中，每一種都能回答上述三項問題，並達 100% 正確率，連續兩次教學（每次約十次教學嘗試），並能跨兩位不同教學者及教學場域。

四、**教學材料**：各種情境圖卡，包含不同性別人物圖片及卡通人物之情境相關的複雜情緒圖卡。

五、「命名複雜情緒」教學單位及範例：

A（前事刺激）	B（行為）	C（後果）
情境：呈現一複雜情緒的圖卡，教學者口頭陳述圖卡的情境。S^D：「他的心情怎麼了？」	學生能回答正確的情緒	獲得類化制約增強

▶ **教學範例**

A（前事刺激）	B（行為）	C（後果）
呈現圖片，並陳述：「一位男孩要參加一個很重要的考試。」；S^D：「他的心情怎麼樣？」	學生說出：「緊張。」	獲得增強或代幣：「好棒！你有說出他的心情是緊張耶！」

【前事安排與 S^D】

1. 此階段的教學步驟與「3-2 命名情境中之情緒」相同。教學者先說出情境，再詢問情緒的問題。

2. 變化教學指令，例如：心情如何？感覺如何？有何種感覺？有什麼心情？

【教學提示】

1. 教學提示有兩種：字卡、口語。字卡提示是將情緒印在卡片上，需要提示時再呈現給學生看；口語提示則是教學者說出情緒。

2. 若學生在提示階段已可連續兩次達到 80% 正確率，即可逐步褪除提示。

【後效】

1. 提供後效增強時，描述性增強是必要的元素，主要為強化學生的行為反應，避免只是給予一般性的讚美。

2. 要逐步淡化增強計畫表，最終目的為受控於自然性增強。

🔍 **教學資訊箱**

1. 學生學會命名複雜的情緒之後，應繼續進行進一步的因果關係教學。可以試著同時（或依序）進行以學生為主角的因果關係教學，以及（或）以他人為主角的因果關係教學。

2. 自然情境教學對情緒辨識、理解與表達有較直接的影響效果。建議在學生有情緒狀態時，家長或教師即可幫他命名當下的情境及情緒，使該情緒能與學生本身的生活經驗做連結。

3. 其他延伸的課程包含，單一個體在一種情境會出現多種情緒；或是單一種情境，但不同個體會有不同情緒反應。這些課程需要個體具備觀點取替的能力，教學前需先評估學生在這方面的能力表現。

4. 複雜情緒之圖片範例及教學提問內容舉隅。

內容描述	圖片
呈現圖片，並陳述：「媽媽得知自己的兒子贏得了比賽。」；S^D：「她的心情怎麼樣？」	
呈現圖片，並陳述：「男孩看到自己的朋友突然出現在他家的門口。」；S^D：「他的心情怎麼樣？」	
呈現圖片，並陳述：「女孩不小心踩到蝴蝶。」；S^D：「她的心情怎麼樣？」	
呈現圖片，並陳述：「女孩不清楚目標地點時。」；S^D：「她的心情怎麼樣？」	
呈現圖片，並陳述：「男孩很意外的收到電動玩具。」；S^D：「他的心情怎麼樣？」	

5.「命名複雜情緒」教學檢核表：

項目	檢核	備註
教學材料與指令		
確認學生具備命名情境中之基本情緒的能力	□是　□否	
使用的圖卡需具有情緒及情境	□是　□否	
確認學生的注意力	□是　□否	
指令清楚明確且多樣性	□是　□否	
大量的材料類化與情境類化	□是　□否	
提示方式		
依學生的學習特性選擇提示方式：字卡、口語	□是　□否	
依據學習速度進程調整提示層次及辨識訓練	□是　□否	
錯誤糾正		
確認提示、轉換、重複的步驟	□是　□否	
後效增強		
具體增強學生之正向反應	□是　□否	
社會增強與實體增強物配對	□是　□否	

3-5 命名與慾望（或期待）相關的情緒

？ 教學理由

　　生活中，有期待就有希望，期待可能會實現，也可能會落空。現實與期待相符，會產生正向情緒；而期待若未能實現，可能產生負向的情緒或未完成的情緒狀態。這些存在心中的慾望與實際狀況的交互作用，讓生活增添許多變化與趣味。慾望或期待是存在內心世界的心理狀態，對自閉症者而言，有些時候是難以理解的。故事書常用方式就是以泡泡圈的形式代表故事主角的內在想法。此方式即符合自閉症視覺學習的特性，將內心世界視覺化、具象化之後，讓他們了解人內在世界豐富的樣貌，以及多元的訊息，使他們和人的內在世界更接近、更靠近。或是先行建立兒童「心理」與「物理」狀態的區辨能力，如：「小華手中拿著餅乾，小明心裡想著餅乾，誰可以真正吃到（或摸到）餅乾？」（答案是：小華），此先備技能對慾望相關情緒的理解也很有幫助。

● 3-5-1 命名以他人為主角的慾望（期待）相關情緒

？ 教學程序

一、**教學重點**：教學者陳述情境發生的內容，邀請學生說出特定情境下之複雜情緒，可以請學生試著說出情境與情緒之間的因果關係。

二、**技能描述**：呈現以慾望為主的情緒系列圖卡，學生能命名圖片中主角的慾望與實際狀況相符而產生的情緒，以及未能與主角慾望相符的情緒，並做因果關係的連結。

三、**技能標準**：呈現慾望相關的情緒系列圖片時，教學者先陳述系列情節，讓學生能依序回答下列問題：(1)主角想要什麼東西？(2)主角實際獲得的物品為何？和他想要的一樣嗎？(3)主角的心情如何？(4)能使用「因為……，所以……」的句型做因果關係的回答。與慾望相符及與慾望不相符的情緒（涵蓋各種情境及情緒的類化圖片）中，每一種都能回答上述四項問題，並達

100% 正確率,連續兩次教學(每次約十次教學嘗試),並能跨兩位不同教
學者及教學場域。

四、**教學材料**:教學材料須包含連續的圖卡,包含:(1)主角想要的物品;(2)主
角獲得的物品;(3)心情狀態的提問等各種情境圖卡,包含不同性別人物圖
片及卡通人物之慾望相關情緒系列圖卡。

五、**「命名以他人為主角的慾望相關情緒」教學單位**:

情境安排	A(前事刺激)	B(行為)	C(後果)
教學者將系列圖卡的情節念給學生聽,聽完之後詢問系列問題	S^D1:「他想要什麼?」	學生回答:「他想要○○。」	獲得增強/回應或代幣
	S^D2:「他得到什麼?」	學生回答:「他得到/沒有得到想要的。」	
	S^D3:「他的心情如何?」	學生回答:「他的心情○○。」	
	S^D4:「為什麼他會有這種心情?」	學生回答:「因為他有/沒有得到想要的,所以……」	

【前事安排與 S^D】

1. 教學者應循序漸進,先詢問圖卡中主角想要的物品、實際獲得的物品,
並比對主角想要的和真正獲得的是否一致,再進一步詢問情緒、情緒之
因果關係。

【教學提示】

1. 不同的提問可以採用不同的方式,提示方式:手勢、字卡、口語等。手
勢提示是指出圖片中的物品;口語提示則是教學者說出情緒;字卡提示
是將「因為……,所以……」印在卡片上,需要提示時再呈現給學生看。

2. 若學生在提示階段已可連續兩次達到 80% 正確率,即可逐步褪除提示。

【後效】

1. 增強後效以類化制約增強為主。教學者在提供描述性增強時,要特別強
調「想要」的字眼(與慾望有關的動詞),也需強調當個體有獲得或沒
有獲得他想要的物品時會引發不同的情緒反應,讓學生開始連結內在經
驗和情緒的關聯。

🔍 教學資訊箱

1. 教學時可從辨識他人與慾望相關的因果關係開始，再進入學生自己與慾望相關的情緒及因果關係教學。

2. 與慾望不相符的情緒可以是負向的（例如：失望），也可以是中性的（例如：還好呀），讓學生了解與慾望不相符之後的情緒是可以多樣化的。

3. 剛開始使用圖卡教學，是因應學生的視覺學習優勢，待以圖卡的學習精熟後，教學者可以褪除圖卡，以口述的方式進行教學，圖卡則是在需要時做為提示方式使用，使教學能更貼近真實的生活狀態。

4. 教導學生以第一人稱陳述慾望相關的情緒課程時，應先確認學生喜歡及不喜歡的物品，與慾望不相符的物品可以安排是他喜歡的，也可以是他不喜歡的，相對應所產生的情緒也將有所不同。

5. 教學者在範例教學之後，可以幫學生對慾望相關情緒的概念做一統整，以下提示卡可以做為教學後的統整，也可以做為學生隨時提醒自己的提示卡。

重點歸納之提示卡

- 每個人心中都有願望。
- 達成願望時會有好心情。
- 願望沒有達成時，易產生不好的心情或情緒。

6. 慾望相關情緒系列圖片與教學提問範例舉隅：

(1) 與慾望相符

慾望情境	實際狀況	結果	提問方式
小明心裡想：好想要吃薯條	姊姊拿薯條給他		小明想要什麼？ 他得到什麼？ 他得到的和他想要的一樣嗎？ 那他的心情如何？ 為什麼他的心情會這樣？
小華想要買飛機	媽媽買遙控飛機給他		小華想要什麼？ 他得到什麼？ 他得到的和他想要的一樣嗎？ 那他的心情如何？ 為什麼他會有這樣的心情？

(2) 與慾望不相符

慾望情境	實際狀況	結果	提問方式
小明想要吃薯條	爸爸拿蘋果給他		小明想要什麼？ 他得到什麼？ 他得到的和他想要的一樣嗎？ 那他的心情如何？ 為什麼他的心情會這樣？
小華想要買飛機	媽媽買鉛筆盒給他		小華想要什麼？ 他得到什麼？ 他得到的和他想要的一樣嗎？ 那他的心情如何？ 為什麼他會有這樣的心情？

7. 其他教學範例：

	內容
情境一	叮叮噹～叮叮噹～聖誕節快到了，小雄希望可以得到音樂播放器。聖誕夜晚上，小雄滿懷希望地睡著後，爸爸媽媽悄悄放了一本故事書在聖誕襪子裡，小雄早上醒來看到之後，會覺得怎麼樣呢？➡會覺得很失望。
情境二	弟弟下午想要去公園騎腳踏車，結果因為下大雨，所以只能在家裡玩小汽車，弟弟會覺得怎麼樣呢？➡會覺得很難過／失望。
情境三	哥哥想要去吃漢堡跟薯條，但因為媽媽還要忙著做家事，所以只能在家裡吃水餃，哥哥的感覺如何？➡會覺得失望。

8.「以他人為主角的慾望（期待）相關情緒」教學檢核表：

項目	檢核	備註
教學材料與指令		
確認學生具備命名情緒因果關係之能力	□是　□否	
確認學生的注意力	□是　□否	
詢問時應循序漸進：主角想要的物品→實際獲得的物品→慾望相關情緒之因果關係	□是　□否	
提示方式		
依學生的學習特性選擇提示方式：字卡、口語、手勢	□是　□否	
依據學習速度進程調整提示層次及辨識訓練	□是　□否	
錯誤糾正		
確認提示、轉換、重複的步驟	□是　□否	
後效增強		
具體增強學生之正向反應	□是　□否	
社會增強與實體增強物配對	□是　□否	

技能大項四　假裝遊戲

❓ 教學理由

　　當學生開始脫離對具體事物的依賴，能使用替代的物品或無中生有來想像該物品——即使用替代思考或符號運作的開始，是 Piaget 認知發展中從前運思期進入具體運思期並進而能跨越到抽象思考的重要里程。符號運用即表徵能力，亦顯示學生開始了解他人訊息的意涵，即使事件不在學生的面前發生，其也開始能理解原委；此外，情緒實際上為一抽象概念，符號能力的運作，也建立情緒行為與符號之間連結的重要關鍵。符號運作能力的發展，促進學生能了解時間、空間、速度，以及改變的意義；而抽象思考的能力亦可引發學生日後問題解決、做計畫的能力。

4-1 以兒童為主體的假裝遊戲

教學程序

一、**教學重點**：教學者營造一遊戲情境，邀請兒童能依據所呈現的遊戲材料，用以兒童為主體的方式，進行假扮遊戲活動。

二、**技能描述**：在自由遊戲時，孩子有一連串具邏輯順序的假扮行為。

三、**技能標準**：呈現一組玩具組時，不經提示兒童可以做出至少三種以上具邏輯的假扮行為，每一種行為都能符合現實生活的情境狀態達 80% 正確率，連續兩次教學（每次約五次教學嘗試），並能跨兩位不同教學者及教學場域。

四、**教學材料**：各種兒童有興趣的茶具組、切菜煮菜組、娃娃遊戲組，以及其他玩具組。

五、「**以兒童為主體的假裝遊戲**」教學單位：

EO（建立操作）	A（前事刺激）	B（行為）	C（後果）
準備數種可操作的玩具	S^D：「哇！有好多食物，漢堡聞起來好香喔！」	學生將該物拿起來假裝吃	獲得增強／回應或代幣：「哇！漢堡看起來好好吃喔！」
	S^D：「哇！天氣好冷喔，小狗一直在發抖耶！」	學生將毛巾蓋在小狗身上	獲得增強／回應或代幣：「小狗不冷了喔！」

【前事安排與 S^D】

　　1. 教學者應提供多種不同的玩具，除了扮家家酒、交通工具，也可以使用自製玩具。

　　2. 營造動機時可以誇張化，透過此方式引起學生的興趣。

【教學提示】

　　1. 若學生剛開始無法進行假裝，則可讓他模仿教學者假裝的玩法；教學者可以直接拿起杯子假裝喝：「哇！好好喝的果汁。」看學生是否能夠假裝操作其他物品。

2. 當學生能夠模仿教學者去假裝時,便可在教學過程和自由遊戲中穿插大量的動機操作。

【後效】

1. 提供後效增強時,描述性增強是必要的元素,誇張的社會互動可以催化更多的假扮遊戲。

🔍 教學資訊箱

1. 以學生為主體的假裝遊戲,教學重點是將學生的生活經驗複製到遊戲活動,讓學生經由假裝的遊戲活動,藉由遊戲的形式具體展現個人的日常生活經驗,除了能展現學生對生活經驗的理解外,對於提取過往經驗的能力亦是重要的先備技能。

2. 學生在直接教學過程中發現學習以兒童為主體的假裝遊戲有困難時,可先以模仿課程進行各種假扮動作的教學。一旦模仿能力發展出來之後,正式進行教學時,提供學生一組玩具組,且教學者的示範玩具組需和兒童的不一樣,以免與模仿課程混淆。

3. 目標的設定可先以單一動作為主,例如:看到梳子和娃娃會幫娃娃梳頭、看到茶具組會假裝倒茶給教學者喝等。再慢慢增加遊戲的複雜度,例如:幫娃娃洗澡、擦乾身體後再梳頭等;茶具組的遊戲則可以增加先將果汁倒在瓶子、再倒進杯子、請客人喝等。

4. 後續的延伸教學可以包含以第三人為主體的假裝遊戲,例如,用熊寶寶作為主體,熊寶寶可以倒茶給兔寶寶喝,熊寶寶可以幫娃娃梳頭、蓋被子等,此等能力可以跳脫自我中心為主的遊戲活動,開始建立觀點取替的能力。

4-2 象徵遊戲（物品替代、無中生有、賦予抽象屬性）

? 教學理由

　　自閉症兒童很難如一般發展幼兒順利發展出象徵性的遊戲能力，特別是從功能性遊戲跨越到抽象的象徵遊戲階段發展會產生困難。象徵性的能力與兒童語言、認知和社會能力的發展息息相關，若自閉症兒童無法順利通過象徵遊戲的階段，則會影響其未來的高層次思考與理解的學習。研究發現，自閉症兒童缺乏自發性的象徵遊戲，即便具有象徵遊戲之個體，大多是呈現重複、固著的型態。Leslie（1987）定義象徵遊戲的三種型態為物品替代、無中生有，以及賦予物品不存在的屬性等。以下教學項目則依序說明。

● 4-2-1 物品替代象徵能力

📝 教學程序

一、**技能描述**：給學生一個物品，他能以口語形式假想成另一個替代的物品。

二、**先備技能**：能表達性命名至少一百種項目（含物品及地點）、動作二十種、物品功能至少五十種。

三、**教學目標**：

　　1. 呈現經教學的刺激物，學生能轉換成經教學後五種以上不同的物品。

　　2. 呈現五種經教學的刺激物，對每樣刺激物，學生能自發性轉換成兩種以上未經教學的物品。

　　3. 呈現五種未經教學的刺激物，對每樣刺激物，學生能自發性轉換成三種以上不同的物品。

四、「物品替代象徵能力」教學單位及範例：

A（前事刺激）	B（行為）	C（後果）
S^{D}1：「這是什麼？」	學生回答名稱	描述性回饋
S^{D}2：「這是用來做什麼的？」	學生回答用途	
S^{D}3：「它可以假裝成什麼？」	學生回答出替代物品	增強或代幣

【前事安排與 S^D】

1. 教學者應循序漸進，先詢問物品名稱、功能之後，確認學生對這個物品真實狀況的熟習程度，再進一步詢問可轉換成的替代物品。記住，詢問該物品的名稱及功能，只有在教學的第一次嘗試詢問。除非更換新的教學材料，才要再次詢問該教學刺激物的名稱及功能。

2. 若學生還不能說出物品功能，則先暫緩物品替代的教學，先進行物品功能的教學。

3. 若學生僅是按照順序背誦過去教過的東西，則呈現了另一種固著狀態，可能會影響物品替代能力的發展，因此教學者可以透過呈現教學指令時阻斷學生的背誦順序（例如：呈現一個小盒子，學生會依之前教學的學習經驗背誦出固定順序，「帽子→車子→房子→浴缸」，教學者在呈現教學指令時可以說：「小盒子除了能夠假裝成帽子和車子之外，還可以假裝成什麼？」教學者先將前面兩個轉換範例說出，以阻斷順序的方式讓學生回答，可減少學生背誦的行為）。

【教學提示】

1. 若學生一開始無法說出替代物品，則由教學者給予提示。

2. 提示方式：字卡或口語。卡片提示：將「替代的物品名稱」寫在卡片上，或是提供類似該物品形狀的其他物品的圖片；口語提示則是教學者直接說出替代物品的名稱。當學生說出時，則提供該物讓學生假裝成替代物品玩假扮遊戲（例如：說出「碗可以假裝成帽子」時，則讓學生將碗戴在頭上）。

【後效】

1. 教學階段應提供類化制約增強，搭配使用學生假想成的替代物品進行假

扮遊戲及社交互動。

2. 當學生已達到標準時，則進入下一階段「自發反應」，除了教學者提示過的替代物品之外，學生必須回答出沒有提示過的物品才能獲得增強。

3. 對於自發性產生出來的回答，應給予大的增強。

▶ 教學範例

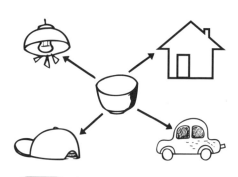

圖 22　象徵遊戲——物品替代

A（前事刺激）	B（行為）	C（後果）
S^{D}1：「這是什麼？」	學生回答：「碗。」	描述性回饋：「對！我們會用碗來裝湯。」
S^{D}2：「這是用來做什麼的？」	學生回答：「裝湯的。」	
S^{D}3：「它可以假裝成什麼？」	學生回答：「帽子、車子、房子……等。」	獲得代幣或社會增強：「哇！它可以假裝成○○耶。」並讓學生假裝成該物玩一玩

🔍 教學資訊箱

1. 教學材料多使用非結構式玩具物品。例如：積木、有洞的物品（塑膠杯、碗）、長條物（筆、刷子）、盒子（小紙盒、鉛筆盒）、球狀物等。

2. 對於有學習困難的學生，可以讓他先用黏土做成各種造型，讓他有製造或轉換物品的實質經驗。

3. 給予教學提示時，提供學生練習的替代物品建議要從相似到不相似，同時也必須考量到形狀、顏色及大小，讓學生在初期轉換成不同物品時，比較容易聯想。

4. 教學可以盡量活潑生動，學生想運用該替代物品進行遊戲活動時，要給予鼓勵，讓他有機會將轉換的概念透過遊戲有更多練習的機會。

5. 類化教學可以使用遊戲組的材料，例如：提供煮菜的玩具組，當學生在炒菜時，詢問他要煮什麼東西，可以讓他先說出要煮的物品名稱，再讓他自行挑選替代物品，例如：他說要煮蛋，就讓他從一些積木中選出「蛋」，以增加學生的參與動機及學習樂趣。

6. 教學刺激物及可以替代的物品名稱範例舉隅。

教學刺激物	替代物品的名稱例舉
碗	旋轉咖啡杯、烏龜殼、帽子、吊燈、蛋糕
雪花片	硬幣、餅乾、飛盤、光碟、鏡子
筆	棒棒糖、麥克風、棍子、數字 1、樹枝、筷子
長條積木	照相機、冰箱、大樓、汽車、吐司麵包
圓錐積木	冰淇淋甜筒、喇叭、小丑帽子、釘子、萬花筒
圈圈	呼拉圈、方向盤、甜甜圈、望遠鏡、游泳圈
拱型積木	門、橋、電話、彩虹

7. 「物品替代象徵能力」教學檢核表：

項目	檢核	備註
教學材料與指令		
確認學生具備物品命名以及物品功能命名	□是　□否	
確認學生的注意力	□是　□否	
詢問時應循序漸進：物品名稱→物品功能→可以假裝的物品	□是　□否	
當學生回答出替代物品時，讓學生假裝操作	□是　□否	
提示方式		
依學生的學習特性選擇提示方式：字卡、口語	□是　□否	
依據學習速度進程調整提示層次及辨識訓練	□是　□否	
錯誤糾正		
當學生說出的替代物品與原始物品有明顯差異時，可忽略該反應	□是　□否	
後效增強		
具體增強學生之正向反應	□是　□否	
當學生產生自發反應時，給予較大的增強	□是　□否	
社會增強與實體增強物配對	□是　□否	

4-2-2 無中生有象徵遊戲

教學程序

一、**技能描述**：當教學者進行想像的象徵遊戲行為示範後，孩子不用任何物品
也可以進行象徵的假裝行為。

二、**教學目標**：

　　1. 呈現經教學的刺激，學生能在不使用物品的情形下，表現出無中生有的
象徵遊戲。

　　2. 呈現五種經教學的刺激，學生能在自發性、不用物品的情形下，表現出
無中生有的象徵遊戲。

三、**「無中生有象徵遊戲」教學單位及範例**：

A（前事刺激）	B（行為）	C（後果）
教學者以想像進行無中生有的假裝行為	學生做出無中生有的假裝行為	描述性回饋並增強

▶ **教學範例**

A（前事刺激）	B（行為）	C（後果）
教學者假裝吃蘋果，S^D：「蘋果好好吃呢！」（手假裝拿著蘋果，但是實際上並沒有東西在手上）	學生做出假裝喝水的動作（假裝用手握著杯子，但是手中沒有杯子）	教學者回饋：「哇！你在喝水呀！」

【前事安排與 S^D】

　　1. 教學者做出假裝行為時，不需說出：「我要假裝。」僅需假裝拿著蘋果
在吃，也不需要對學生說：「我在假裝吃蘋果。」

【教學提示】

　　1. 若學生一開始無法做出無中生有的假裝行為，可以先從模仿開始，即教
學者假裝吃蘋果，讓學生也模仿假裝吃蘋果，若學生做出反應則增強。

　　2. 若學生在無中生有的模仿已有進展，則可進入下一階段，讓學生做出和
教學者不同的假裝行為。

3. 可採用視覺提示的方式，先呈現拿著杯子喝水的照片，之後再呈現一張
沒有杯子但有手勢拿著杯子的照片，讓學生可從具象進入想像的世界。

【後效】

1. 教學階段應提供類化制約增強，搭配無中生有的物品進行假扮的遊戲及
社交互動。

2. 當學生已達到標準時，則進入下一階段「自發反應」，在此階段，學生
必須說出並做出和教學者不同的假裝，才能獲得增強。

3. 對於在生活中自發性產生出來的回答，應給予較大的增強。

🔍 教學資訊箱

1. 教學目標的選擇，可先從學生的日常生活經常會發生的例行工作取材。
例如：刷牙、用湯匙喝湯、用杯子喝水、吃水果、打電話、寫字等。

2. 「無中生有象徵遊戲」教學記錄表單：

教學指令	經教學提示後	未經提示下的反應	自發性的表現
教學者：假裝手拿蘋果，說：「蘋果好好吃。」	（呈現圖卡示範拿果汁罐子喝果汁）P 或 P+	＋＋－＋＋	記錄學生所做出的反應（如假裝拿筆寫字）

🔵 4-2-3 賦予抽象屬性象徵遊戲

📝 教學程序

一、**技能描述**：學生會以邏輯性的方式加入一些抽象特質到象徵遊戲行為中。

二、**教學目標**：

1. 呈現經教學的刺激，學生能在假裝遊戲的過程中賦予特定物品一種以上
的屬性。

2. 呈現五種經教學的刺激，學生能自發性對該物品賦予未經教學但符合邏
輯的屬性。

3. 呈現五種未經教學的刺激，學生能自發性對該物品賦予符合邏輯的屬性。

三、「賦予抽象屬性象徵遊戲」教學單位及範例：

A（前事刺激）	B（行為）	C（後果）
教學者在進行假裝遊戲時賦予抽象屬性	學生在假裝時做出賦予抽象屬性的行為	描述性回饋並增強

▶ 教學範例

A（前事刺激）	B（行為）	C（後果）
教學者拿著筆假裝吃，S^D：「哇！棒棒糖好好吃喔，好甜喔！」	學生拿杯子做出假裝喝的動作並說：「哇！柳橙汁好香喔！」	教學者回饋：「哇！你的柳橙汁感覺好好喝喔！」

【前事安排與 S^D】

1. 教學者呈現抽象屬性的行為時，表現可以誇張一點。

2. 教學者做出該行為時，不需說出：「我要拿筆假裝成棒棒糖。」僅需假裝拿著棒棒糖在吃，也不用對學生說：「我在假裝吃棒棒糖。」

【教學提示】

1. 若學生無法做出賦予屬性的行為，教學者可以提示：「你的飲料喝起來怎麼樣呢？」但需記錄為教學者提示。

【後效】

1. 教學階段應提供類化制約增強，可和學生進行假扮的遊戲及社交互動。

2. 當學生已達到標準時，則進入下一階段「自發反應」，學生在此階段必須說出並做出和教學者不同的假裝，才能獲得增強。

🔍 教學資訊箱

1. 本教學目標可以搭配上述兩種象徵遊戲活動，形成一連貫式的綜合型象徵遊戲，例如：積木當車子（物品替代）、跑得好快喔（賦予屬性）、原子筆當棒棒糖（物品替代）、吃起來好甜喔（賦予屬性）。

2. 本教學目標的先備技能是學生需先具備命名形容詞的能力，特別是和感官知覺有關的形容詞（例如：視覺——顏色、形狀；味覺——酸、甜、

198

　苦、辣；嗅覺——花香、烤麵包香、香水香味、臭味等）。

3. 「賦予抽象屬性象徵遊戲」教學記錄表單：

教學指令	經教學提示後	未經提示下的反應	自發性的表現
教學者：「棒棒糖吃起來好甜喔！」給學生兩個物品（如積木或杯子）	（口語提示）P 或 P+	＋＋－＋＋	記錄學生所做出的反應（如假裝拿積木當車子，並說車子跑得好快）

4. 給予提示後要盡快褪除提示，建議一至二次提示後則可以進入獨立階段
　的教學——即延宕三秒，若學生沒有反應則給予錯誤糾正。

4-3 與人物、環境有關的象徵遊戲

? 教學理由

　　與人物、環境有關的象徵遊戲包含有假扮為他人及環境的轉換等，假扮為他人也稱為角色扮演，可以幫助兒童開始脫離自我中心，藉由扮演他人的角色經驗或進入不同的時空場景，體會不同時空人物的角色任務，並對其內心世界有初步探究。此外，藉由扮演不同職業角色，也是生涯探索的開端。

● 4-3-1 與人物轉換有關的假扮

📝 教學程序

一、**技能描述**：教學者對學生示範一象徵遊戲行為時，學生會以語言行為假裝
　　自己是生活中常見的一種角色、生物體或物件，並以肢體動作展現該人物
　　的特徵。

二、**教學目標**：

　　1.呈現經教學的刺激，在假扮遊戲的過程中，學生能經由提示將自己轉換
　　　成五種以上的人物角色或生物體。

　　2.在自由遊戲中，學生能自發性將自己轉換為不同的人或生物體，並依其
　　　特性表現出與生活相符的角色任務或行為特徵。

三、**「與人物轉換有關的假扮」教學單位及範例**：

A（前事刺激）	B（行為）	C（後果）
教學者將自己假裝成一個物體	學生將自己假裝成另一物體	描述性回饋

▶ **教學範例**

A（前事刺激）	B（行為）	C（後果）
教學者自己在原地旋轉，S^D：「我是一隻貓咪。」	學生揮動手臂：「我是一隻鳥。」	針對學生給描述性回饋：「哇！你飛得好高喔！」

【前事安排與 S^D】

    1. 教學者將自己假裝成物體時，要注意自己是否做出該物的關鍵特徵，避免不明確的物品特徵。

【教學提示】

    1. 若學生一開始無法做出假裝成其他物體，可以先從模仿開始，即教學者假裝成樹枝搖擺，讓學生也模仿樹枝搖擺，若學生做出反應則增強。

    2. 若學生在假裝物體的模仿已有進展，則可進入下一階段，讓學生假裝成和教學者不同的物體。

【後效】

    1. 教學階段應提供類化制約增強，可和學生進行假扮遊戲及社交互動。

    2. 當學生已達到標準時，則進入下一階段「自發反應」，學生在此階段必須說出並做出和教學者不同的假裝，才能獲得增強。

🔍 教學資訊箱

1. 本教學目標可以搭配上述三種象徵遊戲活動，形成一連貫式的綜合型象徵遊戲，例如：假裝成超人（人物假裝）、把箱子當車子（物品替代）、開得好快喔（賦予屬性）、甜甜圈當方向盤（物品替代）、要飛起來了（無中生有）。

2. 一些遊戲活動需要學生先具備人物替代的能力，才能盡情的參與遊戲，例如，紅綠燈的遊戲活動，參與者需要隨時能自動轉換自己為紅燈，並了解紅燈代表的意涵，或別人來搭救自己時，可以從紅燈轉換為綠燈等，這些能力的背後正是人物轉換的能力。另外，老鷹抓小雞的遊戲，則需要參與者能將自己轉換為老鷹或小雞（人物轉換），並假想遊戲的場域為大自然的草地（環境轉換），也要能理解小雞害怕老鷹的基本概念，因此會有假裝害怕的心情，如此才能玩得融入與盡興。

3. 人物的轉換若在一開始有困難，可以搭配閱讀繪本的方式，讓學生擔任書中的一種角色（由學生自行選擇），以體驗不同角色的特徵。

4. 延伸的課程則可以讓學生以演戲的方式扮演各種不同的角色，先從學生

熟習、簡短的童話故事開始，再逐漸加長演戲的長度。

5. 也可以開始讓學生經驗扮家家酒的假想遊戲活動，讓學生的生活經驗能透過戲劇方式，開始產生意義及彼此間的連結關係。

4-3-2 與空間有關的假扮遊戲

教學程序

一、**技能描述**：當以一空間為想像的遊戲行為示範後，孩子會以語言行為表現與空間有關的想像。

二、**教學目標**：

1. 呈現經教學的刺激，學生能在假扮遊戲的過程中，經由提示將所處的空間或特定物件轉換成五種以上的其他場域。

2. 學生在自由遊戲中能自發性將當下所處的空間，或特定的物件轉換為不同的空間或場域，並依其特性表現出與該空間相符的行為特徵。

三、**「與空間有關的假扮遊戲」教學單位及範例**：

A（前事刺激）	B（行為）	C（後果）
教學者假裝自己在某空間做一個想像行為	學生假裝自己在另一個空間做出想像行為	描述性回饋

▶ **教學範例**

A（前事刺激）	B（行為）	C（後果）
教學者揮動自己手臂，S^D：「我在天空飛翔。」	學生擺動手臂：「我在海裡游泳。」	針對學生給描述性回饋：「哇！你游得好快喔！」

【前事安排與 S^D】

1. 教學者做出想像行為時，要注意自己的行為表現是否明確具體。

2. 教學者在提供教學指令時，要包含空間轉換及與該空間有關的事物或活動。

【教學提示】

1. 若學生一開始無法做出另一個空間的假裝行為，可以先從模仿開始，即教學者假裝在天空飛翔，讓學生也模仿在天空飛翔，若學生做出反應則增強。

2. 若學生在此階段的模仿已有進展，則可進入下一階段，讓學生假裝在別的空間做出想像行為。

【後效】

1. 教學階段應提供類化制約增強，可和學生進行假扮遊戲及社交互動。

2. 當學生已達到標準時，則進入下一階段「自發反應」，在此階段，學生必須說出並做出和教學者不同的假裝，才能獲得增強。

🔍 教學資訊箱

1. 本教學目標可以搭配上述的象徵遊戲活動，形成一連貫式的綜合型象徵遊戲，例如：把教室當廚房（空間轉換）、自己當廚師（人物轉換）、積木當肉（物品替代）、煮得好香（賦予屬性）、原子筆當鍋鏟（物品替代）、嚐嚐看味道（無中生有）。

2. 象徵遊戲除了能增加學生符號替代能力的發展，也可增加個體的思考彈性。

技能大項五　心智理論

　　心智理論是孩子能知悉他人的思想、觀念和意圖的能力，使兒童能站在他人的立場思考事物，並藉由此種能力去預測他人行為的心理能力（Muris et al., 1999; Perner & Wimmer, 1985）。Frith 等學者提出自閉症者是心智理論（ToM）欠缺的論點，其主要假設是自閉症者無法將他們過去的經驗與當下的事件產生連結，因此不論是在過去、現在或未來的情境中，比較無法理解經驗的含意，並從經驗中學習對環境中人、事、物的認知（Wing, 1997）。本技能大項則依據心智理論的發展階段，依序說明各項技能的教學程序，課程包含：觀點取替（看到導致知道、分辨外觀與實體的雙重特性、從不同位置觀察物體的不同面向，及使用心智動詞來表達想法）、基本信念及第一順位錯誤信念。其中，看到導致知道則是觀點取替及第一順位錯誤信念的基石。從發展脈絡而言，看到導致知道除了是早期眼神偵測能力的延伸外，該能力更進一步連結到看到與知道的關聯，所謂「眼見為憑」，正是科學中觀察法的基礎。此外，該能力則是後續各項觀點取替技能的基礎。以下則依序介紹各項技能。

5-1 觀點取替

? 教學理由

　　觀點取替是發展心智能力的基礎。個體開始跳脫自我中心的思考方式,能理解不同個體對相同的狀況會有不同的觀點與感覺,在不同位置會有不同的看法,並能站在他人立場,去感同身受其想法。觀點取替的先備能力是看到導致知道、能分辨外觀與實體的雙重特性、不同位置看到不同的面向,以及轉換角色。以下依序說明教學程序。

5-1-1 看到導致知道

教學程序

一、**目的**:讓學生學會依據眼神注視的方向,判斷圖片中的人物是否知道物品的內容物。教學重點在於增進學生理解「知道」是要建立在「眼見為憑」的基礎。

二、**技能標準**:呈現圖片時,學生能依據圖片中人物的反應正確回答問題,達100%正確率,連續兩次教學(每次約十次教學嘗試),並能跨兩位不同教學者及教學場域。

三、**教學材料**:圖卡中包含裝有不同內容物的各式容器,有些圖片的人物是注視容器內的內容物的,有些則沒有面向或注視該容器。後續延伸則可以準備各種玩偶、小人偶及小物品做為教學材料。

四、「看到導致知道」教學單位及範例：

情境	A（前事刺激）	B（行為）	C（後果）
呈現單一圖片（看到內容物或是沒有看到內容物的圖片）	S^D1：「他知道有什麼在裡面嗎？」	學生回答：「（不）知道。」	獲得增強／回應或代幣
	S^D2：「為什麼他（不）知道○○在裡面？」	學生回答：「因為他（沒有）看到了。」	
呈現兩張圖片（看到內容物及沒有看到內容物的圖片）	S^D1：「哪一個人知道裡面有什麼東西？」	學生回答（指出眼睛看著內容物的那張圖片）	獲得增強／回應或代幣
	S^D2：「為什麼他知道○○在裡面？」	學生回答：「因為他看到了。」	

▶ 單一圖片提問範例

A（前事刺激）	B（行為）	C（後果）	圖片
S^D1：「小華知道有什麼在裡面嗎？」	學生回答：「是的／知道，她知道裡面的東西。」	給予回饋：「嗯，她知道裡面的東西。」	
S^D2：「為什麼小華知道呢？」	學生回答：「因為她看到了。」	教學者回饋：「哇！你好棒，因為小華看到了，所以她知道裡面的東西。」	

▶ 辨識提問範例

A（前事刺激）	B（行為）	C（後果）	辨識的圖片
S^D1：「哪一個人知道裡面有什麼東西？」	學生回答（指出主角眼睛看著內容物的圖片）	給予回饋：「嗯，她知道裡面的東西。」	
S^D2：「為什麼她知道在裡面的東西是什麼？」	學生回答：「因為她看到了。」	教學者回饋：「哇！你好棒，因為她看到了，所以她知道裡面的東西。」	

【前事安排與 S^D】

1. 教學者應提供多種不同的範例，除了注視各種不同容器的內容物之外，真人演飾時也可以使用小布袋（教學者有看小布袋的內容物或沒有看內容物）。

2. 若是由教學者自己扮演時，需要營造學習動機（誇張化的表情），透過此方式引起學生的興趣。

【教學提示】

1. 若學生一開始無法回答，可以提供完全語言提示：「因為他看到了。」之後逐步褪除提示語：「因為……。」

2. 當學生能夠不需提示即可獨立說出時，教學者要給予大量的增強。

【後效】

1. 增強後效以類化制約增強為主。教學者在提供描述性增強時，要特別強調因為照片中的人物有「看到」，所以他「知道」裡面的內容物，以強化學生理解「看到導致知道」的概念。

🔍 教學資訊箱

1. 除了教學時間外，教學者可在其他時間和自由遊戲中穿插大量的練習。例如，可以安排車子放在小玩偶前面，教學者詢問學生：「小玩偶知道有車子嗎？」學生回答：「知道。」教學者繼續問：「為什麼小玩偶會知道呢？」學生回答：「因為他有看到。」

2. 教學時可以安排大量的練習，除了第三人（圖片或是真人）之外，也可用教學者本身做為例子。

3. 當學生說出：「因為他看到了。」教學者在回饋時需說出：「因為○○看到了，所以他知道××在裡面。」

4. 其他教學範例如：可以從盒子外觀所標示的物品，讓學生判斷盒子內應該會有什麼物品。「由外觀判斷內容物」教學範例如下頁所示：

情境	A（前事刺激）	B（行為）	C（後果）
呈現外觀標示積木及火車的盒子	S^D1：「小明想要玩積木，他會去哪一個盒子找積木？」	學生回答：「放積木的盒子。」	獲得增強／回應或代幣
	S^D2：「為什麼他會去那裡找？」	學生回答：「因為那個盒子上畫著積木。」	

5-1-2 觀點取替：分辨外觀與實體的雙重特性

❓ 教學理由

在發展過程中，學生要能逐步依據物品功能區分物體的真實性及外觀形態的不同；也同時發展出多重線索的能力，理解事物本身可以具備一種以上的特性，但依舊要能回歸到物品本身的功能主體。

📝 教學程序

教學者呈現一個具有雙重特性的物品。先詢問該物品外觀看起來像什麼，再問這個物品實際是什麼，或是詢問這個物品的功能，引導學生看到這個物品的不同特性。讓學生以提問方式逐步學會分辨哪一個是主體，哪一個是客體。

一、「分辨外觀與實體的雙重特性」教學單位及範例：

情境	A（前事刺激）	B（行為）	C（後果）
呈現一個具有雙重特性的物品	S^D1：「它從外觀看起來像什麼？」	學生回答外觀的名稱	給予描述性回應
	S^D2：「這實際上是什麼東西？」	學生回答物品的名稱	
	S^D3：「這個物品的本質和它的外觀是一樣的嗎？」	學生回答：「不一樣。」	
	S^D4：「為什麼不一樣？」	學生回答：「因為它只是看起來像××，但實際上它是〇〇。」	教學者給予代幣增強並回應：「對！因為它是外觀像××的〇〇。」

▶ 教學範例

情境	A（前事刺激）	B（行為）	C（後果）
呈現一個竹子形狀的原子筆	S^{D}1：「它從外觀看起來像什麼？」	學生回答：「像竹子。」	給予描述性回應
	S^{D}2：「這實際上是什麼東西？」	學生回答：「是原子筆，用來寫字的。」	
	S^{D}3：「這個物品的本質和它的外觀是一樣的嗎？」	學生回答：「不一樣。」	
	S^{D}4：「為什麼不一樣？」	學生回答：「因為它只是看起來像竹子，但實際上它是原子筆。」	教學者給予代幣增強並回應：「對！因為它是外觀像竹子的原子筆。」

【前事安排與 S^D】

1. 事先準備具有雙重特性的教學材料，例如，像蘋果的蠟燭、像冰淇淋的毛巾、像奇異果的原子筆等，至少十種，可涵蓋各種材質與不同類型的物品。要先確認學生有獨立完成命名這些物品的能力。

2. 提問的順序請盡量依據範例的順序，依序提問。

【教學提示】

1. 可以事先準備實際物品的原型，例如，一般常見的原子筆、毛巾或蠟燭等，當學生無法回答出實際物品的名稱時，可以提供該物品的原型面貌讓學生清楚了解，或讓學生直接接觸該物品，感受到其物品的真實樣貌。

2. 針對「為什麼」的問題，可以用「外觀看起來像×××，實際上他是○○○」的字卡做為提示卡。

【後效】

1. 增強後效以類化制約增強為主。教學者在提供描述性增強時，要特別強調這個物品從外觀上看起來和實際上的真實物品是不一樣的，也可以強調有時物品會有雙重特性，一種是外觀的特性，一種是真實的特性。

教學資訊箱

1. 教學者應提供大量不同類型的情境,讓學生除了在教學時間學習外,在遊戲時也可以大量類化。

5-1-3 觀點取替:從不同位置觀察物體的不同面向

教學理由

　　Piaget的三山實驗,是觀察兒童觀點取替能力出現與否的一項指標。觀點取替的能力是指個體能以他人的立場或位置去思考問題,以下教學就是讓學生能學習「站在不同的角度會看到事物不同的面向」。剛開始的教學會先從具體的物品不同面向,讓學生能開始理解在不同的位置會看到不同的物品面向,之後再延伸到人的角色轉換時,也會對應出不同的觀點。

教學程序

　　先以實際站在不同位置,看到的物品面向不一樣,做為教學的起始。之後再以代名詞轉換方式,協助學生了解當角色不同時,會產生不同的觀點。

一、「從不同位置觀察物體的不同面向」教學單位:

情境	A(前事刺激)	B(行為)	C(後果)
呈現大型骰子,每面貼有不同的圖樣	S^D1:「你看到了什麼?」	學生回答自己看到的圖片名稱	給予描述性回應
	S^D2:「那我看到了_____?」	學生回答教學者看到的圖片名稱	
	S^D3:「我們看到的一樣嗎?」	學生回答:「不一樣。」	
	S^D4:「為什麼我們看到的不一樣呢?」	學生回答:「因為我們的位置不同,是從不同的角度看過去。」	教學者給予代幣增強並回應:「對!因為我們在不同位置會看到不同的圖片。」

【前事安排與 S^D】

1. 教學前可以讓學生熟習骰子的六面圖片,並將骰子放置在學生與老師之間,之後教師再進行提問。

2. 前事安排也可以將大型的立體物品放置在學生及老師中間,讓兩者所看到的面向不一樣。

【教學提示】

1. 教學提示可以讓學生到老師的位置,試著從老師的位置來看老師可以看到的那一面圖片或物品。如有需要,可以加上口語提示。

2. 第四個提問希望學生能將完整的概念說出,因此在必要時,字卡、口語提示可以依學生需要加入。

【後效】

1. 增強後效以類化制約增強為主。教學者在提供描述性增強時,要特別強調是「因為兩人的位置不同,所以看到的東西會不一樣」的概念。

二、「以不同代名詞進行角色轉換」教學單位及範例:

情境	A（前事刺激）	B（行為）	C（後果）
桌上隨機放置兩種不同物品,其中 A 物品給學生,教學者拿 B 物品	S^D1：「你有什麼?」	學生回答:「我有 A 物品。」	給予回饋:「嗯,你有 A 物品。」
	S^D2：「我有什麼?」	學生回答:「你有 B 物品。」	給予回饋:「對,我有 B 物品。」
	S^D3：「如果我是你,你是我,那你有什麼?我有什麼?」	學生回答:「我有 B 物品,你有 A 物品。」	教學者給予代幣增強並回應:「好棒!因為我們角色交換,所以拿的物品也會不同。」

註:詢問的動詞可以依情境而有所調整。

▶ 教學範例一

情境	A（前事刺激）	B（行為）	C（後果）
桌上放置小汽車和鉛筆盒，其中汽車給學生，教學者拿鉛筆盒	S^D1：「你有什麼？」	學生回答：「我有汽車。」	給予回饋：「嗯，你有汽車。」
	S^D2：「我有什麼？」	學生回答：「你有鉛筆盒。」	給予回饋：「對，我有鉛筆盒。」
	S^D3：「如果我是你，你是我，那你有什麼？我有什麼？」	學生回答：「我有鉛筆盒，你有汽車。」	教學者給予代幣增強並回應：「好棒！因為我們角色交換，所以拿到的物品也會不同。」

▶ 教學範例二

情境	A（前事刺激）	B（行為）	C（後果）
遊戲時間時準備家家酒玩具，並與學生進行互動遊戲，教學者拿薯條，並請學生吃漢堡	S^D1：「你在吃什麼？」	學生回答：「我在吃漢堡啊。」	給予回饋：「嗯，你的漢堡看起來很好吃。」
	S^D2：「我在吃什麼？」	學生回答：「你在吃薯條。」	給予回饋：「對，我的薯條很香喔！」
	S^D3：「如果我是你，你是我，你在吃什麼？我在吃什麼？」	學生回答：「我在吃薯條，你在吃漢堡。」	教學者給予代幣增強並回應：「好棒！因為我們角色交換，所以吃的東西也會不同。」

▶ 教學範例三

情境	A（前事刺激）	B（行為）	C（後果）
遊戲時間時準備玩具，讓學生丟球，教學者看書	S^D1：「你在做什麼？」	學生回答：「我在丟球。」	給予回饋：「嗯，你正在丟球。」
	S^D2：「我在做什麼？」	學生回答：「你在看書。」	給予回饋：「對，我在看書。」
	S^D3：「如果我是你，你是我，那你在做什麼？我在做什麼？」	學生回答：「我在看書，你在丟球。」	教學者給予代幣增強並回應：「好棒！因為我們角色交換，所以做的事情也會不同。」

【前事安排與 S^D】

1. 教學者應提供不同的情境，例如在遊戲情境中可以先讓學生操作一下玩具，要避免學生一拿到玩具就直接問他：「你有什麼？」此舉會讓學生覺得像是在上課，較難提升學習動機。

2. 營造動機時，可以留意學生當下的注意力，例如：學生正對跳繩有興趣時，教學者就不要受限於自己事先設想的情境，而去要求學生當下一定要一起玩扮家家酒。

3. 教學者下教學指令時，要先依序分別詢問學生和自己擁有的物品／從事的活動，都能分別回答後，才進入角色取替的假設問題。

4. 教學指令需有變化，S^D1 和 S^D2 的順序可以交換。

【教學提示】

1. 由於此教學階段需先確認學生能夠獨立回答 S^D1 和 S^D2 的個別問題，故此時僅需針對 S^D3 做提示。

2. 若學生無法回答出觀點取替的概念，教學者則需重新下指令，並給予手勢提示，即教學者再次說出：「如果我是你，你是我，那我有什麼？」時，就以手勢提示指向「學生擁有的物品」，而說：「如果你是我，我是你，那你有什麼？」時，則指向「教學者擁有的物品」。

3. 使用的提示系統越少越好，當教學者已使用手勢提示指向該物時，就不要同時再以口語提示告知學生目標物名稱。

【後效】

1. 增強後效以類化制約增強為主。教學者在提供描述性增強時，要特別強調是「因為兩人的角色交換，所以會和原來的狀況不一樣」的概念。

🔍 教學資訊箱

1. 教學者應提供大量不同類型的情境，讓學生除了在教學時間學習外，在遊戲時也可以大量類化。特別是使用不同代名詞的角色互換，對於理解較為困難的學生可以用實際扮演的方式，讓學生在實際扮演中理解角色互換後，確實也產生了不同的結果。也可以運用在對其他人情境的理解，

當彼此角色互換之後，就更能理解對方的心情。

5-1-4 使用心智動詞：利用「我覺得」、「我想」來表達想法

❓ 教學理由

學生開始使用心智動詞，例如：「我覺得」、「我想」、「我認為」等，是進入內在思考的指標。自閉症學生在平常的表述中，較少以心智動詞表達自己內在的想法或觀點，顯示在心智理論的發展上，確實需要逐步建構。

📝 教學程序

一、「使用心智動詞」教學單位及範例：

A（前事刺激）	B（行為）	C（後果）
教學者陳述一件事情，請學生說明自己的看法	學生以自身觀點表達想法	獲得增強／回應或代幣

▶ 教學範例

	A（前事刺激）	B（行為）	C（後果）
情境一	S^D：「玩遊戲是一件有趣的事情，你覺得呢？」	學生回答：「『我覺得』遊戲很好玩。」	教學者：「哇！你有告訴我你自己的想法耶！」並給予增強
情境二	S^D：「你對玩電腦遊戲有什麼看法呢？」	學生回答：「『我覺得』電腦遊戲很有趣。」	
情境三	S^D：「你對學校有什麼想法？」	學生回答：「『我覺得』上課很有趣。」	
情境四	當學生正在吃點心時，S^D：「你覺得這味道如何？」	學生回答：「『我覺得』這個巧克力很好吃。」	

【前事安排與 S^D】

　　1. 教學者可就不同內容進行詢問，讓學生可以針對不同項目回答，以避免機械式的練習。

【教學提示】

1. 在教學過程中常會發現學生僅回答形容詞，例如：「很好玩」或「好好吃」，故進行此教學時僅需就「我覺得」、「我想」、「我認為」做字卡提示。

2. 教學初期時，當教學者下 S^D 之後，立即呈現字卡提示；待學生反應較佳時，逐步褪除字卡提示。

3. 除了字卡提示，也可依學生的狀況調整（例如：學生看不懂字卡內容），而替換成口語提示。

【後效】

1. 增強後效以類化制約增強為主。教學者在提供描述性增強時，要特別強調學生有自己的想法，讓學生知道老師很高興可以分享到學生對不同事物的想法。

🔍 教學資訊箱

1. 建議教學者除了在一般進行對話時詢問外，當學生進行其他活動（玩遊戲、吃點心）時詢問，更能引發學生說出大量不同的詞彙。

5-2 基本信念：辨識基本信念

❓ 教學理由

每個人的心中，對事物會有一個既定的想法，而他人的行動會和他的想法一致，基本信念的課程即在協助學生能理解每個人的行動與內在想法的關聯。

📝 教學程序

一、**執行程序**：教師事先準備好圖片或動畫並說明內容，接著依序提問，學生回答正確，則接著下個問題；若不正確，則以圖片或動畫提示、問題提示，或直接告知答案的方式，協助學生回答正確答案。接著以角色扮演方式演練情境，教師協助學生歸納重點。

二、**類化教學**：透過小組方式讓學生分享類似情境，或提供學習單回去練習，並檢視其學習效果。

三、**教學單位及範例：**

情境	A（前事刺激）	B（行為）	C（後果）
媽媽正在廚房煮菜，想要找調味用的雞湯塊，媽媽心想：「奇怪！雞湯塊到底放到哪裡去了呢？」雞湯塊可能放在冰箱裡，也可能放在櫃子裡，媽媽認為雞湯塊應該放在冰箱裡面	S^{D}1：「雞湯塊可能在哪些地方呢？」	學生回答：「冰箱或櫃子。」	教學者提供描述性回饋
	S^{D}2：「媽媽認為雞湯塊可能在哪裡呢？」	學生回答：「冰箱裡面。」	
	S^{D}3：「媽媽會去哪裡找雞湯塊呢？」	學生回答：「媽媽會去冰箱找。」	教學者給予增強：「對！媽媽會去冰箱找。」
	S^{D}4：「媽媽為什麼會到○○去找雞湯塊呢？」	學生回答：「因為媽媽認為雞湯塊應該在冰箱裡，所以她會去那裡找。」	教學者給予增強：「對！因為媽媽認為雞湯塊應該在冰箱裡，所以她會去那裡找。」

【前事安排與 S^D】

1. 由於課程是以情境教學，故教學指令可從簡單再困難，讓學生先回答跟情境有關的問題，再進一步詢問與他人基本信念有關之問題。

【教學提示】

1. 若學生可進入此教學階段，則 S^{D}1 和 S^{D}2 的問題皆可由情境內容得知，對學生而言是相對容易的，教學提示主要是針對 S^{D}3 的問題提供提示。

2. 通常經由 S^{D}1 和 S^{D}2 引導後，學生較能回答 S^{D}3 的問題。但教學時也可能發生學生是以自身經驗來回答問題（例如：題目中的媽媽可能會去冰箱找雞湯塊，但是學生會說出自己媽媽找雞湯塊的地點），當教學者發現學生可能有此情形時，在下完教學指令後延宕零至三秒，若學生未能正確反應，則呈現字卡提示或口語提示：「媽媽認為在……」，當學生說出時仍給予鼓勵；待學生反應較佳時逐步褪除字卡提示。

3. 教學者若覺得製作此課程的字卡提示太繁瑣，也可直接安排另一位提示者在學生後方，輕聲地給予口語提示，但需留意提示者是否清楚教學程序與學生進展。

【後效】

1. 增強後效以類化制約增強為主。教學者在提供描述性增強時，要特別強調「每個人的心中，對特定事物或情境會有一既定的想法，個體會依照他的想法產生行動」的概念。

教學資訊箱

1. 重點主要是要學生能理解心智的動詞之一：「認為」，因此教學時必須要能確認學生是否有使用到「認為」這個信念的動詞。如果學生沒有表現出自動使用該動詞的反應，可以用放大聲音或字卡的方式讓學生能注意到學習的重點。

2. 建議教學者使用投影片教學，可以一張一張的呈現圖片，當學生未能做出正確反應時，也可使用投影片功能讓文字提示出現。

3. 若學生的識字量較高，教學者亦可製作含有圖片的學習單，讓學生逐題

作答。

4. 情境演練可以強化學生對內在想法與行動之間的關聯，情境演練之後，教師應歸納重點，讓學生對基本信念形成易理解的架構。以下提示卡可做為教學後的統整，也可以做為學生隨時提醒自己的提示卡。

5. 教學的重點在於學生可以類化到自然情境中，因此，建議本教學的最終目標是教學者以純口語方式詢問，學生能正確回答相關問題。

重點歸納之提示卡

● 每個人的心中，對事物會有一個既定的想法。
● 個人會依據他的想法產生行動。

5. 辨識基本信念圖片範例舉隅

	內容
情境一	小花想用她最喜歡的積木建造一個小房子,她心裡想:「我把積木放在哪裡了呢?」小花的積木可能放在櫃子裡,也有可能放在書桌上,她認為積木應該在書桌上。她會去哪裡找積木呢? ➡書桌

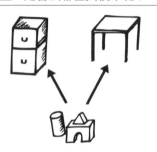

情境二	小傑要跟爸爸一起去公園玩,小傑想要戴他最心愛的棒球帽,他心裡想:「我的棒球帽放在哪裡了呢?」小傑的棒球帽可能在衣架上,也有可能在小豬玩偶的頭上,他認為棒球帽應該在小豬玩偶的頭上。他會去哪裡找他的棒球帽? ➡小豬玩偶的頭上

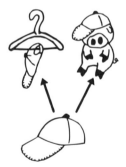

情境三	亮亮想要帶她最喜歡的娃娃去同學家玩,她心裡想:「我的娃娃放在哪裡了呢?」亮亮的娃娃可能在客廳的沙發上,也有可能放在床鋪的枕頭上,她認為應該在床上枕頭旁。她會去哪裡找娃娃呢? ➡床鋪的枕頭上

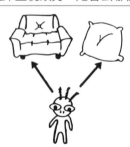

5-3 第一順位錯誤信念

❓ 教學理由

　　有時人的內在想法會與實際事物不符，在未預期情境改變的狀況下，人們會以事先認定的想法去行動，此即第一順位的信念能力。第一順位錯誤信念又分為「未預期內容物」及「未預期移位」。生活中常發生甲生在未告知乙生的情形下，將乙生的物品移開或是放到別的位置，以至於常發生找不到東西的情形。或是將原本放置 A 物品的盒子改放置 B 物品，使預期的物品和真實的內容物不一樣，惡作劇就常使用這種方式，讓人大吃一驚。自閉症兒童在日常生活中，在面對他人的行為表現與自己所想的狀況不符時，會產生困惑或是情緒反應，因此，擴充第一順位錯誤信念的能力可以協助他們解決其困惑。

📝 教學程序

一、**執行程序**（圖 23）：教師事先準備好圖片或動畫並說明內容，接著依序提問問題，學生回答正確，則接著提問下個問題；若不正確，則以圖片或動畫提示、口語提示，或直接告知答案的方式，協助學生回答正確答案。先確認學生能以自己的語言陳述內容後，則以角色扮演方式演練情境，教師協助學生歸納重點。教學方式可以從一對一的個別教學，類化到小組教學，透過不同學生的經驗交流與分享，可以增加自閉症學生的生活經驗。

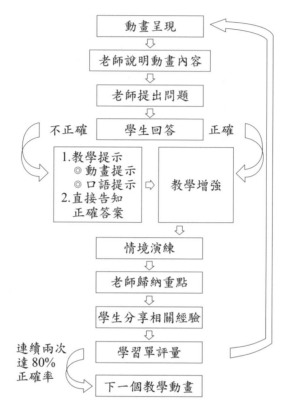

圖 23 錯誤信念教學程序圖

（取材自 Feng et al., 2008）

二、**類化教學**：提供學生學習單練習並檢視其學習效果，需連續兩個學習單都
達 100% 正確率。同時可透過小組方式讓學生分享類似情境。

三、**教學內容**：應包含兩種類型的情境設計，一種為未預期內容物，另一種是
未預期移位。以下依序說明教學範例及程序。

▶「未預期內容物」教學單位及範例

情境	A（前事刺激）	B（行為）	C（後果）
小芬將她的鉛筆放入洋芋片的罐子，正巧小明來家裡找小芬玩	S^{D}1：「小明會認為罐子裡面裝什麼東西？」	學生回答：「洋芋片。」	教學者提供描述性回饋
	S^{D}2：「為什麼小明會認為裡面是洋芋片？」	學生回答：「因為那是洋芋片罐，而且小明不知道小芬將鉛筆放在罐子裡。」	
	提示問話：	・原本的罐子應該是放什麼東西？ ・小芬放了什麼東西在罐子裡？ ・小明知道裡面東西不一樣嗎？ ・小明會從罐子的外觀判斷裡面的東西	

　　教學者完成上述教學後，可以幫學生歸納統整重點，讓學生對此概念的學習是一架構的學習而不僅是例子的學習。以下提示卡可做為教學後的統整，也可以做為學生隨時提醒自己的提示卡。

重點歸納之提示卡　（未預期內容物）

● 物品內容物被更換過。
● 個體會依看到的外觀線索判斷內容物。
● 個體的內在想法會與實際事物不符。
● 未預期情境改變的狀況下，他人會以事先認定的想法去行動。

▶「未預期移位」教學範例

情境	A（前事刺激）	B（行為）	C（後果）
弟弟放學回家後，急著要看有趣的卡通節目，就順手將鑰匙丟在桌上，媽媽看見了，就將鑰匙收進弟弟的書包裡	S^D1：「弟弟認為鑰匙是放在什麼地方？」	學生回答：「桌上。」	教學者提供描述性回饋
	S^D2：「弟弟會去哪裡找鑰匙呢？」	學生回答：「桌上，因為他把鑰匙放在那裡。」	
	S^D3：「他為什麼不會到書包找呢？」	學生回答：「因為他不知道媽媽把鑰匙收到書包裡。」	教學者給予增強：「對！因為弟弟不知道鑰匙已經被收到書包了。」

教學者完成上述教學後，可以幫學生歸納統整重點，讓學生對此概念的學習是一架構的學習而不僅是例子的學習。下頁的提示卡可做為教學後的統整，也可以做為學生隨時提醒自己的提示卡。

重點歸納之提示卡　（未預期移位）

- 一物品原本放置在某個地方。
- 物品被其他人移動過位置。
- 原來放置物品的人會到原先放置的地方去找。
- 個體的內在想法會與實際情形不符。
- 未預期情境改變的狀況下,他人會以事先認定的想法去行動。

【前事安排與 S^D】

1. 教學材料要能引起學生動機,選擇學生有興趣的媒材。

2. 教學指令要由簡入難,讓學生先回答跟基本信念有關的問題,再進一步詢問與錯誤信念有關之問題。

【教學提示】

1. 當教學者下完教學指令後延宕零至三秒,若學生未能正確反應,則呈現字卡提示或口語提示:「弟弟不知道……」,當學生說出時仍給予鼓勵;待學生反應較佳時,逐步褪除字卡提示。

2. 教學者若覺得製作此課程的字卡提示太繁瑣,也可直接安排另一位提示者在學生後方,輕聲地給予口語提示,但需留意提示者是否清楚教學程序與學生進展。

【後效】

1. 增強後效以類化制約增強為主。教學者在提供描述性增強時,如果是更換內容物的錯誤信念,要特別說出有錯誤信念的個體事先並不知道該內容物已經變了,會以他既有的信念進行判斷,而產生內在想法與實際不一致的現象。針對不預期的移位則要強調個體事先並不知道物品被移動位置,他會以原本的既定想法去行動,而產生事實與內在想法不一致的現象。

🔍 **教學資訊箱**

1. 教學時可以提供大量的練習，建議教學者使用投影片教學，以圖片呈現情境的前後概念，當學生未能做出正確反應時，也可使用投影片功能讓文字提示出現。

2. 若學生的識字量較高，教學者亦可製作含有圖片的學習單，讓學生逐題作答。回答正確後，應進行情境演練，讓學習和生活經驗連結。

3. 教師的統整重點對學習十分重要，讓學生能開始理解有時事實和想法不一定是一致的，可以為學生擴展複雜生活情境的多元面貌。

4. 學生回答 S^D1 和 S^D2 問題後，「不一定」能夠正確回答 S^D3 的問題。有的學生會在此階段陷入困境，認為情境中的角色怎麼這麼傻，但是學生卻忘記了一個重點，那就是「情境中的角色『並不知道』我們獲得的資訊」，所以學生通常會以自己掌握的訊息來回答問題（例如：題目中的弟弟會去桌上找鑰匙，但是學生會覺得：「媽媽都已經把鑰匙收到書包了，弟弟為什麼還要到桌上去找，他當然找不到呀！」）此時可以帶學生重新複習重點歸納之提示卡的內容，使其能真正在日常生活情境中理解第一順位錯誤信念的意涵。

5. 第一順位錯誤信念教學範例舉隅

	情境
情境一	看電視的時候，小光將小熊放在書桌上，然後就去客廳看電視了，媽媽看到後，就將小光的小熊放在小光的床上。小光看完電視後，會在哪裡找小熊？➡書桌
情境二	早上要去上學時，安安把書包放在餐桌上，然後就去廁所刷牙，爸爸看到後，就將安安的書包放在客廳的沙發上。安安刷完牙之後會在哪裡找書包呢？➡餐桌上
情境三	老師要小乖去幫忙掃地的時候，小乖把喝到一半的汽水放在桌上，然後就去走廊上掃地，小潔怕桌上的汽水會打翻，就將汽水放在小乖的抽屜裡。小乖掃完地之後，會去哪裡找汽水？➡桌上

技能大項六　情緒管理

　　情緒管理包含兩個層面，第一個層面是對自己情緒的覺察、對負向情緒的調控，以及能適時尋求協助並發展解決問題的能力；第二個層面是對他人情緒覺察以及對他人的情緒狀態做出適當的回應，也就是俗稱的同理心。自閉症兒童由於對自己及他人情緒覺察的困難，常以直接的行為反應表達情緒，例如：以自傷或傷人的不適切方式表達情緒，或如撞頭、搓手、咬手指、咬人等不適當的行為等。究其原因是學生不知道如何調節自己的情緒，遇到困難或挫折時不知道該如何因應。因此，教導學生命名情緒是首要的功課，此外，協助學生自我覺察外，情緒調控、尋求協助及問題解決等能力都需要依序教導，始能增進自閉症者情緒管理的能力。本技能大項之課程依序為：尋求協助、自我調節（情緒轉換）、人際問題解決及同理心。

6-1 尋求協助

❓ 教學理由

　　人是群居的族群，生活中難免有遇到需要協助之處，說出「請幫忙」是在成長過程中很快就需要學會的技能，不僅可以有效解決當下面臨的困境，對行動或執行力的提升也很有幫助。不論是學前階段、在學階段或是就業階段，尋求協助是一種願意面對問題、解決問題的積極態度。尋求協助等同跳脫困境，是避免陷入負向情緒的最佳跳板，也是自我情緒管理需要學習的重要功課。

📝 教學程序

一、**技能描述**：當學生遇到困難時能以簡單的說出「請幫忙」或用手指示主動
　　尋求他人協助。

二、**「基礎尋求協助」教學單位及範例：**

EO（建立操作）	A（前事刺激）	B（行為）	C（後果）
刻意將學生的水瓶鎖更緊	點心時間將水瓶給學生，讓學生喝水	學生說出：「請幫我。」	幫學生打開，或加上描述性回饋：「哇！你有找人幫忙。」

【前事安排與 S^D】

　　1. 此課程建議在自然情境中進行，學生較容易習得。

　　2. 教學者可由學生最常遇到的困難開始教學，且可透過營造情境，讓個體經驗到匱乏或需要他人協助的情境（如：水瓶瓶蓋太緊打不開、點心外包裝撕不開等），即採用建立操作，讓學生大量練習。

【教學提示】

　　1. 若學生無法主動尋求他人協助，一開始可以安排提示者在學生的後方，當學生需要他人協助時，由提示者在學生耳朵旁小聲地給予口語提示，而教學者要在學生說出時給予協助。

　　2. 若學生不需提示，但未能以完整的口語表達需要幫忙時，教學者可給予

部分口語提示（例如：目標設定為「老師請幫忙」，教學者可說出：「老⋯⋯」，當學生說出完整句子時，教學者給予協助）。

3. 教學者也可使用錄影帶示範教學，事先錄好相關情境給學生觀賞，讓學生知道遇到類似問題時該如何解決。

【後效】

1. 依據 Skinner 的語言行為分類，尋求協助是一種「請求」的行為，後效是獲得想要的協助；當學生說出「請幫忙」時，教學者應立即提供學生需要的協助。

2. 對於較為被動或是動機較弱的學生，初期訓練可以加上描述性讚美，強化學生有做出表達需求的行為。

▶ **教學範例**

動機操作	情境安排	期待的學生反應
把學生喜歡吃的糖果放在罐子裡，鎖緊罐子	在點心時間提供整個罐子或課程結束提供增強物時	「請幫忙」＋（用手）指示
將玩具熊放在高處	下課時間，讓學生有機會看到玩具熊	「請幫忙」＋（用手）指示

🔍 **教學資訊箱**

1. 此階段的教學重點是讓學生遇到問題時可以請求協助，因此，無須要求太多的口語陳述，只要學生能表現出請求幫忙的簡單口語或手勢，就要提供協助。

2.「基礎尋求協助」教學檢核表：

項目	檢核	備註
教學材料與指令		
確認學生具備「指」的能力	□是　□否	
確認學生的注意力	□是　□否	
教學者利用動機操作，事先營造情境	□是　□否	
教學者設計的情境是由簡單到困難	□是　□否	
若學生僅有基本口語能力，不要求學生說完整句子	□是　□否	
提示方式		
依學生的學習特性選擇提示方式：上面寫「請幫忙」的字卡、口語	□是　□否	
錯誤糾正		
當學生產生負向情緒時，需忽略其反應；當他在提示下做出正確反應時才提供協助	□是　□否	
後效增強		
具體增強學生之正向反應	□是　□否	

6-1-1 尋求協助進階版 —— 辨識情境並主動尋求協助（生活情境為主）

一、**技能描述**：生活情境中遭遇困境時，能以主動提問的方式解決問題，教學者使用圖片情境，讓學生能先說出問題所在，並引發其生活中的主動提問，以進行問題解決。

二、「辨識情境並主動尋求協助（生活情境為主）」教學單位及範例：

A（前事刺激）	B（行為）	C（後果）
S^{D}1：呈現圖片情境，教學者詢問：「發生什麼事情了？」	學生說出情境內容	描述性回饋
S^{D}2：「那他可以怎麼問呢？」或是「那他可以怎麼做呢？」	學生依情境做出適當回答	給予增強及回饋

【前事安排與 S^D】

　　1.教學者一次呈現一張圖片，可依照學生程度選擇圖片的難易度。

2. 教學者需先詢問情境，確定學生理解情境內容，再進一步詢問解決問題的方法。

【教學提示】

1. 提示可採用口語提示及視覺提示。視覺提示是指將詢問的話寫在紙上，並逐漸減少提示的內容。

2. 當學生無法說出適當的解決方法時，可從「提示後獨立」階段開始教學，教學者提供教學指令後會給予口語提示。

3. 若學生在提示階段已可連續兩次達到 80% 正確率，即可逐步褪除提示。

【後效】

1. 依據 Skinner 的語言行為分類，對當下的事件或情境提出問題是一種「命名」的反應，後效是獲得類似制約增強，當學生表達明確的提出問題時，教學者應提供口語增強或代幣。

▶ 教學範例

A（前事刺激）	B（行為）	C（後果）
S^D1：呈現圖卡：學生在寫字時寫錯了，可是沒有帶橡皮擦以擦拭錯字。教學者詢問：「發生什麼事情了？」	學生回答：「他忘記帶橡皮擦了。」	描述性回饋
S^D2：「那他可以怎麼問呢？」	學生回答出：「請問我可以借用你的橡皮擦嗎？」	給予增強及回饋：「對！下次你就可以這樣問喔！」

6-1-2 在日常生活中營造情境，讓學生思考並進行問題解決

一、「日常生活問題解決」教學層次：

1. 層次一（習得能力）：

   在層次一的階段，主要是讓學生能夠說出一些人們日常生活中經常遇到需要請求別人幫忙處理的事件，比如說上美術美勞課時忘了帶膠水，或是膠水剛好用完了、上課忘了帶筆等等。在這些情境下，學生需要學習如何尋求別人協助來解決遇到的問題。在層次一的階段，要先讓小朋友

陳述出事件的內容，幫助學生去理解在一個情境中，人們發生了什麼樣的處境；接著要從問題解決的方向讓學生思考，在這樣的生活事件中，人們可以怎麼尋找別人的協助。

▶ 教學範例

圖片情境	A（前事刺激）	B（行為）	C（後果）
小女孩忘了帶膠水，隔壁小男孩有帶膠水	S^D1：「説説看發生什麼事？」	學生回答：「美術課忘了帶膠水。」	教學者提供描述性回饋
	S^D2：「她會跟隔壁的同學説什麼呢？」	學生回答：「她會説可以借我膠水嗎？」	教學者給予增強：「對！小朋友會説可以借我膠水嗎？你好棒！」

2. 層次二（區辨情境）：

在層次二的階段，學生能夠思考遇到問題除了請求別人的協助外，有一些情境是需要自己去解決的，比如說打翻果汁、打破杯子、飯菜不小心打翻到地板上等等。在這些情境中，要先讓小朋友陳述出事件的內容，幫助學生去理解在一個情境中，人們遇到了什麼樣的狀況；接著學生要思考如何來處理解決這樣的狀況，在這樣的狀況下，人們可以怎麼處理解決問題。

▶ 教學範例

圖片情境	A（前事刺激）	B（行為）	C（後果）
老師呈現圖卡或是照片	S^D1：「説説看發生什麼事？」	學生回答：「小朋友打翻果汁。」	教學者提供描述性回饋
	S^D2：「那他可以怎麼做呢？」	學生回答：「他可以拿抹布擦乾淨。」	教學者給予增強：「對！小朋友可以拿抹布擦乾淨。你好棒！」

3. 層次三（轉換角色）：

在層次三的階段，主要是一個轉換的階段，在這階段中，除了讓學生陳述出別人日常生活中經常遇到需要處理的問題外（比如說打翻果汁，或是打破杯子等等），也要思考在這些情境下，如果他是當事人，他可以

如何來解決遇到的問題。在層次三的階段，主要是要讓學生從別人的角度轉換思考，如果是自己遇到了這樣的生活事件，自己可以如何處理。

▶ 教學範例

圖片情境	A（前事刺激）	B（行為）	C（後果）
小女孩打翻了桌上的果汁	S^D1：「說說看發生什麼事？」	學生回答：「小朋友打翻果汁。」	教學者提供描述性回饋
	S^D2：「如果你是她，你會怎麼做？」	學生回答：「我可以拿抹布擦乾淨。」	教學者給予增強：「對！你可以拿抹布擦乾淨。你太厲害了！」

4. 層次四（生活範例）：

在層次四這個階段，老師要先蒐集學生最常遇到的生活事件需要問題解決的情境，比如說忘了帶文具、打翻果汁、打破媽媽的鏡子等等，這些事件是學生自己發生的，所以老師在陳述事件時，需以學生為主角來陳述情境。當學生聽到的是以自己為主角的生活事件，學生要思考自己可以如何來解決，也就是他自己在問題解決領域的能力。很重要的是，在這個階段中，是教學生一個能力，這個能力能夠幫助他在日常生活中去處理生活事件。如果能夠習得這樣的能力，學生不需要使用負面的行為或是情緒來解決問題，這是一個非常重要的課題。

▶ 教學範例一

EO（建立操作）	A（前事刺激）	B（行為）	C（後果）
在家中，事先將浴巾放在其他地方	洗完澡後需要浴巾擦乾身體	學生：「媽媽，可以幫我拿浴巾嗎？」	得到浴巾擦身體
在美勞課時，不放置需要的膠水	要貼黏物品時	學生：「老師，可以給我膠水嗎？」	得到膠水

▶教學範例二

學生生活情境的蒐集	A（前事刺激）	B（行為）	C（後果）
學生忘了帶文具、打翻果汁、打翻便當盒、打破媽媽的鏡子等等。	S^{D}1：「說說看發生什麼事？」	學生回答：「我吃午餐的時候不小心打翻牛奶。」	教學者提供描述性回饋
老師陳述學生常常遇到的一個問題解決生活情境，如：王小安（學生的名字）吃午餐的時候不小心打翻牛奶。	S^{D}2：「那你可以怎麼做？」	學生回答：「我可以拿抹布把桌子擦乾淨。」	教學者給予增強：「對了，你可以拿抹布把桌子擦乾淨。哇，你太厲害了！」

🔍 教學資訊箱

1. 本教學首重能將此技能類化於生活中，教學過程可加入假扮的情境演練，或穿插於小組課程或團體課程中，讓學生可以在當天就有機會將課堂所學與生活經驗連結。或請家人配合進行情境安排，讓學生有機會練習此提問技能。

2. 問題情境可以透過家長訪談或教師訪談，蒐集學生在日常生活或學校學習時可能會遭遇的問題，使教學情境能呼應學生真實生活的需要與狀況。

3. 生活問題解決教學圖片範例舉隅。

內容描述	圖片
呈現圖卡，S^{D}1：「發生什麼事情了？」➡學生回答：「玻璃杯打破了。」；S^{D}2：「那他可以怎麼做呢？」➡學生回答：「去找大人幫忙／把玻璃杯掃起來。」	
呈現圖卡，S^{D}1：「發生什麼事情了？」➡學生回答：「遙控飛機勾到電線桿了。」；S^{D}2：「那他可以怎麼做呢？」➡學生回答：「去找大人幫忙。」	

（續下表）

內容描述	圖片
呈現圖卡，S^D1：「發生什麼事情了？」➡學生回答：「洗手乳用光了。」；S^D2：「那他可以怎麼做呢？」➡學生回答：「先用清水洗，再問媽媽有沒有新的洗手乳。」	
呈現圖卡，S^D1：「發生什麼事情了？」➡學生回答：「吃蛋糕時沒有叉子。」；S^D2：「那他可以怎麼做呢？」➡學生回答：「去烘碗機拿叉子。」	
呈現圖卡，S^D1：「發生什麼事情了？」➡學生回答：「小男生也想要玩積木。」；S^D2：「那他可以怎麼問呢？」➡學生回答：「我也可以一起玩嗎？」	
呈現圖卡，S^D1：「發生什麼事情了？」➡學生回答：「小女生沒有彩色筆。」；S^D2：「那她可以怎麼問呢？」➡學生回答：「可以借我彩色筆嗎？」	

4.「辨識情境並主動尋求協助（生活情境為主）」教學檢核表：

項目	檢核	備註
教學材料與指令		
確認學生的注意力	□是　□否	
教學者利用動機操作，事先營造情境	□是　□否	
教學者設計的情境是由簡單到困難	□是　□否	
若學生僅有基本口語能力，不要求學生說完整句子	□是　□否	
提示方式		
依學生的學習特性選擇提示方式：字卡、口語	□是　□否	
錯誤糾正		
當學生產生負向情緒時，需忽略其反應；當他在提示下做出正確反應時才提供協助	□是　□否	
後效增強		
具體增強學生之正向反應	□是　□否	

6-2 自我調節：情緒轉換

　　自我情緒調節是指一種涵蓋負責監控、評鑑以及修正情緒反應（特別是強烈的情緒反應）的內在或外在程序（Thompson, 1994）。自我情緒調節是情緒管理中的重要指標之一，也是發展自我控制力的開端。自我情緒調節中最常使用的策略就是情緒轉換。

❓ 教學理由

　　在情緒調節教學中，辨識並說出自己的情緒是其中第一步，接著是以外在或內在方式調整該情緒。內在方式包含建立自我價值感，接受自己的情緒狀態，可採用肌肉放鬆訓練，平復高漲的情緒；外在方式則以數數、深呼吸、離開現場或是尋求協助等方式讓個體的注意力轉移到其他事物，讓情緒做轉換。當個人能習得辨識自己在情境當下情緒的因果關係，並掌控自己的情緒調節後，才能夠學習管理自己的情緒。

📝 教學程序

一、**技能描述**：當學生遇到受挫情境引發情緒時，能夠選擇以數數、深呼吸的方式讓情緒做轉換；接著自己能以反向方式進行自我對話，有需要時則尋求協助。

二、**「自我調節：情緒轉換」教學單位**：

階段	A（前事刺激）	B（行為）	C（後果）
辨識並說出情緒	教學者詢問：「你的心情如何？為什麼心情會這樣？」	說出當下心情狀況	得到回饋
情緒轉換	（受挫情境）學生問自己：「我可以怎麼做？」	學生能選擇一個方法：數數或深呼吸	得到自我的肯定（我做得很好）以平復心情

（續下表）

階段	A（前事刺激）	B（行為）	C（後果）
自我的對話	（受挫情境） 教學者詢問：「你可以跟自己說什麼？」	學生可以對自己說：「沒關係，我還在學習，保持彈性、心平氣和。」	得到自我認同
擊破負向內語	陳述一個學生日常受挫的相關情境，例如：「小安寫作業時寫錯了，心情很難過。」詢問學生小安是怎麼樣的學生，學生回應負向的語言，例如：小安是壞孩子或小安很糟糕	以字卡提示「小安是好孩子，小安還在學習」正向的語言	正向自我認同。類化制約增強

三、執行程序：

1. 辨識並說出情緒為此能力的先備技能，通常在情緒當下能先表述出自己的情緒，可以有效減緩情緒的強度，也能避免以行動方式發洩情緒。

2. 情緒轉換是本課程的重點，可以事先進行數數的練習，並隨機在學生產生情緒當下提供數數的視覺單張。可以依學生的能力，先教導學生如何數 1 到 100，或 $100 - 7 = 93$，到最後（$9 - 7 = 2$）。

3. 自我對話：讓學生先練習遇到引發負向情境時，可以對自己說什麼。例如老師陳述一個學生發生的生活事件：「上美術課時，小安不小心把圖畫紙撕破了。」老師詢問學生：「小安可以對自己說什麼？」剛開始時以字卡提示一些正面的句子，如：「沒關係！心平氣和，保持彈性，我還在學習。」；當學生能不斷地熟練自我的對話，會漸漸將正面語言內化到自己的內在。未來當生活中遇到引發負向情緒之情境時，便能夠反射性地浮現出自我對話，進而達到自我的認同。

4. 擊破負向內語：很多學生在學習的過程中遇到挫折時，會將自己的表現或聽到他人對自己的批評，內化到自己的內在，認為自己很糟或者自己是個壞孩子、壞學生；長期下來，當學生遇到一些學習的情境時，若無法忍受自己的失誤或失敗，可能引發負向情緒（例如：心情低落難過、堅持要重來、堅持在遊戲中一定要贏）或負向行為（打自己的頭或撞

牆），而影響學生各方面的學習。教導學生使用正向的語言，擊破負向的語言，能夠協助學生重新審視自己的價值、接受自己、繼續學習。正向語言含有自我的暗示，在習得正向語言的使用技能後，能夠覺察出自我的認同及對事物躍躍欲試的學習能量。正向語言可以包含：我寫錯字，改過來寫對的字；我很認真；我是好孩子；我是認真的學生；我一直在努力；我很努力；我會克服困難；我一直在練習；我很棒等等。

🔍 教學資訊箱

1. 行為辨證分析取向將情緒分為原始情緒與次級情緒，原始情緒指的是對發生在自己身上的事所做出的最初反應，是立即浮現的強烈感受，並不涉及思考；後者是指對原始情緒的情緒反應，所以可能會產生不只一種。學習確認痛苦情境時的原始情緒很重要，這樣才能在被次級情緒壓垮前，懂得如何處理那最早的感受（McKay et al., 2007），因此，如何讓學生能體察當下的最初情境，是協助情緒調控的重要關鍵。教學者需敏銳觀察，若使用上述的三段式程序依舊無法處理該情緒，學生會卡住或是依舊重複該情緒狀況，則需要讓學生重回現場，將最初的情緒表露、覺察及陳述，並獲得他人安撫，再使用情緒轉換策略才能產生效果。例如：要求重寫被拒絕、吃不完飯倒掉被罵等例子。

2. 對於年紀較小的學生，情緒調控可以搭配美術或肢體動作，例如：「烏龜術」就是結合美勞及肢體動作，讓學生具體感受處理情緒的方式。烏龜平常遇到具危險或攻擊的環境刺激時，反應是將頭及四肢縮到龜殼裡，以避免受傷。烏龜術即是借用烏龜的此種反應模式，讓學生學習當遇到令人懊惱、生氣的狀況時，可以表現出此行為，讓自己先冷靜下來，使緊張的氣氛得到舒緩的機會。教學方式可以透過帶領學生製作烏龜道具的程序，或是將忍者龜的角色扮演帶入活動中，讓學生從實作及角色演練中習得該技能。

3. 情緒控制方式可以搭配口語自我提示的口訣（停、想、說、好）方式，讓心情平復，例如：

停，冷靜——放鬆身體，告訴自己不會亂發脾氣。

想，想一想——想一想發了脾氣後會怎麼樣。

說，說出來——跟惹你生氣的人說你為什麼生氣。

好，讓心情變好——找些喜歡的事情來做。

6-3 人際問題解決

❓ 教學理由

　　人是群居的有機體，在人際互動中難免會產生障礙或影響人際目標的達成狀態，人際問題解決即是因應此種障礙或問題，結合各種知識與能力完成解決問題的歷程。在解決歷程中，個體需要能覺察發生問題的情境狀況，以及當中個體的情緒狀態，並能以替代思考及後果思考的方式，找出適當的方式，解決人際問題。教學過程需要引導學生能有反思的能力，以及從後果判斷適當的解決問題方式。

📝 教學程序

一、**教學架構**：提供學生人際問題解決步驟的架構，包含覺察情緒及調控情緒、陳述問題、列出可能的應對方式，以及每個應對方式的後果，最後選擇好的方式並承擔可能的後果。

二、**執行程序**：教師呈現一個範例情境，讓學生陳述情境中的問題，並列出可能的情緒；和學生腦力激盪並寫下學生解決問題的各樣選擇，另一邊則對應寫下這些選擇可能的後果；接著和學生討論各種選擇之間的差異，鼓勵學生嘗試做出最好的選擇。

三、**技巧步驟**：

　　1. 覺察情緒並做情緒調控（聽、停）。

　　2. 分辨發生衝突的人、事、物（看）。

　　3. 想想看可以怎麼做及其後果（想）。

　　4. 選擇最好的方式（做）。

四、**教學提示**：

　　1. 動機操作：舉例說明一些人際問題的情境。

　　2. 提示方式：不同技巧步驟需要不同的提示方式。

技巧步驟	提示方式	辨識／學習重點
覺察情緒並做情緒調控（聽、停）	示範、口語	先掌握自己的情緒、先調整情緒
分辨發生衝突的人、事、物（看）	視覺、口語	說出情境的 wh 問題
想想看可以怎麼做以及其後果（想）	口語、字卡	擴散性思考想出因應方式及可能後果
選擇最好的方式（做）	示範、口語	做決定

五、演練的程序：

　　1. 老師使用布偶示範情境，讓學生回答上述四個相關技巧步驟。

　　2. 學生使用布偶演練，過程中老師適時給予提示及後效回饋。

　　3. 學生進行真人角色扮演，教師適時給予提示及後效回饋。

六、情境（可自行增列）：

　　1. 坐在座位寫功課，後面的同學踢椅子……

　　2. 同學未經我同意，隨意拿我的東西去用……

　　3. 桌子、椅子上有水或飲料潑倒在上面……

　　4. 剛拖完地，又被踩髒……

　　5. 被取笑……

　　6. 同學罵我是壞學生

　　7. 我沒有打同學，同學跟老師說我打他

　　8. 同學把我的鉛筆拿走，不還我

　　9. 同學搶我的玩具

　　10. 同學不讓我一起玩球

七、範例說明（先從第三人稱的方式提供衝突情境）：

　　　　下課的時候，小花坐在位置上寫作業，坐在小花後面的小健一直用腳踢小花的椅子，小花眉頭緊皺，嘴角下彎，她認為應該要做些處理，於是……

　　【提問：發生了什麼問題？（**看**）小花的心情為何？可以從哪些特徵來發現主角的情緒變化？（**聽**）】

　　小花先做深呼吸，之後開始想可能的解決方式及可能的後果。

【提問：小花如何處理她的情緒？（**停**）她可以有哪些解決的方式？

　每個方式可能的後果為何？（**想**）】

解決方式	可能的後果
不要理他	他可能會繼續踢。沒有停止。 他有可能會覺得無聊而停止，而且我覺得「我很棒」。
告訴老師	停止了，但可能會引發其他麻煩，例如：同學會說我愛打小報告、老師可能會處罰他。
直接告訴他：「我不喜歡，請停止」	他會不理我。沒有停止。 他知道我的感覺，而且停止踢我。停止了，而且我也覺得心裡很舒服。
大聲罵他	我可能會被老師處罰。沒有停止，反而讓自己惹上麻煩。 他可能會裝作沒有這麼一回事。沒有停止。

　　　最後小花決定不要理他，她對自己說，她很棒，可以管理自己，

不受他人影響。

【提問：小花做了什麼選擇？（**做**）你會做哪一個選擇？為什麼？（**回**

　到學生自身）】。

🔍 **教學資訊箱**

1. 學生學習本課程前，需要具備以下先備技能：命名情緒、對情境以 5wh
的方式描述當下發生的狀況、情緒調控等。（參酌本書前述的課程）

2. 解決問題的方式以及使用這些方式可能產生的後果，需要藉由同儕討論，
以擴增各種解決的方法。教師可以利用每天自習時間，拋出一個情境，
讓學生設想應如何解決，以及可能的後果。

3. 這個課程的額外收穫是增加學生擴散思考的能力，以降低自閉症者固著
的特性。

其他相關課程

6-3-1 危急時尋求協助

一、**教學目標**：學生能辨識周遭環境，在危急時能主動找人協助。

二、**執行程序**：教師先說明教導此技巧的重要性，接著提供範例做討論，從範例中學習處理危機時的技巧步驟，以角色扮演方式讓學生演練該步驟，搭配增強回饋方式提供後效增強。

三、**教學材料**：布偶。

四、**技巧步驟**：

　　1. 區辨所處環境是否危急。

　　2. 區辨可提供協助的人。

　　3. 詢問對方是否可以協助。

　　4. 表達謝意。

　　5. 無法獲得協助時的因應方式。

五、**教學提示**：

　　1. 動機操作：舉例說明一些危急的情境。

　　2. 提示方式：不同技巧步驟需要不同的提示方式。

技巧步驟	提示方式	辨識／學習重點
區辨所處的環境是否危急	視覺、口語	分辨危急與一般情境
區辨可提供協助的人	視覺、口語	分辨可提供協助的人
詢問對方是否可以協助	示範、口語、字卡	詢問方式的演練
表達謝意	示範、口語、字卡	獲得協助時，微笑地向對方說謝謝
無法獲得協助時的因應方式	示範、字卡、口語	練習回應他人的臉部表情，以及提問問題的方式演練

六、**演練的程序**：

　　1. 老師使用布偶示範情境，讓學生回答上述五個相關技巧步驟。

　　2. 學生使用布偶演練，過程中老師適時給予提示及後效回饋。

3. 學生進行真人角色扮演，教師適時給予提示及後效回饋。

七、情境：

1. 在逛街時，找不到家人……

2. 小平在路上騎腳踏車跌倒，腳扭到不能走路……

3. 在學校發生地震時……

4. 停電時……

八、範例說明：

使用布偶劇演出危急情境處理的過程，帶領學生進入主題。故事內容如下：

　　小花和媽媽到百貨公司，不小心和媽媽走散了，百貨公司到處都是人，小花心裡很焦急。

【提問：發生什麼事？要如何處理？】

　　小花看到附近有些人在買東西，也有很多賣東西的人。

【提問：哪個人可能是可以提供協助的人】

　　小花選擇了賣東西的阿姨，問她：「阿姨，我找不到媽媽，你可以幫我找媽媽嗎？」阿姨回答：「好！」便將小花帶到服務台，小花便微笑地向賣玩具的阿姨說：「阿姨，謝謝你！」

【提問：可以怎麼問？得到協助的反應為何？】

6-4 同理心

？ 教學理由

　　同理心就是站在對方的立場，去感同身受對方的想法與感覺，主要內涵包含傾聽、換位思考，以及表達對他人的關懷與尊重，是人際互動的潤滑劑，也是提供他人情緒支持的重要推手。其中具體的行為又分為情緒反應及同理心處事。情緒反應是能協助對方感受到他心裡未被真正表述的感受，而同理心處事則是以對方的立場，感受他的心理狀態，並能做出對方認為重要的反應。

教學程序

一、**技能描述**：教導學生能了解他人在特定情境下的心理感受，並因應他人的需要，適當的說出對方認為重要的反應，並依其需要做出適切的回應。

二、**教學程序**：

　　1. 示範階段：透過布偶演出情境，示範正確的口語反應及動作反應，讓學生先觀察在特定的狀況下，要如何做出適切的反應。

　　2. 相同情境演練：由布偶演出與示範階段一樣的情境，由提示者三秒延宕提示，協助學生說出並做出正確的同理心反應。

　　3. 情境演練：透過真人演練過程，讓學生能練習在示範階段所習得的同理心反應。

　　4. 情境類化：安排類似的情境，觀察學生是否能表現出習得的同理心反應。

三、**「同理心」教學單位**：

A（前事刺激）	B（行為）	C（後果）
教學者使用手偶演出短劇內容	學生做出／說出正確的同理心反應	獲得增強或代幣

【前事安排與 S^D】

　　1. 教學者演出事先設定的情境，並依角色說出對白。

　　2. 教學者演出時的角色要明確、誇張，且語調需具備抑揚頓挫。

【教學提示】

1. 此教學有兩種提示，皆由後方的提示者給予，分別是口語提示和動作示範。

2. 口語提示：例如看到他人不小心跌倒了，能向對方詢問：「你還好吧？」

3. 動作示範：提示者提供動作（例如：安慰他人時能夠輕拍對方、想要加入遊戲時會指著有趣的事物），以做為觀察學習之用。

【後效】

1. 為強化學生學習動機，初期訓練可以加上描述性讚美及代幣，使學生有意願做出適當的同理心反應。

2. 給予代幣時要確認是針對口語的適切表達或是做出適當的動作反應。

🔍 教學資訊箱

1. 教學範例舉隅：依不同情緒說明如下，當中分為訓練情境及探測情境，主要是希望能以新的範例探測學生是否確實產生同理心反應，而不只是單純的記憶問題。

(1) 難過

	情境描述	反應
訓練情境	看到他人不小心跌倒了 看到他人踢到桌子導致腳受傷 看到他人因肚子痛而痛苦 看到他人心情不好而流淚 看到他人燙傷手指 踩到別人的腳或踢到別人 看到別人被父母罵或老師罵	以手拍拍對方肩膀或背部，並說出：「你還好嗎？」「你不要緊吧？」「你沒事吧？」
探測情境	看到他人擦拭眼淚 看到他人大哭 聽到他人身體捲曲大叫：「好痛喔！」	

(2) 開心

	情境描述	反應
訓練情境	他人在玩玩具並笑得很開心 他人完成作品 他人展示一個神祕的禮物盒 他人發現了有趣的東西 他人收到禮物 他人在看錄影帶 他人獲得獎勵	以手勢指向該物品或活動區，並說出：「可以借我看（玩）嗎？」「我也想看（玩）。」「我也可以加入嗎？」「好棒的作品！」「恭喜你，你真厲害！」
探測情境	看到他人笑得很開心 看到他人在畫畫 看到他人玩遊戲	

(3) 挫折

	情境描述	反應
訓練情境	他人無法完成艱難的拼圖遊戲 他人的比賽輸了 他人積木拼不好 他人作業不會寫 他人弄濕衣服或尿濕褲子 他人不小心打翻東西 他人要收拾很多玩具	以手觸碰對方肩膀或背部，並說出：「我可以幫你。」「需要幫忙嗎？」「有什麼是我可以幫你的？」
探測情境	有人打不開罐子或糖果紙 有人拿不到高處的玩具 有人找不到玩具	

(4) 害怕

	情境描述	反應
訓練情境	他人不小心將杯子打破 他人忘記帶作業 他人忘記寫作業 他人把媽媽心愛的盤子打破了 他人不小心把圖書館的書撕破了 他人在遊戲時將同學的跳繩弄斷了 他人聽到打雷聲而發抖	以手觸碰對方肩膀或背部，並說出：「怎麼了？」「你還好吧？需要幫忙嗎？」「需要幫忙嗎？」
探測情境	有人打破老師的茶杯 有人將別人的玩具弄丟了 有人不小心把玩具弄壞了	

2. 同理心的生活情境教學也可以透過安排，第一階段請學生於日常生活中觀察他人的喜好，以視覺提示方式讓學生能依提示單上的標記，觀察其他人在何種狀況下會有高興、難過及害怕的心情。第二階段為表現階段，針對高興的心情，請學生安排情境，做出讓對方高興的行為，並與對方分享該愉快心情。針對難過或害怕的情境，則請學生設想出可以因應的方式，以角色扮演方式演示。

3. 「同理心」教學檢核表：

項目	檢核		備註
教學材料與指令			
確認學生的注意力	□是	□否	
教學者演出手偶劇時的語調誇張、抑揚頓挫	□是	□否	
教學情境中的角色需能表現出明確的情緒	□是	□否	
教學情境是否和學生本身生活經驗有關	□是	□否	
提示方式			
依學生的學習特性選擇提示方式：字卡、口語	□是	□否	
安排提示者給予動作示範	□是	□否	
安排提示者在後方給予語言提示	□是	□否	
依照學生的狀況安排提示階段	□是	□否	
錯誤糾正			
若學生有做出同理動作，教學者重複演出後僅給予語言提示	□是	□否	
若學生未做出同理動作，教學者重複演出後給予動作示範	□是	□否	
後效增強			
具體增強學生之正向反應	□是	□否	

技能大項七　人際互動

❓ 教學理由

　　自閉症者在社會情緒中的困難之一，是難以建立或維持與他人的互動關係，例如與人交談時，較無法與他人一來一往的進行對話，常會重複陳述一個話題，或是主題大多侷限在自己有興趣的物品上。《語言行為》（Skinner, 1957）中的互動式語言可以有效解決這個問題。首先，互動式語言的基礎是先建立表達需求與命名的能力，因此，學生必須要先能表現出大量的命名，並具備主動尋求命名的能力，亦即是主動詢問wh的問題，其中包含：是什麼、是誰、在哪裡、什麼時間，以及如何等問題。此外，互動式語言的能力亦涵蓋：接續他人的語言及回應他人wh的提問，最後能發展出主題式對話的能力。以下課程則提供系列的教學設計。

7-1 主動提出 wh 問題

❓ 教學理由

　　一般兒童的主動提問技能，約在三歲左右就已經發展出現，之後則逐漸成熟。主動提問可以幫助兒童探索環境、了解環境，進而掌控環境，對兒童主動學習扮演重要角色。沒有自然發展出主動提問技能的兒童，則可以透過教學的方式引導發展。Sundberg、Loeb、Hale 和 Eigenheer（2002）證明可藉由轉移制約動機操作（CMO-T）教導自閉症兒童有關位置（where）和特定人、物（who、what）的資訊要求，因此進行主動提問教學時，教學者需要藉由動機操作的策略，設計情境讓學生學習主動提問。

　　主動提出 wh 問題的界定為，當呈現新奇物品、人物或事件時，孩子能依情境主動提問，長期目標為學生能夠主動說出 wh-問題：where、what、who、when、how、which、why。

7-1-1 地點的主動提問

📝 教學程序

一、**動機操作**：營造學生需要找東西的情境，例如：當學生要從事某種高度增強活動時所必需的物品，讓學生找不到該物品；或是營造一種讓他想要知道要去哪裡的動機，例如：停止目前的活動去其他地方（需注意該處對學生的增強性要大於原本的活動）。

二、**技能標準**：教學者營造出學生想要找東西的情境時（未經教學的探測情境三組以上），學生能主動提出「在哪裡」或「去哪裡」的問題，三組皆達 100% 正確率，跨兩位不同教學者及教學場域。

三、**教學材料**：各種事先設計好的情境至少十組。

四、「地點的主動提問」教學單位：

	A（前事刺激）	B（行為）	C（後果）
情境一	找不到想要的物品，例如：「下課了，去穿鞋子吧！」	學生說：「鞋子在哪裡呀？」	被告知物品地點，拿到該物品
情境二	找不到想要的物品，例如：「要玩拼圖時，只有拼圖的板子，找不到拼圖。」	學生說：「拼圖在哪裡呀？」	被告知物品地點，拿到該物品
情境三	教學者說：「我週末要去玩耶！」	學生說：「你要去哪裡呀？」	教學者說出該地點
情境四	於上課時間，停止原本的活動，教學者說：「我們要做另一個活動，走吧！」	學生問：「我們要去哪裡呀？」	教學者說出其他更具增強的活動

7-1-2 物品的主動提問

教學程序

一、**動機操作**：可利用學生喜歡或是新奇小物品引發想要知道該物品名稱的動機，或是於結構教學情境中營造物品命名的情境，讓學生針對不認識的物品做出提問。

二、**技能標準**：教學者營造出學生想要知道該物品名稱的情境時（未經教學的探測情境三組以上），學生能主動提出「是什麼」的問題，三組皆達 100% 正確率，跨兩位不同教學者及教學場域。

三、**教學材料**：事先設計好的十種情境。

四、**「物品的主動提問」教學單位：**

	A（前事刺激）	B（行為）	C（後果）
情境一	教學者將新奇物品置於不透明的袋子裡，並說：「哇！好好玩喔！」	學生說：「是什麼？／這是什麼？」	教學者說出物品名稱，並給該物品
情境二	教學者呈現至少三種物品（含精熟的物品與目標物），並說：「告訴我什麼在桌子上／桌上有什麼？」	教師指向未知的項目，學生不知道該物品為何，詢問說：「是什麼呢？」	教學者命名該項目，並給予增強

7-1-3 人的主動提問

教學程序

一、**動機操作**：可安排在人、物命名的教學中，或安排學生不認識的人進入教學場域，引發學生針對不認識的人做出主動提問。

二、**技能標準**：教學者營造出學生想要知道該人物名稱的情境時（未經教學的探測情境三張以上），學生能主動提出「是誰」的問題，皆達 100% 正確率，跨兩位不同教學者及教學場域。

三、**教學材料**：準備學生不認識的人照片至少十張（可以是目前的總統或影星、名人等）。

四、**「人的主動提問」教學單位：**

	A（前事刺激）	B（行為）	C（後果）
情境一	看到不認識的人物或照片	學生說：「他是誰？／這是誰？」	得到該人的名字
情境二	事先安排情境，教學者說：「有人要給你軟糖喔！」	學生說：「是誰？」	提供學生人名，且讓學生前去獲得增強物
情境三	將學生感興趣的玩偶藏在障礙物後面，並問：「猜猜誰在後面？」	學生說：「是誰？」	呈現並命名該物（例如：「是海綿寶寶。」）且讓學生玩一會兒

7-1-4 時間的主動提問

教學程序

一、**動機操作**：學生在時間點不太適當時想要某物品，或是營造一個將要發生的情境狀態，讓學生想要知道何時會發生，引發學生針對即將發生的時間點做出主動提問。

二、**技能標準**：教學者營造出學生想要知道什麼時候的情境時（未經教學的探

測情境兩種以上），學生能主動提出「什麼時候」的問題，皆達 100% 正確率，跨兩位不同教學者及教學場域。

三、**教學材料**：準備各種可以引發詢問時間點的情境，至少五種。

四、**「時間的主動提問」教學單位**：

	A（前事刺激）	B（行為）	C（後果）
情境一	教學者在桌上擺放高度吸引力的物品，當學生要求該物品時說：「不是現在喔！」	學生問：「什麼時候可以玩？」	教學者應該說：「當你完成〇〇〇之後，你就可以玩。」於學生完成該項任務後：「這是你要的東西，現在可以玩了。」
情境二	教學者說：「等一下我們要玩有趣的遊戲！」	學生問：「什麼時候？」	教學者回應時間點

7-1-5 如何的主動提問

教學程序

一、**動機操作**：可利用學生需要尋求協助的時機教學，或是營造完成任務的情境，讓學生提出與解決辦法有關的提問。

二、**技能標準**：教學者營造出學生想要知道如何解決或如何做的情境時（未經教學的探測情境兩種以上），學生能主動提出「怎麼做」或「如何解決」的問題，皆達 100% 正確率，跨兩位不同教學者及教學場域。

三、**教學材料**：準備各種可以引發學生需要協助的情境，至少五種。

四、**「如何的主動提問」教學單位**：

	A（前事刺激）	B（行為）	C（後果）
情境一	學生想喝水，教學者將罐子鎖緊後交給學生	學生問：「我怎麼打開罐子？」	教學者會示範如何打開罐子
情境二	由教學者提出學生無法完成的任務：「我們來蓋房子吧！」	學生問：「我如何打造一棟房子？」	教學者回應：「哦，讓我做給你看。」

7-1-6 選擇的主動提問

教學程序

一、**動機操作**：可營造學生需要做出選擇的教學情境，引發學生提出與選擇有
關的提問。

二、**技能標準**：教學者營造出學生需要知道哪一個的情境時（未經教學的探測
情境兩種以上），學生能主動提出「哪一個」的問題，皆達 100% 正確率，
跨兩位不同教學者及教學場域。

三、**教學材料**：準備各種可以引發學生需要知道哪一個的情境，至少五種。

四、**「選擇的主動提問」教學單位：**

	A（前事刺激）	B（行為）	C（後果）
情境一	教學者呈現兩個相似的物品，例如：紅色與藍色的球，並告訴學生：「幫我拿一個球。」	學生問：「要哪一個？」	教學者回答：「我要藍色那一個。」
情境二	在桌上放兩個顏色不同或口味不同的軟糖，教學者說：「給我一個軟糖。」（未註明糖果顏色）	學生問：「要哪一個？」	教學者說：「紅色那一個。」當學生拿紅色軟糖給老師後，老師將另一個給孩子做為增強

7-1-7 原因的主動提問

教學程序

一、**動機操作**：可營造學生需要了解原因的教學情境，引發學生提出與原因有
關的提問。

二、**技能標準**：教學者營造出學生需要知道原因的情境時（未經教學的探測情
境兩種以上），學生能主動提出「為什麼」的問題，皆達 100% 正確率，

跨兩位不同教學者及教學場域。

三、**教學材料**：準備各種可以引發學生需要知道原因的情境，至少五種。

四、**「原因的主動提問」教學單位**：

	A（前事刺激）	B（行為）	C（後果）
情境一	觀賞影片對學生是有效的增強，教學者在學生觀賞電影時，説：「要關掉電視了。」	學生説：「為什麼？」	教學者説：「因為我們要去遊樂場。」
情境二	教學者趁學生從事其他活動時，將椅子擺到桌上，並説：「來，坐下。」	學生説：「為什麼椅子放在桌上？」	教師可以回答：「因為我在清潔地板。」並將增強物給孩子

🔍 **教學資訊箱**

1. 主動提問教學的重點是教學者須營造一種模糊的情境，讓學生需要透過詢問的方式澄清，或獲取更清楚的資訊。這對學生的主動學習而言是一項重要技能。

2. 「主動提出 wh 問題」教學檢核表：

項目	檢核	備註
教學材料與指令		
針對不同類型的 wh 問題設計情境	□是　□否	
安排情境時有運用動機操作概念	□是　□否	
提示方式		
依學生的學習特性選擇提示方式：字卡、口語	□是　□否	
後效增強		
具體增強學生之正向反應	□是　□否	
學生主動提問時給予相關回饋，例如：與地點相關的提問則給予位置、與物品命名相關則給予名稱	□是　□否	

7-2　主題式對談

❓ 教學理由

　　自閉症者最為困難的部分是與人產生一來一往的互動式語言。具有語言能力的自閉症者傾向談論自己有興趣的話題，不會去注意他人的反應，或是以詢問方式獲取他人對該主題的看法，這些都讓他們在與人維繫長期的互動關係中產生許多困難。研究顯示透過結構教學可以有效協助他們提升與他人交談的能力；鳳華和姚祥琴（2004）以及鳳華（2012）的研究結果顯示明顯成效。以下對於主題式對談提供一系統化的教學模式。

📝 教學程序

一、**技能描述**：學生選擇一對話主題後，能回應他人與主題相關的問話，並能回問他人，形成一來一往的對話互動，至少持續十次以上來回的問話與回應。

二、**教學步驟**：

　　1.學生能以擴散性思考方式，列出與該主題有關的人、事、時、地、物等內容。

　　2.能夠回答與主題有關的人、事、時、地、物產生相關的問話，至少十句。

　　3.依據所列出來的人、事、時、地、物產生相關的問話，並能詢問對話者這些問話。

　　4.能夠依據主題，產生一來一往的對話，至少十句以上。

三、**技能標準**：學生能依據主題，與交談者一來一往的交談互動，能持續十句以上（含詢問及回答），且至少能完成五個不同的主題，達 80% 正確率，跨兩位不同教學者及教學場域。

四、**主動式對話教學範例**：主題——過年

　　1.擴散思考訓練階段請學生列出與過年有關的人、事、時、地、物的描述，例如：吃年夜飯（事件）、和家人一起（人）、農曆除夕夜（時間）、

在老家（地點）、感覺很高興（心情如何）、拜年（事件）、領紅包（事件）、放鞭炮（事件）、哥哥放鞭炮（人、事件）、包水餃（事件）、媽媽（人）、年夜飯菜很香很多很好吃（精緻化描述）等。

2. 能回答上述的有關詢問，例如：「過年有哪些活動？在何時吃年夜飯？在哪裡吃年夜飯？」等相關提問。

3. 能詢問對方與過年有關的問題。

4. 開始對話後，能持續你來我往的對話至少十句以上。

五、教學單元說明：

【前事安排與 S^D】

1. 教學者給予學生主題時要使用較中性的句子，避免產生提示效果（例如：「說說看過年發生什麼事情？」會提示學生說出跟 what 有關的內容）。

【教學提示】

1. 若學生未能說出完整的 5wh 內容，且需要較多的提示，教學者得依情況給予提示（例如：學生未說出跟人物有關的內容，教學者可詢問：「那你跟誰一起吃年夜飯呢？」此處需記錄為教學者提示）。

2. 若學生的能力已有進步，則可逐步褪除提示。

【後效】

1. 增強後效以類化制約增強為主。教學者在提供描述性增強時，要依據學生所回應的內容再簡述一次，以加深學生的印象。

🔍 **教學資訊箱**

1. 回答問題及以 wh 方式主動提問獲取資訊，是主題式對談的先備技能，教導主題式對談前，要先確認學生是否已經先具備這些能力。

2. 對於比較被動的學生，可先以腳本的方式將所有需要回答的問題列出，再逐步褪除其對話腳本。為避免固著或純記憶的回答，問話的方式及先後順序應該要於每次練習時做一簡要的變動。

3. 概念圖的提示也是可以搭配的提示方式，讓學生以鷹架的方式建構一種對話的模式，避免呈現記憶的回應。

4. 自我管理亦可做為提醒學生要回問他人、面帶微笑或與對話者眼神接觸
的提示方式,並逐步增進學生的自我覺察能力。

領域 2

語言行為領域

　　DSM-5（APA, 2013）明確界定自閉症的臨床特徵之一為社交用的溝通缺損，其中包含：語言溝通（如，欠缺開啟及持續對話的能力）及非語言的溝通能力（如，缺少眼神接觸及肢體語言），以及缺乏臉部表情及手勢。本溝通領域的課程則依據自閉症者臨床診斷項目，搭配 Skinner（1957）《語言行為》書中對語言行為以功能角度分類的方式，本領域課程將包含前聽者、聽者語言行為，及說者基礎語言操作（請求、覆誦、命名、說者複雜命名、互動式語言），及進階說者等大項，教學程序則參酌 Skinner（1957）、Greer 和 Ross（2008）及 Sundberg 和 Partington（1998）及其他實證研究的文獻資料。

　　社會情緒的發展與語言發展息息相關，Skinner（1957）所著的《語言行為》以功能與控制的角度定義語言，同時整合溝通與認知發展的相關面向，因此，本課程採用語言行為作為教學領域 2，使社會情緒與語言（含溝通／認知）能相輔相成，以協助泛自閉症者克服泛自閉症者的主要臨床挑戰。

語言行為課程檢核表

語言行為大項	分項	延伸項目	評估日期1	評估日期2	精熟日期	對應頁數
一、前聽者	1-1 視覺追視					p. 266
	1-2 感官知覺配對					p. 268
	1-3 建立「給我」的指令概念					p. 272
	1-4 單一聽指令（浮現聽者能力）					p. 275
二、聽者	2-1 物品配對					p. 280
	2-2 顏色／形狀配對					p. 283
	2-3 基礎聽者命名					p. 286
	2-4 聽者複雜命名					p. 290
三、說者（基礎／初級語言操作）	3-1 請求					p. 296
	3-2 覆誦					p. 299
	3-3 說者命名基礎課程					p. 302
	3-4 說者複雜命名					p. 306
	3-5 互動式語言—接續他人語言					p. 310
	3-6 互動式語言—回應他人提問					p. 315
		3-6-1 回應與人（who）、物（what）有關的問題				p. 315

（續下表）

語言行為大項	分項	延伸項目	評估日期 1	評估日期 2	精熟日期	對應頁數
		3-6-2 回應與地點有關的問題				p. 316
		3-6-3 回應與動作有關的問題				p. 317
	3-7 刺激間關聯的連結訓練					p. 320
		3-7-1 以「是」連結的相關詞組的教學				p. 320
		3-7-2 連結感官知覺詞彙的教學				p. 321
	3-8 生活相關事件的因果關係					p. 324
	3-9 相關字詞的聯想					p. 326
四、進階說者（延伸語言操作）	4-1 進階命名—多重線索					p. 330
	4-2 進階命名—命名事件					p. 334
	4-3 自動附加					p. 337
	4-4 聚斂式／擴散式多重控制					p. 340

語言行為大項一　前聽者

　　有些兒童有困難發展出聽者的能力，依據 Greer 和 Ross（2008）的建議可以先檢核與發展出聽者相關的一些前聽者能力，其中包含視覺追視、感官知覺配對、制約聲音為增強物等。此外，聽指令包含對「給我」概念的理解，及做出單一指令的動作等，都是促進發展聽者能力的相關技能項目，也一併包含在此語言行為大項並逐一進行教學程序的說明。制約聲音為增強物的教學程序則參考社會情緒課程中興趣拓展的教學項目。

1-1　視覺追視

？ 教學理由

　　視覺追視是指眼神能跟著物品移動的能力，也是嬰兒展現對環境興趣的開端，同時也是視覺注意力及專注力的展現。然而，為何視覺追視是屬於前聽者的能力，也是聽者的先備技能呢？首先，聽覺刺激是環境中看不到的刺激，需要先有注意的能力，而視覺追視展現的是嬰幼兒對環境刺激的專注力，聽聲音是需要相當的專注力的，透過視覺追視可以培養嬰幼兒對環境刺激物的專注力，進而延伸到對聲音的專注。

教學程序

一、**目的**：增進眼睛的追視能力及靈活度、建立基礎關係、基本注意行為。

二、**教學考量**：學生若兩三天內都無法進入基本注意行為（例如：坐下、喚名時能有眼神接觸、模仿）時，則考慮教導此課程。

三、**執行程序**：在孩子眼神注視下，將一個偏好物放入其中一個容器內（前幾次可以先提示），然後請學生找出放置該偏好物的容器，由學生打開，享用或玩該偏好物做為眼神追視維持行為的後效。

四、**教學材料**：(1)半透明及不透明的容器（杯子、碗或盒子），變化大小、形狀及顏色；(2)個體的偏好物（食物、小玩具、代幣）。

五、**「眼神追視」教學單位**：

MO（動機操作）	A（前事刺激）	B（行為）	C（後果）
讓學生事先看到該偏好物	在學生視線內將偏好物放入一個容器內，移動容器（等二至三秒）（教學指令：找出○○；○○在哪裡）	眼神追視、翻開容器、看到該物品	由學生自己拿取，讓學生吃或玩該物品（R+）忽略錯誤反應

六、教學階段：先以兩個半透明容器進行活動。

　　1. 階段一：沒有移動容器。

　　2. 階段二：移動一至二次。

　　3. 階段三：移動二至三次以上。

　　4. 增加半透明容器數量至三個即可。

　　5. 變換容器（不透明）：並逐步增加移動次數、速度及容器數量。

七、教學精熟標準：呈現三個不透明容器，快速移動容器三次以上，學生能正確找到偏好物，達 80% 正確率，連續兩天。

🔍 **教學資訊箱**

　　1. 視覺追視是培養學生對刺激物的專注力，因此，剛開始階段要讓學生有成就感，操作的材料會從半透明的杯狀物開始，再逐漸轉為不透明的杯狀物，逐步建立學生對刺激物的專注力與持續注意力。

　　2. 對於較為困難學習的學生，可以先選擇他有興趣的物品作為追視的刺激物，教學者可以將刺激物在學生的眼神注視下進行上下或左右的移動，讓學生能直接看到刺激物，並跟隨刺激物的移動而產生追視行為。此外，讓學生能看到刺激物，也較能引發其追視的動機，待學生追視能力逐步建立後，再轉換成桌面上對被遮蔽之刺激物的追視訓練。

1-2 感官知覺配對

? 教學理由

Greer和Ross（2008）指出感官知覺配對能力是後續發展區辨能力的基礎，其中的聽覺刺激配對更是直接與發展聽者能力相關的重要基礎能力。依據Greer和Ross的建議，感官知覺配對的整體教學目標是：當教學者給兒童一個感官樣本刺激，並搭配一個配對範例及二個非範例，學生能正確選擇配對的刺激，並能跨視、聽、觸、嗅、味等感官，達成預設的標準。該教學建議可以視為最終感官配對的教學目標；不過，從教學實務經驗中會發現，對於能力較弱的兒童，感官配對需要分別教學後，再進入跨感官的教學型態，此外，各種感官能力的轉移也是重要目標。本課程會先從單一感官教學聽覺配對進行說明，並於教學資訊提供跨感官教學的建議。

教學程序

一、**目標**：兒童可以依所聽到的聲音刺激樣本，從三個範例中找到正確的配對樣本。

二、**教學考量**：兒童沒有出現探索環境的動機，對人的聲音或指令沒有反應者。

三、**教學材料**：教學材料可以是事先錄製好的聲音，也可以是內裝不同物品的罐子。如果是使用罐子，罐子必須是不透明，外觀必須都要一樣，內裝物可以是小積木、綠豆、沙子或其他物品。

四、**執行程序**：

　　1. 教學者與學生面對面坐著。材料先從一個樣本刺激對二個刺激範例（一個配對範例、一個非範例），首先讓學生聽三樣刺激的聲音，教學者按（或搖）教師面前的樣本刺激，再請學生從二個刺激範例中找到一樣的聲音，之後每個教學嘗試都將二個刺激範例隨機呈現，依序讓學生聽刺激範例的聲音，請學生找一樣的聲音。

　　2. 上一程序達成標準後，再增加至一個樣本對三個刺激範例（一個配對範

例、二個非範例），執行程序參照上述的程序。

3. 標準：五至十個教學嘗試，連續兩次達 100%的正確率。

▶ 以聲音配對作為範例

教學階段	MO（動機操作）	A（前事刺激）	B（行為）	C（後果）
階段一	確認兒童的偏好物	提供一個樣本刺激，一個配對範例，及一個非範例 先將樣本刺激搖一搖給兒童聽，再讓兒童聽兩個刺激物（配對範例及非範例），並隨機放置兩個刺激物，之後教學者再搖一次樣本刺激，並說「換你了」	選出正確的配對範例	獲得增強物
階段二	確認兒童的偏好物	提供一個樣本刺激，一個配對範例，及二個非範例 先將樣本刺激搖一搖給兒童聽，讓兒童聽三個刺激物（一個配對範例及二個非範例），隨機放置刺激物，之後教學者再搖一次樣本刺激，並說「換你了」	選出正確的配對範例	獲得增強物

【前事安排與 S^D】

1. 確認兒童的偏好物。

2. 先讓兒童聽三個刺激，教學者再正式呈現樣本刺激，接著讓學生從二個刺激物（配對範例及非範例）中選擇，等五秒鐘讓學生反應。

3. 非範例的安排，於初始訓練階段要與配對範例的區別很明顯，讓兒童容易區辨二者並找出正確的配對範例，若學生學習上有困難，可以先以空罐子（例如，沒有聲音）作為非範例。

4. 刺激物可以是用罐子或是事先錄製好的聲音，如果是錄製的聲音，建議用按鍵方式呈現聲音刺激。

【教學提示】

1. 可以採用肢體提示，先帶著學生選出正確的配對範例，搭配提示後獨立的程序讓學生再提示後看是否會有獨立的表現。

【後效】

1. 盡量選擇學生高度偏好的刺激物，並確認有匱乏經驗（至少二至三小時沒 有玩過或接觸該物品）。
2. 建議要以類化制約為主要增強物。

🔍 教學資訊箱

1. 教學情境的桌面要淨空，只放置教學刺激物，避免無關刺激干擾學生的學習。
2. 聽覺的教學刺激，可以是環境中的聲音，例如，動物叫聲、流水聲、樂器聲等，可以參考學生所偏好的聽覺刺激作為教學材料。
3. 教學可分為階段一及階段二，階段一只提供二個選擇刺激物（配對範例及非範例），階段二再增加為三個選擇刺激（一個配對範例，兩個非範例）。
4. 其它感官的配對教學可以參酌上述的教學程序，依不同感官提供對應的感官體驗，如，觸覺是讓學生觸摸刺激物，嗅覺是讓學生聞刺激物等。
5. 最終的教學目標為跨感官的配對能力：
   (1) 教學目標：每次二十個教學單位（嘗試），涵蓋視、聽、觸、嗅、味等五種感官，每個感官有四次教學嘗試。
   (2) 每個感官選擇兩種範例作為教學材料，依序呈現不同的感官刺激，五種感官的二種刺激範例都會隨機作為目標物或非範例各二次。
   (3) 每次教學，會呈現一個範例及一個非範例，給與刺激後，會等五秒鐘期待學生的反應。
   (4) 標準：連續兩個教學時段均達 80%的正確率。
6. 聽覺配對的延伸，則是進入口說聲音的配對，聲音的錄製可以是物品名稱的聲音刺激、人的稱謂聲音刺激，及地點聲音刺激等，非範例則可以先搭配環境中的聲音刺激，再逐漸轉成口語刺激。

7.「聽覺感官配對」教學檢核表：

項目	檢核	備註
教學材料與指令		
確認增強物	□是　□否	
確認刺激範例及非範例	□是　□否	
先讓學生聽樣本刺激，再聽配對範例及非範例	□是　□否	
提示方式		
肢體提示＋提示後獨立	□是　□否	
後效增強		
具體增強學生正確的反應	□是　□否	
社會增強與實物增強物配對	□是　□否	

1-3 建立「給我」的指令概念

❓ 教學理由

　　學會「給我」的指令概念，是未來兒童學習聽者命名的先備課程。在日常生活中，從基礎的協助他人拿取或傳遞物品（給我杯子、給我鹽巴等）、到進階的與他人合作等，都會運用到「給我」的概念，「給我」雖是前聽者的基本課程，卻也是後續人際互動的必要先備技能。

📝 教學程序

一、**技能描述**：教學者說「給我」的指令時，學生能依指令將桌上的物品拿給教學者。

二、**技能標準**：學生能依指令做出反應，每次教學至少十次（每次教學所呈現的物品要不同），連續二個教學時段達 100% 正確率，跨不同教學者與情境。

三、**教學材料**：教學材料需要準備十種以上的中性刺激物，可以是積木、筆或其它簡單的物品。切記不要使用學生的偏好物，以免在提示階段學生會出現抗拒給教學者的狀況。

四、**建立「『給我』的指令概念」教學單位：**

教學階段	MO（動機操作）	A（前事刺激）	B（行為）	C（後果）
階段一	確認兒童的偏好物	情境：清空桌面，只放置一個中性刺激物 教學指令：「給我」＋手掌張開	將物品給教學者	獲得類化增強物
階段二	確認兒童的偏好物	情境：清空桌面，只放置一個中性刺激物 教學指令：「給我」	將物品給教學者	獲得類化增強物

【前事安排與 S^D】

　　1. 確認學生的偏好物以增加學生學習動機。

2. 階段一，教學者除了給教學指令「給我」外，要外加動作提示「手掌張開」。階段二，教學者只給指令，動作提示要褪除，讓學生的「給」的行為是純粹受控於教學者的指令。

3. 該指令需簡潔有力，避免出現無關的語言，也切記不要加上物品的名稱（錯誤範例：「給我積木」），因為這個課程只是教「給我」的概念，教學課程並未包含聽者命名的部分。

【教學提示】

1. 階段一使用肢體提示，從全肢體提示，逐漸減少肢體提示的程度，直到學生能獨立做出給的行為並達標準。

2. 階段二，教學者的手不再張開做為提示，並使用固定三秒延宕提示的方式進行教學。三秒內未出現正確反應時再給部分肢體提示。

【後效】

1. 盡量選擇學生高度偏好的刺激物做為後效增強物，並確認有匱乏經驗（至少二至三小時沒有玩過或接觸該物品）。

2. 當學生有做出給的反應時，教學者給予類化制約增強並搭配社會增強：「很好，你有給我！」

3. 提示下的增強與獨立完成行為時的增強強度要有差別，提示下是較小的增強，獨立表現要給大的增強。

🔍 教學資訊箱

1. 教學情境的桌面要淨空，只放置一樣刺激物，避免無關刺激干擾學生的學習。

2. 每次教學嘗試的刺激物要不一樣，以免學生產生錯誤連結。如果要教十次，建議要準備十樣不同的刺激物。

3. 對於完全無指令概念的學生，要以零秒延宕＋全肢體提示給予協助，全肢體協助建議不要超過三次，二次之後就要開始減少肢體提示的程度。

4.「給我」教學檢核表：

項目	檢核	備註
教學材料與指令		
確認學生的注意力	□是　□否	
階段一：教學指令：「給我」外加上手掌張開的動作提示，簡潔清楚，沒有命名刺激物	□是　□否	
階段二：只有教學指令：「給我」，沒有手掌張開的動作提示	□是　□否	
提示方式		
階段一提示方式：全肢體、部分肢體提示	□是　□否	
階段二提示方式：三秒固定延宕	□是　□否	
後效增強		
具體增強學生之正向反應	□是　□否	
社會增強與實體增強物配對	□是　□否	

1-4 單一聽指令（浮現聽者能力）

❓ 教學理由

　　聽指令是個體能對聲音刺激做出相對應的行為反應，是回應環境、與人互動的基礎，是未來兒童學習聽者命名的先備技能，也是未來進入主流學習環境的基本適應技能。

　　Greer和Ross（2008）指出要確認學生是否有出現聽者的能力，必須要能展現浮現聽者（listener emersion）的表現，其標準為當提供十六種指令及四種無意義指令，能於一分鐘內出現三十個指令反應，亦即將速率的概念融入此技能表現。此能力的訓練程序將於本教學資訊中呈現。

📝 教學程序

一、**技能描述**：教學者說出單一指令時，學生能依指令做出相對應的反應。單一聽指令建議先從與生活相關的肢體動作指令為先（如，過來、站起來、坐下、舉手、拍手等），再逐步加入包含名詞的聽指令課程（如：摸耳朵、摸頭等）。

二、**技能標準**：學生能依指令做出反應，每次教學至少十次，連續二個教學時段達100%正確率，跨不同教學者與情境。

三、**類化探測**：要準備五組沒有教過的指令，以探測在沒有教學下，學生是否可以獨立表現出正確的聽指令反應。

四、「**單一聽指令**」教學單位：

MO（動機操作）	A（前事刺激）	B（行為）	C（後果）
確認兒童的偏好物	情境：教學者與學生面對面坐著，當中不要有桌子 教學指令：「拍手」	做出拍手動作	獲得類化增強物

【前事安排與 S^D】

　　1.確認學生的偏好物以增加學生學習動機。

2. 教學情境盡量要寬敞，讓學生能有足夠做出反應的空間。

3. 該指令需簡潔有力，避免出現與指令無關的語言。

【教學提示】

1. 對於動作尚未建立概念的學生，初始學習階段要以零秒延宕方式提供全肢體協助。再逐步褪除提示。

2. 褪除提示的方式，建議採用從最多到最少褪除程序，可以是同一類型提示下的逐步褪除，或是跨不同提示類型的褪除程序，如：肢體到示範到口語。直到學生能獨立做出聽指令的反應並達預設標準。

3. 逐步褪除的過程也可以採用固定延宕提示的方式，讓學習者有機會做出獨立反應。

【後效】

1. 盡量選擇學生高度偏好的刺激物，並確認有匱乏經驗（至少二至三小時沒 有玩過或接觸該物品）。

2. 當學生有做出給的反應時，教學者給予類化制約增強並搭配社會增強：「很好，你有拍手喔！」

3. 提示下的增強與獨立完成行為時的增強強度要有差別，提示下較小的增強，獨立表現要給大的增強。

🔍 教學資訊箱

1. 可善用生活中的例行事務，如要出門了，要拿外套、穿鞋子、戴帽子等，成人可以使用該時機給指令後，即刻以肢體協助完成該動作，並給予後效。讓生活常發生的事物轉換為聽指令的教學活動。

2. 對於完全無指令概念的學生，要以零秒延宕＋全肢體提示給予協助，全肢體協助建議不要超過三次，二次之後就要開始減少肢體提示的程度。

3. 聽指令教學項目的選擇應以學生生活中常會出現的行為反應為主，使教學能與生活建立關聯。

4. 當「坐下」是教學目標時，要先讓學生是站著的，再下「坐下」的指令。

5. 「過來」是生活中常會使用的指令，此課程的教學要先讓學生與教學者

有二至三步的距離，教學者手中可以握有學生喜歡的物品，當學生聽到指令走向教學者時，先給社會增強，再給學生教學者手中的物品（後效增強）。剛開始教學時，建議要事先安排提示者提供肢體協助，當教學者說出「過來」指令後，由提示者提供肢體協助，帶著學生走向教學者。

6. 單一聽指令教學內容請參酌下頁的技能追蹤表。單一模仿課程中也列有技能追蹤表的內容，其中一些與肢體動作有關且與生活適應有關的，則可以先上模仿課程，待該動作模仿已經習得，再進行該動作的聽指令課程。教學者可藉由此追蹤表持續檢覈學生在該目標技能的學習進展。

7. 「聽指令」教學檢核表：

項目	檢核	備註
教學材料與指令		
確認學生的注意力	□是　□否	
確認學生的增強物	□是　□否	
教學指令，簡潔清楚，沒有其他無關干擾語言	□是　□否	
教學指令先從肢體動作且與適應有關的指令為先	□是　□否	
提示方式		
提示方式：肢體或示範	□是　□否	
褪除提示方式：肢體逐步褪除、三秒固定延宕	□是　□否	
後效增強		
具體增強學生之正確反應	□是　□否	
社會增強與實物增強物配對	□是　□否	

8. 浮現聽者（listener emersion）的教學程序簡介如下（Greer & Ross, 2008）：

(1) 教學者需先設定十六個指令及四個非指令，初步教學時，將此二十個指令（含非指令）分為四組，每組五個指令（四個指令、一個非指令）。

(2) 先以一組指令做為教學，教學標準是必須每次教學後的指令探測，連續兩次達 100% 正確時，再開始進行速率訓練，速率訓練的標準是要在一分鐘內，學生必須出現三十個指令反應，五個指令會出現六次。剛開始學生有不會的指令時，可以使用零秒延宕提示進行指令教學，非指令是學生沒有做出任何反應、若學生有反應，則忽略；每次教學

至少二十次教學嘗試。

(3) 第一組通過之後，再依照第二點的教學程序完成其他三組的指令教學，最終是將這少二十個指令進行速率反應測試，亦即一分鐘內要能做出三十個指令反應。

▶ 單一聽指令技能追蹤表

編號	目標技能	探測		教學		類化探測		類化教學	
		日期	結果	開始日期	完成日期	日期	結果	開始日期	完成日期
1	站起來		Y ⓃN	105.2.6	105.2.25		人 Y N 地點 Y N		
2	坐下		Y ⓃN	105.2.20	105.3.4		人 Y N 地點 Y N		
3	過來		Y ⓃN	105.3.2	105.3.12		人 Y N 地點 Y N		
4	拍手		Y N				人 Y N 地點 Y N		
5	High 5		Y N				人 Y N 地點 Y N		
6	舉手		Y N				人 Y N 地點 Y N		
7	跳一下		Y N				人 Y N 地點 Y N		
8	揮手		Y N				人 Y N 地點 Y N		
9	看老師		Y N				人 Y N 地點 Y N		
10	給我（刺激物任意物品）		Y N				人 Y N 地點 Y N		
11	摸頭		Y N				人 Y N 地點 Y N		
12	摸肩膀		Y N				人 Y N 地點 Y N		
13	踏腳		Y N				人 Y N 地點 Y N		
14	轉圈圈		Y N				人 Y N 地點 Y N		
15	手放大腿		Y N				人 Y N 地點 Y N		

語言行為大項二　聽者

　　聽者是一般發展兒童學習說話的基礎。發展心理學者的研究發現嬰幼兒對人的興趣遠大於其他物品，且會花時間觀察人的各種反應，主要照顧者也常會對著嬰幼兒說話，因此，在嬰幼兒牙牙學語之前就已經大量累積語言的經驗，而逐漸轉化成說者的角色。若沒能順利發展出聽者的語言能力或是受控於聲音的行為反應，則會出現需要依賴他人協助各種生活適應的狀態；或是出現個體對於他人的指令或提問問題，僅是覆誦指令或重複他人的提問，而無法有適當的做出回應指令的反應或對提問的回應。聽者也是「隨機學習命名能力」（naming）的基礎，透過聽他人的語言陳述，就可以不經教學便能自己學會各種物品的命名或複雜的命名概念等；在對話的過程中，個體也需要具備聽者的能力，才能有一來一往的對話，此外，聽者對後來的閱讀理解及問題解決亦是相當重要的基礎關鍵能力（Greer & Ross, 2008）。可見聽者是許多複雜語言能力的基礎。本語言行為大項中，將依序介紹與基礎聽者能力相關的課程：物品配對、顏色及形狀配對、基礎聽者命名，及聽者複雜命名（Greer & Ross, 2008; Sundberg & Partington, 1998）。

2-1 物品配對

? 教學理由

　　研究指出，配對與指認物品對後續隨機命名能力的開展有其重要性。幼兒對在短短的一、兩年間就能快速大量累積對物品的認識，也就是能大量命名物品，隨機學習是重要關鍵。而命名的隨機學習行為就稱之為 naming，經由聽到聲音後與相對應的物品，將物品名稱（聲音）和該物品自動連結，正是經由配對能力的展現，亦是隨機命名的重要基石。配對在認知發展中是一種視知覺能力，然而，配對的能力也反應出可以對相同與不同物品區辨，能區辨之後，後續聽者命名及說者命名的能力才能因應而生。

教學程序

一、**技能描述**：教學者提供樣本刺激物時，學生能從九種刺激物中找出正確的相同刺激物。配對教學的材料建議先從與生活相關的實際物品為先（如，杯子、湯匙、機積木、水果模型等），再逐步擴增為物品對圖片，或圖片對圖片。

二、**技能標準**：學生能依指令找出相同的物品，每次教學至少二十次（每個刺激物各自有二次做為目標物的機會），連續二個教學時段達 100% 正確率，跨不同教學者與情境。

三、**類化探測**：要準備五組沒有教過的刺激物，以探測在沒有教學下，學生是否可以獨立表現出正確的配對反應。

四、**教學材料**：先以學生熟悉的物品為主，每次教學的刺激物都需要準備相同的二個物品，讓每個刺激物都可以是目標刺激物。

五、「物品配對」教學單位（以三種刺激物為教學範例）：

MO（動機操作）	A（前事刺激）	B（行為）	C（後果）
確認兒童的偏好物	情境：教學者與學生面對面坐著，在學生面前放置三種不同物品 教學指令：給學生三種物品中的一樣物品時，同時說「找一樣的。」	學生從三個刺激物找出與樣本刺激物一樣的物品	獲得類化增強物

【前事安排與 S^D】

1. 確認學生的偏好物以增加學生學習動機。

2. 該指令需簡潔有力，避免出現與指令無關的語言。

3. 每次教學嘗試後，就要變化目標刺激物，例如，如果是以三個刺激物做為教學材料時，三個刺激物都得到機會成為目標刺激物之後，再重新安排三個刺激物隨機作為目標刺激。

【教學提示】

1. 初始學習階段要以零秒延宕方式提供手勢提示。再逐步褪除提示。

2. 逐步褪除的過程也可以採用固定延宕提示的方式，讓學習者有機會做出獨立反應。

【後效】

1. 盡量選擇學生高度偏好的刺激物，並確認有匱乏經驗（至少二至三小時沒有玩過或接觸該物品）。

2. 當學生有做出給的反應時，教學者給予類化制約增強並搭配社會增強：「很好，你有找到一樣的×××！」

3. 提示下的增強與獨立完成行為時的增強強度要有差別，提示下是較小的增強，獨立表現要給大的增強。

🔍 教學資訊箱

1. 物品配對教學項目的選擇應以兒童生活中常會出現的物品為主，使教學與生活結合。

2. 物品配對的層次安排：

(1) 實際物品（或物品模型）配對實際物品

(2) 實際物品（或物品模型）配對圖片

(3) 圖片配對實際物品（或物品模型）

(4) 圖片配對圖片

3. 刺激類化的安排，物品或圖片要從完全一樣到部分一樣（相似），每樣刺激物至少要準備五種以上的相似物品或圖片。

4. 教學目標中比對刺激材料建議要有十種刺激物，是參考短期記憶廣度中，研究顯示一般人可以記住的字元數量是 7－2 到 7＋2 個字元（張春興，2013），而本課程的標準則取其最高的字元量作為辨識材料數量的安排。

5. 反應類化的安排，要準備未經教學的五組物品進行類化探測，以確認配對能力已經產生。

6. 「物品配對」教學檢核表：

項目	檢核	備註
教學材料與指令		
確認學生的增強物與注意力	□是　□否	
每次準備三種教學刺激，每個刺激物要有二個類化刺激材料	□是　□否	
逐步增加到九個刺激物的辨識教學	□是　□否	
教學指令，簡潔清楚，沒有其他無關干擾語言	□是　□否	
提示方式		
提示方式：手勢或示範	□是　□否	
褪除提示方式：提示後獨立，或三秒固定延宕	□是　□否	
後效增強		
具體增強學生之正確反應	□是　□否	
社會增強與實物增強物配對	□是　□否	
探測		
針對五項未經教學的物品進行探測	□是　□否	

2-2 顏色／形狀配對

? 教學理由

　　配對在認知發展中是一種視知覺能力，配對的能力也反映出個體可以對物品之相同與不同特徵的區辨，物品的特徵，則以顏色及形狀最容易由視覺判讀，對後續特徵或形容詞的發展是一重要基礎。

📝 教學程序

一、**技能描述**：教學者提供樣本刺激物時，學生能從九種刺激物中找出正確的相同特徵的刺激物。

二、**技能標準**：學生能依指令找出相同的顏色或形狀，每次教學至少二十次（二個刺激物各自有二次做為目標物的機會），連續二個教學時段達100%正確率，跨不同教學者與情境。

三、**類化探測**：要準備五組沒有教過的刺激物，以探測在沒有教學下，學生是否可以獨立表現出正確的配對反應。

四、**教學材料**：先以單純的顏色或形狀為主，每次教學的刺激物都需要有二組相同的刺激材料，讓每個刺激物都可以是目標刺激物。

五、「**顏色／形狀配對**」教學單位：（以顏色配對為例）

MO（動機操作）	A（前事刺激）	B（行為）	C（後果）
確認兒童的偏好物	情境：教學者與學生面對面坐著，在學生面前放置三種不同的顏色卡 教學指令：給學生三種顏色中的一樣顏色卡時，同時說「找一樣的。」	學生從三個刺激物找出與樣本刺激物一樣的顏色	獲得類化增強物

【前事安排與 S^D】

　　1. 確認學生的偏好物以增加學生學習動機。

　　2. 該指令需簡潔有力，避免出現與指令無關的語言。

　　3. 每次教學嘗試後，就要變化目標刺激物，例如：從三個刺激物做為教學

材料時，三個刺激物都得到機會成為目標刺激物之後，再重新安排新的
三個刺激物隨機作為目標刺激。

【教學提示】

1. 初始學習階段要以零秒延宕方式提供手勢提示。再逐步褪除提示。

2. 逐步褪除的過程也可以採用固定延宕提示的方式，讓學習者有機會做出
   獨立反應。

【後效】

1. 盡量選擇學生高度偏好的刺激物，並確認有匱乏經驗（至少二至三小時
   沒有玩過或接觸該物品）。

2. 當學生有做出給的反應時，教學者給予類化制約增強並搭配社會增強：
   「很好，你有找到一樣的×色喔！」

3. 提示下的增強與獨立完成行為時的增強強度要有差別，提示下是較小的
   增強，獨立表現要給大的增強。

🔍 教學資訊箱

1. 顏色／形狀配對教學項目的選擇應以兒童生活中常會出現的物品為主，
   使教學與生活結合。

2. 顏色／形狀配對的層次安排：

   (1) 單純顏色／形狀配對單純顏色／形狀。

   (2) 加入物品的顏色／形狀之配對（如：具有各種顏色的球、雪花片、小
       汽車等物品）。

   (3) 教學辨識刺激與干擾刺激可以從各一個刺激，逐漸增加到八個干擾刺
       激物。

3. 刺激類化的安排，單純顏色圖片的準備要從完全一樣到顏色不同深淺，
   形狀也要從一樣的大小到不同大小，每樣刺激物至少要準備五種以上的
   相似圖片。

4. 反應類化的安排，可以從加入物品的顏色進行類化探測，以確認配對能
   力已經產生。如過沒有通過，則進行教學。

5. 「顏色配對」教學檢核表：

項目	檢核		備註
教學材料與指令			
確認學生的增強物與注意力	□是	□否	
每次準備三種教學刺激，每個辨識刺激物要有二個類似的物品	□是	□否	
逐步增加到十個刺激物的辨識教學	□是	□否	
教學指令，簡潔清楚，沒有其他無關干擾語言	□是	□否	
提示方式			
提示方式：手勢或示範	□是	□否	
褪除提示方式：提示後獨立，或三秒固定延宕	□是	□否	
後效增強			
具體增強學生之正確反應	□是	□否	
社會增強與實物增強物配對	□是	□否	
探測			
針對未經教學的刺激物進行探測	□是	□否	

2-3 基礎聽者命名

? 教學理由

　　研究指出，配對能力與指認物品對後續隨機命名能力的開展有其重要性，（用手）指示是發展聽者命名的指標之一，社會情緒中（用手）指示的課程是表達需求的一項技能。透過（用手）指示，兒童可以表達他的需求，而延伸的能力就是分享式注意力的原始宣告指示，以及聽者命名的能力。兒童能依指令指出或給教學者一個物件，則是兒童回應環境的能力，泛自閉症兒童常受限於刻板或高度選擇的臨床症狀，對環境刺激物會有視而不見、聽而不聞的情形，聽者命名能力，特別是指認能力的發展，可以讓兒童對環境的多樣刺激產生興趣，減少固著刻板而增進其彈性。

教學程序

一、**整體學習目標**：能在環境中指認環境中刺激物的名稱，含名詞、動詞、事件、形容詞等。

二、**習得技能描述**：教學者說出一種刺激物的名稱時，學生能從九種刺激物中找出正確的刺激物。

三、**技能標準**：學生能依指令指出一刺激物，每次教學至少十次，連續二個教學時段達 100% 正確率，跨不同教學者與情境。

四、**類化探測**：要準備五組沒有教過的刺激物，以探測在沒有教學下，學生是否可以獨立表現出正確的指認刺激物的反應。

五、**教學材料**：教學材料建議先從與生活相關的物品為先（如，杯子、湯匙、積木、水果模型等）。

六、「聽者命名—指認」教學單位：（以聽者物品命名為例）

MO（動機操作）	A（前事刺激）	B（行為）	C（後果）
確認兒童的偏好物	情境：教學者與學生面對面坐著，在學生面前放置三至九種不同的物品或圖卡 教學指令：「指出×××。」「哪一個是×××，指出來。」	學生能指出正確的刺激物	獲得類化增強物

【前事安排與 S^D】

1. 確認學生的偏好物以增加學生學習動機。

2. 該指令需簡潔有力，避免出現與指令無關的語言。

3. 教學刺激物的安排，可從具體的物品到圖卡，呈現刺激物的數量則從三種刺激物到八種刺激物，每樣刺激物要準備五種以上類化刺激物。

4. 教學指令的類化可以從「給我」、「指出」再進入到「找出來」。

【教學提示】

1. 初始學習階段要以零秒延宕提供肢體或示範提示。再逐步褪除提示。

2. 逐步褪除的過程也可以採用固定延宕提示的方式，讓學習者有機會做出獨立反應。

【後效】

1. 盡量選擇學生高度偏好的刺激物，並確認有匱乏經驗（至少二至三小時沒有玩過或接觸該物品）。

2. 當學生有做出給的反應時，教學者給予類化制約增強並搭配社會增強：「很好，你有指出×××喔！」

3. 提示下的增強與獨立完成行為時的增強強度要有差別，提示下是較小的增強，獨立表現要給大的增強。

🔍 教學資訊

1. 建議先從名詞（物品名稱）開始教導，教學項目的選擇應以兒童生活中常會出現的物品為主，使教學與生活結合。

2. 教學刺激物的層次安排：

(1) 物品名稱（生活中的常見物品，可依類別進行教學、如日常生活用品、用餐用品、盥洗用品、零食及蔬果食物名稱、交通工具等）

(2) 地點名稱（從學生熟悉的生活地點開始，如居家環境中的地點、社區中的地點、學校環境的地點等）

(3) 動詞（從較容易觀察出動態形式的動詞開始，如大肢體動作：跑、跳、盪等，或是生活中常會接觸的動作，如：洗、擦、掃等）

(4) 人物（從生活中熟悉的人物開始，如：爸爸、媽媽、爺爺、奶奶，到社區的專業人員等）

(5) 形容詞（可從感官知覺的形容詞開始，或從外觀容易分辨的形容詞開始，如大、小、長、短、顏色、形狀等）

3. 呈現刺激物的數量，如果要從聚焦階段進行教學，建議從二個刺激物的呈現開始，教圖卡辨識時，必要時可以搭配空白圖卡作為干擾刺激。

4. 刺激類化的安排，各種刺激物（包含實際物品或圖片）的準備，建議每樣刺激物至少要準備五種以上的相似刺激物。

5. 反應類化的安排，可從未教過的刺激物進行探測至少通過十樣物品，以確認聽者指認能力已經產生。

6. 對於有困難學習聽者命名的學生，除了確認該生聽覺配對的能力外，亦可以採用配對帶出聽者命名方式進行教學，配對程序中，教學者在後效增強時必須要說出配對的物品名稱，用此作為引出聽者命名的提示。其教學步驟如下表所示。

教學階段	A（前事刺激）	B（行為）	C（後果）
階段一：配對	教學指令：找出一樣的	學生找出一樣的刺激物	很好，你找出一樣的×××
階段二：聽者命名	教學指令：給我×××	學生能給教學者正確的物品	很好，你有給我×××
教學範例			
階段一：配對	給予三種水果（香蕉、蘋果、鳳梨）教學指令：給學生蘋果，說：找出一樣的	學生找出一樣的蘋果	很好，你找出一樣的蘋果
階段二：聽者命名	給予三種水果，教學指令：給我蘋果	學生能給教學者蘋果	很好，你有給我蘋果

　　剛開始教學時，階段一和階段二的目標物品應該要一樣，等通過精熟標準後，再採用隨機的方式，將階段一與階段二的物品隨機呈現，每次教學至少會呈現五種目標物的刺激材料，如配對鳳梨，但是聽者命名的目標是找出香蕉。這部分是要確認聽者命名的能力已經達獨立階段。

　　7.「基礎聽者命名—指認」教學檢核表（以聽者命名物品為例）：

項目	檢核	備註
教學材料與指令		
確認學生的增強物與注意力	□是　□否	
每次準備的目標刺激物，至少要有五種類似的刺激物	□是　□否	
教學指令，簡潔清楚，沒有其他無關干擾語言	□是　□否	
提示方式		
提示方式：肢體或示範	□是　□否	
褪除提示方式：提示後獨立，或三秒固定延宕	□是　□否	
後效增強		
具體增強學生之正確反應	□是　□否	
社會增強與實物增強物配對	□是　□否	
類化探測		
針對沒有教過的刺激物進行探測（至少要通過十種物品）	□是　□否	

2-4 聽者複雜命名

? 教學理由

　　個體對環境事物的認識，首重物品的功能及特徵的辨識；而環境中的刺激
物是相當龐雜的，如何將其分門別類，則是概念形成的重要過程，聽者複雜命
名（receptive by function, feature, and class，簡稱 RFFC）的內涵主要是指個體能
以物品功能、特徵及類別命名。聽者複雜命名的教學目標就是建立個體對環境
事物的意義與概念，部分自閉症兒童無法從發展過程中逐漸產生對物品的功能
概念或自行分門別類，則需要以教學弭補其不足，以下條列部分聽者複雜命名
相關的教學參考項目。

1. 依物品的功能指出物品

　　例：呈現至少三種物品，當教學者提問：「哪一個是用來喝水的？」學
　　生能指出杯子。物品的功能如：用來吃飯的（碗），用來喝湯的（湯
　　匙）、用來掃地的（掃把）、用來洗臉的（毛巾）等。

2. 依物品的特徵指出物品

　　例：呈現至少三種物品，當教學者說：「指出能裝水有手把的是什麼東
　　西？」學生能指出杯子。

3. 依物品的種類指出物品

　　例：當教學者說：「指出屬於生活用品的物品是什麼？」學生能指出杯
　　子。

　　上述的物品可以替換成地點、人物或動作等。教學形式可以依樣畫葫蘆。

教學程序

一、**整體學習目標**：能在環境中依環境中刺激物的功能、特徵或種類指出該刺
　　激物。刺激物可以是物品、地點、人物或動作等。

二、**習得技能描述**：教學者說出一種刺激物的功能、特徵或種類時，學生能從
　　十二種刺激物中找出正確的刺激物。

三、**技能標準**：學生能依指令指出一刺激物，每次至少有二至五個教學目標，
至少教學十次，連續二個教學時段達 100%正確率，跨不同教學者與情境。

四、**類化探測**：要準備五組沒有教過的刺激物，以探測在沒有教學下，學生是
否可以獨立表現出正確的指認刺激物的反應。

五、**教學材料**：教學材料建議先從與生活相關的物品為先（如，杯子、湯匙、
積木、水果模型等），可以參酌聽者命名的材料，或同時教學。

六、**「聽者複雜命名」教學單位**：

1. 依功能指認物品

MO（動機操作）	A（前事刺激）	B（行為）	C（後果）
確認兒童的偏好物	情境：教學者與學生面對面坐著，在學生面前放置三至九種不同的物品或圖卡 教學指令：「哪一個是用來××的？」	學生能指出正確的刺激物	獲得類化增強物
	範例：教學者呈現三個物品（碗、杯子、筷子），並詢問「哪一個是用來喝水的？」	學生指出杯子	獲得類化增強物

2. 依特徵指認物品

MO（動機操作）	A（前事刺激）	B（行為）	C（後果）
確認兒童的偏好物	情境：教學者與學生面對面坐著，在學生面前放置三至九種不同的物品或圖卡 教學指令：「有××的是哪一個？」	學生能指出正確的刺激物	獲得類化增強物
	範例：教學者呈現三個物品（碗、杯子、筷子），並詢問「哪一個是可裝水有手把的？」	學生指出杯子	獲得類化增強物

3. 依種類指認物品

MO（動機操作）	A（前事刺激）	B（行為）	C（後果）
確認兒童的偏好物	情境：教學者與學生面對面坐著，在學生面前放置三至八種不同的物品或圖卡 教學指令：「哪一個是××類的？」	學生能指出正確的刺激物	獲得類化增強物
	範例：教學者呈現三個物品（碗、鉛筆、玩具車），並詢問「哪一個是廚房用品類的？」	學生指出碗	獲得類化增強物

【前事安排與 S^D】

1. 確認學生的偏好物以增加學生學習動機。

2. 該指令需簡潔有力，避免出現與指令無關的語言。

3. 教學刺激物的安排，可從具體的物品到圖卡，呈現刺激物的數量則從三種刺激物到九種刺激物，每樣刺激物要準備五種以上類化刺激物。

4. 教學指令的類化可以從「給我」、「指出」再進入到「找出來」，功能、特徵或種類的陳述也要試著有些變化。

【教學提示】

1. 初始學習階段要以零秒延宕提供肢體或示範提示。再逐步褪除提示。

2. 逐步褪除的過程也可以採用固定延宕提示的方式，讓學習者有機會做出獨立反應。

【後效】

1. 盡量選擇學生高度偏好的刺激物，並確認有匱乏經驗（至少二至三小時沒有玩過或接觸該物品）。

2. 當學生有做出給的反應時，教學者給予類化制約增強並搭配社會增強：「很棒，你有指出×××喔！」或給予描述性的回饋，再強調一次物品的功能、特徵或類別。

3. 提示下的增強與獨立完成行為時的增強強度要有差別，提示下是較小的增強，獨立表現要給大的增強。

🔍 教學資訊

1. 建議先從學生熟習的名詞（物品名稱）開始教導，尤其是物品功能的教學材料，應以兒童生活中常會出現的物品為主，使教學與生活結合。

2. 呈現刺激物的數量，如果要從聚焦階段進行教學，建議從二個刺激物的呈現開始，教圖卡辨識時，必要時可以搭配空白圖卡作為干擾刺激。

3. 刺激類化的安排，各種刺激物（包含實際物品或圖片）的準備，建議每樣刺激物至少要準備五種以上的相似刺激物。

4. 反應類化的安排，可從未教過的刺激物進行探測至少能通過十樣刺激物的探測，以確認指認能力已經產生。

5. 「聽者複雜命名」教學檢核表：

項目	檢核	備註
教學材料與指令		
確認學生的增強物與注意力	□是　□否	
每次準備的目標刺激物，至少要有五種類似的刺激物	□是　□否	
教學指令，簡潔清楚，沒有其他無關干擾語言	□是　□否	
提示方式		
提示方式：肢體或示範	□是　□否	
褪除提示方式：提示後獨立，或三秒固定延宕	□是　□否	
後效增強		
具體增強學生之正確反應	□是　□否	
社會增強與實物增強物配對	□是　□否	
教學探測		
針對未教過的刺激物進行探測（至少通過十樣則表示通過此課程之教學）	□是　□否	

語言行為大項三
說者（基礎／初級語言操作）

　　Skinner（1957）首先以功能與控制的取向界定語言，而發展出六種基礎（初級）語言操作，其中請求、覆誦、命名及互動式語言對兒童語言的發展尤其深遠，本語言行為大項依序說明這四種語言操作的教學程序，讓有困難發展出語言者，能有具體可行的教學依循方向。其中請求是個體表達內在需求的基本能力，讓個體可以使用適當的口語方式取得想要的物品，而命名則是與大環境接觸，讓個體對環境具有控制力；互動式語言則是與人互動的具體展現，以下將依序說明教學程序。

3-1 請求

? 教學理由

　　許多未發展出適當表達請求能力的兒童，當她／他未獲得其想要的刺激物時，會以不適當的方式取得，因而產生所謂的行為問題。從行為功能的觀點而言，每種行為都是經由學習歷史而產生，且對個體而言是具有功能的，因而通常會發現許多問題行為的功能就是要獲取他想要的刺激物。對於沒能以適當的方式表達其需求的兒童，可以透過系統化的方式學習教導適當的表達方式。

教學程序

一、**技能描述**：沒有刺激物在學習者的視線範圍內，學習者能以口說方式跟聽者表達他想要的刺激物。

二、**技能標準**：學生在沒有看到刺激物的情形下，能依其需求做出口語請求行為，至少獨立以口說方式表達十種以上的物品，跨不同教學者與情境。

三、**教學材料**：教學材料要準備至少十種學生偏好的刺激物，可以是食物、實物或其它玩具類物品。

四、「**請求**」教學單位：

教學階段	MO（動機操作）	A（前事刺激）	B（行為）	C（後果）
階段一	確認兒童最想要的刺激物	情境：清空桌面，只呈現一個高偏好物	說出刺激物的名稱	獲得口說的偏好刺激物
		兒童出現伸手想要該刺激物時，提供覆誦提示		
階段二	確認兒童最想要的刺激物	情境：清空桌面，只呈現一個高偏好物	說出刺激物的名稱	獲得口說的偏好刺激物
		採固定五秒延宕提示，未出現口語時，再給覆誦提示		
階段三	確認兒童最想要的刺激物	只有聽者	說出刺激物的名稱	獲得口說的偏好刺激物
		剛開始先讓說者看到其高偏好刺激物，看到後立刻移開		

【前事安排與 S^D】

1. 確認學生的高偏好刺激物以增加學生表達的動機。

2. 階段一、二皆有呈現刺激物，階段三要移開刺激物，讓該刺激物不在說者的視線範圍內。

【教學提示】

1. 階段一使用覆誦提示，從全口語覆誦提示，逐漸減少提示的程度，直到學生能獨立說出該次刺激物並達標準。

2. 階段二教學者是以零秒延宕提示，等待五秒鐘，如果說者沒有主動說出刺激物的名稱，再提供少量的覆誦提示。

【後效】

1. 要以偏好評估或偏好物選樣方式確認學生當下高偏好的刺激物。

2. 當學生有說出刺激物的名稱時，教學者立即給予該刺激物。

3. 提示下的增強與獨立完成行為時的增強強度要有差別，提示下是較小的增強，獨立表現要給大的增強。

🔍 教學資訊箱

1. 本課程的提示策略為覆誦，教學者必須要先確認學習者具備覆誦的能力，才會進行「覆誦帶要求」的課程。

2. 教學情境的桌面要淨空，只放置學習者偏好的刺激物，避免無關刺激干擾學生的學習。

3. 如果發現說者對所呈現的高偏好刺激已經飽足，則要再執行偏好物選樣，以確認當下學生想要的刺激物。

4. 階段一給提示的時機，是當說者（即學生）出現要拿取物品時，要先確認該刺激物還是在聽者的手中，握住該刺激物同時給覆誦提示。

5. 剛開始說者如果只能覆誦單音，還是給予其偏好物。可以搭配塑造的方式讓說者能完整表達。

6. 每個教學時段至少要有二個不同的教學者，務必要確認教學者的教學程序是一致的。

7. 生活中隨時營造教學的機會,特別是類化到家庭或學校情境。建議在教學時段,讓家長參與類化課程,使家長能學習教學程序,並能正確執行日常生活中的隨機教學。

8. 對於沒有覆誦能力的兒童,可以採用圖片交換溝通系統、擴大式溝通輔具或手語方式教學。要採用手語教學,需先確認聽者具備模仿的能力。

9. 「請求」教學檢核表:

項目	檢核	備註
偏好物選樣		
確認學生當下的偏好物,至少三樣以上	□是　□否	
教學材料與指令		
階段一二:教學環境只有聽者(教學者)和學生的高偏好物	□是　□否	
階段三:教學環境只有聽者(教學者)	□是　□否	
提示方式		
階段一提示方式:覆誦提示	□是　□否	
階段二提示方式:五秒固定延宕	□是　□否	
後效增強		
給予說者其所說出的刺激物(說者想要的物品)	□是　□否	

3-2 覆誦

? 教學理由

　　覆誦的語言操作是讓語言反應受控於語言刺激，並獲得類化制約的後效增強。覆誦能力是教導「請求」的基礎核心，例如，覆誦帶要求正是以覆誦作為提示，以引發個體表達想要的物品方式。覆誦也是教導命名或認知課程的基礎，通常是以覆誦作為口語提示。例如，若兒童有覆誦的能力，可以透過覆誦帶命名的形式進行命名訓練。可見覆誦是口說型式語言學習的基礎，是說者必須要建立的初級語言操作能力。

📝 教學程序

一、**技能描述**：學習者聽到聲音刺激時，能跟說出該聲音刺激。

二、**技能標準**：當學生聽到未經訓練的聲音刺激時，能發出一樣的聲音，達100%正確率，跨不同教學者及地點。

三、**教學材料**：教學材料包含收音表，可以採結構的方式進行收音，依照注音符號列表，分為聲母二十一個、韻母十三個及介音三個。要從單音開始，接著進入聲母及韻母的組合音，再到加入介音的組合音。記錄時要詳細記錄每次學生發出來的音。

四、**「覆誦」教學單位**：

MO（動機操作）	A（前事刺激）	B（行為）	C（後果）
確認兒童的偏好刺激物	情境：清空桌面，只有代幣板 引發注意後，在兒童注意下，教學者呈現聲音刺激	覆誦該聲音刺激	獲得類化制約增強

【前事安排與 S^D】

　　1. 確認學生的高偏好物以增加學生的學習動機。

　　2. 需確認兒童有看著教學者，再發出聲音刺激。

【教學提示】

　　1. 使用塑造的方式，先增強其嘗試發出的音，再以區別增強的方式逐步增強接近目標的聲音。

【後效】

　　1. 對於口語發音很少量的兒童，剛開始只要他願意嘗試，就給增強。

　　2. 如果是提供原級增強物，要切記每次發音後所給的增強物必須是不同的，也可避免學習者會與請求的課程混淆。

　　3. 採用塑音的技術，即依照行為塑造的法則進行區別增強策略，增強較為接近目標物的聲音，消弱之前的音。

🔍 教學資訊箱

　　1. 教學情境的桌面要淨空，只放置代幣及記錄紙，避免無關刺激干擾學生的學習。收音階段，每次收五至十個音就好，以免學生產生挫折；亦可以觀察學生於遊戲或自由活動時間時所發出的聲音，以做為收音的開端。

　　2. 尚未有覆誦能力的學習者，可以先從學習者已經會的音開始，學習者出現覆誦時給立即增強。

　　3. 進行教學時，從兒童的收音表中，選出較為接近目標音的單音開始教學，可以搭配兒童已經會發的音，作為交錯教學。盡量選擇差異較大的音作為交錯的教學刺激，讓學生於開始學習時較容易辨認。

　　4. 每次教學的目標音可以從一至三個不等，應視學生的能力而定。

　　5. 每個教學時段如果要安排不同的教學者，務必要確認不同教學者的教學程序是一致的。

　　6. 類化探測未經訓練的音，每天教學前都要探測五個音。如果通過，則持續試探其他未教過的音，務必確認所有的音都已經可以跟著教學者正確發出。

　　7. 學習者若能發出音，但是不完全是定點對應且形式完全一樣，這些不完全正確的音還是要納入教學。

　　8. 生活中隨時營造教學的機會，特別是類化到家庭或學校情境。讓家長可

以參與類化課程，使能正確執行日常生活中的隨機教學。

9. 對於聲音沒有特殊反應的兒童，可以先從「制約聲音為增強物」或聲音配對的課程開始教起。

10. 對於發音很少變化的兒童，要從日常生活中執行配對程序，對他嘗試發出不同音的行為給予立即增強，讓他喜歡發出不同類型的音。

11. 「覆誦」教學檢核表：

項目	檢核	備註
教學材料與指令		
確認學生的偏好物	□是　□否	
要確認兒童有注意教學者時，教學者再給予聲音刺激	□是　□否	
提示方式		
採用行為塑造的法則增強逐漸接近目標的程序	□是　□否	
後效增強		
給予類化制約增強，搭配社會增強	□是　□否	

3-3 說者命名基礎課程

？ 教學理由

　　兒童能具備命名的能力，除了表示與環境有所接觸，也展現兒童開始有能力控制環境，泛自閉症兒童常受限於刻板或高度選擇的臨床症狀，對環境刺激物會有視而不見、聽而不聞的情形，說者命名能力的發展可以讓兒童對環境的多樣刺激產生興趣，減少固著刻板而增進其彈性，並能增進其控制環境的能力。

教學程序

一、**整體學習目標**：能在環境中說出環境中刺激物的名稱，含名詞、動詞、事件、形容詞等。

二、**習得技能描述**：教學者呈現一系列刺激物時，學生能正確命名至少一百種刺激物。

三、**技能標準**：學生能依刺激物說出其名稱，每次教學至少十次，連續二個教學時段達100%正確率，跨不同教學者與情境。

四、**類化探測**：在沒有正式教學的情形下，學生能以隨機學習的方式，自己學會命名物品的能力。

五、**教學材料**：教學材料建議先從與生活相關的物品為先（如，杯子、湯匙、積木、水果模型等）。

六、**「說者命名基礎課程」教學單位**：（以命名物品為例）

MO（動機操作）	A（前事刺激）	B（行為）	C（後果）
確認兒童的偏好物	情境：教學者與學生面對面坐著，在教學桌面放置不同的物品或圖卡 教學指令：呈現一樣物品或圖片	學生能說出刺激物正確的名稱	獲得類化增強物

【前事安排與 S^D】

1. 確認學生的偏好物以增加學生學習動機。

2. 需注意此課程是說者命名的教學,所以刺激物是物品或圖片,沒有教學指令。

3. 教學刺激物的安排,可從具體的物品再到圖卡。

【教學提示】

1. 初始學習階段要以零秒延宕提供覆誦提示。再逐步褪除提示。

2. 逐步褪除的過程也可以採用固定延宕提示的方式,讓學習者有機會做出獨立反應。

【後效】

1. 盡量選擇學生高度偏好的刺激物,並確認有匱乏經驗(至少二至三小時沒有玩過或接觸該物品)。

2. 當學生有做出給的反應時,教學者給予類化制約增強並搭配社會增強:「太讚了,這是×××!」

3. 提示下的增強與獨立完成行為時的增強強度要有差別,提示下是較小的增強,獨立表現要給大的增強。

🔍 **教學資訊箱**

1. 建議先從名詞(物品名稱)開始教導,教學項目的選擇應以兒童生活中常會出現的物品為主,使教學與生活結合。

2. 教學刺激物的層次安排:

   (1) 物品名稱(生活中的常見物品,可依類別進行命名物品的教學、如日常生活用品、用餐用品、盥洗用品、零食及蔬果食物名稱、交通工具等)

   (2) 地點名稱(從學生熟悉的生活地點開始,如居家環境中的地點、社區中的地點、學校環境的地點等)

   (3) 動詞(從較容易觀察出動態形式的動詞開始,如大肢體動作:跑、跳、盪等,或是生活中常會接觸的動作,如洗、擦、掃等)

(4) 人物（從生活中熟悉的人物開始，如爸爸、媽媽、爺爺、奶奶，到社區的專業人員等）

(5) 形容詞（可從感官知覺的形容詞開始，或從外觀容易分辨的形容詞開始，如大、小、長、短、顏色、形狀等）

3. 刺激類化的安排，各種刺激物（包含實際物品或圖片）的準備，建議每樣刺激物至少要準備五種以上的相似刺激物。

4. 反應類化的安排，可從未教過的刺激物進行探測，以確認指認能力已經產生。

5. 對於有困難學習說者命名的學生，亦可以採用聽者命名帶出說者命名方式進行教學，聽者命名程序中，教學者在後效增強時必須要說出物品名稱，用此作為引出聽者命名的提示。其教學步驟如下表所示。

教學階段	A（前事刺激）	B（行為）	C（後果）
階段一：聽者命名	教學指令：給我×××	學生找出正確的刺激物	很好，這是×××
階段二：說者命名	呈現物品或圖片	學生能正確說出物品的名稱	太讚了，這是×××
教學範例			
階段一：聽者命名	給予三種玩具車（汽車、火車、腳踏車）教學指令：給學生汽車，說：給我汽車	學生找出汽車	很好，這是汽車
階段二：說者命名	聽者命名給予三種玩具車，教學者：呈現汽車（沒有任何口語）	學生說：汽車	太厲害了，你說對了，這是汽車

　　剛開始教學時，階段一和階段二的目標物品應該要一樣，等通過精熟標準後，再採用隨機的方式，將階段一與階段二的物品隨機呈現，每次教學至少會有五種目標物的刺激材料，如聽者命名汽車，但是說者命名的目標是說出腳踏車。這部分是要確認說者命名的能力已經達獨立階段。

6. 「說者命名基礎課程」教學檢核表（以命名物品為例）：

項目	檢核	備註
教學材料與指令		
確認學生的增強物與注意力	□是　□否	
每次準備的目標刺激物，至少要有五種類似的刺激物	□是　□否	
教學指令，簡潔清楚，沒有其他無關干擾語言	□是　□否	
提示方式		
提示方式：覆誦提示	□是　□否	
褪除提示方式：提示後獨立，或三秒固定延宕	□是　□否	
後效增強		
具體增強學生之正確反應	□是　□否	
社會增強與實物增強物配對	□是　□否	
教學探測		
針對未教學過的刺激物進行探測	□是　□否	

3-4 說者複雜命名

? 教學理由

　　個體對環境事物的掌控，除了初級命名操作外，說出物品的功能與特徵則是對物品意涵理解的重要指標；環境中的刺激物是相當龐雜的，如何將其分門別類，更是概念形成的重要過程。上述聽者複雜命名（RFFC）的內涵主要是指個體能以物品功能、特徵及種類命名。而本課程則是將聽者的角色轉為說者，教學目標亦是建立個體對環境事物的意義與概念，個體能以口說的方式表述，代表符號表徵能力亦開始發展，因此，說者複雜命名是個體進入表徵能力的象徵指標。以下先條列部分說者複雜命名相關的教學參考項目。

1. 接續說出或回答說出物品的功能、特徵或種類

　　教導接續說出物品功能的範例：當教學者詢問「你用剪刀……」時，學生會接續說出「剪東西」；「咖啡杯上有……」時，學生會接續說出「手把」；「蘋果是一種……」時，學生會接續說出「水果」。

　　回答說出物品功能、特徵及種類的範例：當教學者詢問「剪刀是用來做什麼的？」時，學生會回答說出「剪東西」；「咖啡杯有哪些特徵？」時，學生會回答說出「手把和杯緣」；「蘋果是屬於什麼種類？」時，學生會回答說出「水果類」。

2. 依物品的功能、特徵或種類說出物品名稱

　　教導依物品功能來命名物品名稱的範例；教學者問「什麼是用來剪東西的？」學生可以回答：「剪刀」。教導依物品特徵來命名物品名稱的範例：教學者問：「什麼東西有窗子和輪子？」學生可以回答：「車子」。教導依物品種類來命名物品的範例：教學者問：「舉出一種交通工具」，學生可以回答：「汽車」或「火車」。

教學程序

一、**整體學習目標**：學生能接續說出或回答物品功能、特徵或種類，或依物品

功能、特徵或種類說出物品物。刺激物可以是物品、地點、人物或動作等。

二、**習得技能描述**：學生能說接續或回答至少五十種刺激物的功能、特徵或種類，或依據刺激物的功能、特徵或種類說出至少五十種刺激物的名稱。刺激物可以是物品或人物。

三、**技能標準**：學生能接續或回答物品功能、特徵或種類，每次至少有二至五個教學目標，至少教學十次，連續二個教學時段達 100% 正確率，跨不同教學者與情境。

四、**類化探測**：要準備五組沒有教過的刺激物，以探測在沒有教學下，學生是否可以獨立表現出正確的指認刺激物的反應。

五、**教學材料**：教學材料建議先從與生活相關的物品為先（如，杯子、湯匙、積木、水果模型等），可以參酌說者命名的材料，或同時教學。

六、**「說者複雜命名」教學單位**：

1. 接續說出物品功能、特徵或種類

MO（動機操作）	A（前事刺激）	B（行為）	C（後果）
確認兒童的偏好物	情境：教學者與學生面對面坐著教學指令：「杯子是用來……的？」（功能）；「杯子上面有……？」（特徵）；「杯子是一種……？」（種類）	學生能說出正確反應：「喝水」；「手把」；「廚房用品」	獲得類化增強物
	提示：必要時，可以使用字卡＋覆誦作為提示，之後再褪除為複誦提示		

2. 依問題回答說出物品功能、特徵或種類

MO（動機操作）	A（前事刺激）	B（行為）	C（後果）
確認兒童的偏好物	情境：教學者與學生面對面坐著教學指令：「杯子是用來做什麼的？」（功能）；「杯子上面有什麼特徵？」（特徵）；「杯子是屬於哪一種類別？」（種類）	學生能說出正確反應：「喝水」；「手把」；「廚房用品」	獲得類化增強物
	提示：必要時，可以使用字卡＋覆誦作為提示，之後再褪除為複誦提示		

3. 依物品的功能、特徵或種類說出物品名稱

MO（動機操作）	A（前事刺激）	B（行為）	C（後果）
確認兒童的偏好物	情境：教學者與學生面對面坐著 教學指令：「什麼是用來剪東西 的？」（依功能）「什麼東西有 窗子和輪子？」（依特徵）； 「舉出一種交通工具」（依種 類）	學生能說出正確的 反應：「剪刀」； 「車子」；「汽車」 或「火車」	獲得類化增 強物
	提示：必要時，可以使用字卡＋ 覆誦作為提示，之後再褪除為複 誦提示		

【前事安排與 S^D】

1. 確認學生的偏好物以增加學生學習動機。

2. 該指令需簡潔有力，避免出現與指令無關的語言。

3. 教學目標刺激的安排，可以是相同的刺激物跨功能、特徵及種類的提問，或是不同刺激物，但都是提問一種相同的問題（可以是功能、特徵或種類）。

【教學提示】

1. 初始學習階段要以零秒延宕提供字卡或圖卡及覆誦提示。再逐步褪除提示。說者語言操作要只受控於前事的語言刺激。

【後效】

1. 當學生有做出給的反應時，教學者給予類化制約增強並搭配描述性增強；給予描述性的回饋時，應再強調一次物品的功能、特徵或種類。

2. 提示下的增強與獨立完成行為時的增強強度要有差別，提示下是較小的增強，獨立表現要給大的增強。

🔍 教學資訊

1. 建議先從學生熟習的物品開始教導，以兒童生活中常會出現的物品為主，使教學與生活結合。

2. 每次教學目標的安排，可以是相同的刺激物跨功能、特徵及種類的提問；

或是不同刺激物，但都是提問一種相同的問題（可以是功能、特徵或種類），若是每次是不同刺激物相同提問，至少準備五種不同刺激物。

3. 反應類化的安排，可從未教過的刺激物進行探測，以確認指認能力已經產生。

4. 「說者複雜命名」教學檢核表：

項目	檢核	備註
教學材料與指令		
確認學生的增強物與注意力	□是　□否	
目標刺激可以是同一物品跨不同提問，或不同物品相同提問	□是　□否	
教學指令，簡潔清楚，沒有其他無關干擾語言	□是　□否	
提示方式		
提示方式：字卡或圖卡＋覆誦	□是　□否	
褪除提示方式：提示後獨立，或三秒固定延宕	□是　□否	
後效增強		
具體增強學生之正確反應	□是　□否	
社會增強與實物增強物配對	□是　□否	

3-5 互動式語言—接續他人語言

? 教學理由

　　B. F. Skinner（1957）所提出互動式語言的特性是口語刺激受控於口語刺激，沒有呈現定點對應的關聯性，而學習的過程是透過自由聯想、連鎖，以及環境中的正增強作用產生。依 Skinner（1957）的看法，互動式語言又分為下列幾種型態：接續他人的語言、簡單回應他人提問，及一來一往的口語對談。其中接續他人語言又分為接續動物叫聲、接續兒歌打油詩等，以及接續他人未完成之命名。以下課程將依序說明接續他人語言之教學程序。

📝 教學程序

一、**學習目標**：學習者能針對前事的未完成口語刺激，接續完成，並獲得環境的正增強。

二、**習得技能描述**：教學者呈現一未完成的兒歌或口語刺激時，學生能接續完成未完成的語言。

三、**技能標準**：學生能依前事刺激接續說出未完成的語言，每次教學至少十次，連續二個教學時段達 100% 正確率，跨不同教學者與情境。

四、**類化探測**：

　　1. 在提供沒有教學過的兒歌範例時，學生能接續未完成的兒歌，達 100% 正確率，至少通過三首兒歌的探測。

　　2. 在提供沒有教學過的動物叫聲範例時，學生能接續未完成的動物叫聲，達 100% 正確率，至少通過三種動物叫聲的探測。

　　3. 在提供沒有教學過的未完成命名範例時，學生能接續未完成的命名，達 100% 正確率，至少通過三個不同未完成命名的探測。

五、**教學材料**：教學材料可以是學生熟習的兒歌或是安排情境讓學生可以接續完成教學者未完成的語言。

六、「互動式語言—接續他人語言」教學單位：

1. 接續兒歌（要先教會學生哼唱兒歌）

教學階段	MO（動機操作）	A（前事刺激）	B（行為）	C（後果）
階段一： 帶著兒童一起哼唱，最後一個字教學者不唱，讓兒童自己唱	播放兒童喜歡的音樂	情境：教學者與學生面對面坐著 教學者：「一閃一閃亮晶……？」	學生接續唱出「晶」	獲得類化增強物
階段二： 帶著兒童一起哼唱，最後二個字教學者不唱，讓兒童自己唱	播放兒童喜歡的音樂	情境：教學者與學生面對面坐著 教學者：「一閃一閃亮……？」	學生接續唱出「晶晶」	獲得類化增強物
階段三： 帶著兒童一起哼唱，教學者只唱＿＿＿，讓兒童自己唱	播放兒童喜歡的音樂	情境：教學者與學生面對面坐著 教學者：「一閃一閃……？」	學生接續唱出「亮晶晶」	獲得類化增強物

【前事安排與 S^D】

1. 可以先和學生一起唱整首歌，之後再重複唱一次時，就可以先探測階段一的程序。

2. 兒歌的選擇，以兒童有興趣的為主，但如果學生固著只想要自己唱，則選擇偏中性的兒歌作為教學材料。

【教學提示】

1. 階段一的初始學習階段，教學者最後一個字不唱，先讓兒童跟著音樂哼完，之後則沒有撥放音樂，教學者採用三秒延宕提示策略，教學者唱到最後一個字時要暫停三秒，讓學生接續完成，再逐步增加未完成的字數。

2. 如果兒童有出現自動接續的行為，則可以不需要依據上述的教學階段。

【後效】

1. 當學生有做出給的反應時，教學者給予類化制約增強並搭配社會增強：「太讚了，你有接著唱耶！」

2. 提示下的增強與獨立完成行為時的增強強度要有差別，提示下是較小的增強，獨立表現要給大的增強。

2. 接續動物的叫聲

教學階段	MO（動機操作）	A（前事刺激）	B（行為）	C（後果）
階段一：覆誦	呈現兒童喜歡的動物	情境：教學者與學生面對面坐著，手中拿著兒童喜歡的動物 教學者：「狗狗的叫聲汪汪汪？」	學生說出「狗狗叫聲汪汪汪」	獲得類化增強物
階段二：接續	呈現兒童喜歡的動物	情境：教學者與學生面對面坐著，手中拿著兒童喜歡的動物 教學者：「狗狗的叫聲……？」	學生接續唱出「汪汪汪」	獲得類化增強物
		提示方式：以三秒延宕提示，引導兒童接續說出汪汪汪的叫聲		

【前事安排與 S^D】

　　1. 確認學生喜歡的動物，以增加學生學習動機。

　　2. 確認兒童的注意力，再給予教學的前事刺激。

【教學提示】

　　1. 階段一事先讓兒童可以跟著覆誦完整的句子。

　　2. 階段二教學者採用三秒延宕提示策略，可以先只停在最後一個字，再逐步增加停下不唱的字數。

　　3. 如果兒童有出現自動接續的行為，則可以不需要依據上述的教學階段。

【後效】

　　1. 當學生有做出給的反應時，教學者給予類化制約增強並搭配社會增強：「太讚了，你有接著說耶！」

　　2. 提示下的增強與獨立完成行為時的增強強度要有差別，提示下是較小的增強，獨立表現要給大的增強。

3. 接續未完成的命名

教學階段	MO（動機操作）	A（前事刺激）	B（行為）	C（後果）
階段一：以呈現刺激物的方式，讓兒童以命名方式接續	呈現兒童喜歡的原級增強物	情境：教學者與學生面對面坐著，先讓兒童吃一小塊增強物（如餅乾） 教學者：「我們吃……？」＋呈現餅乾	學生接續說出「餅乾」	獲得類化增強物
階段二	呈現兒童喜歡的原級增強物	情境：教學者與學生面對面坐著，先讓兒童吃一小塊增強物（如餅乾） 教學者：「我們吃……？」	學生接續說出「餅乾」	獲得類化增強物
		以三秒延宕提示，引導兒童接續說出餅乾，若沒有出現接續語言，則給覆誦提示		

【前事安排與 S^D】

1. 確認學生喜歡的原級增強物，以增加學生學習動機。

2. 讓兒童先吃一小塊他喜歡的食品，再依階段一、二的程序提供前事刺激。

【教學提示】

1. 階段一是提供非語言刺激，讓兒童以命名方式接續未完成的句子。

2. 階段二教學者採用三秒延宕提示策略，可以先只停在最後一個字，再逐步增加停下來的字數。

3. 如果兒童有出現自動接續的行為，則可以不需要依據上述的教學階段。

【後效】

1. 當學生有做出給的反應時，教學者給予類化制約增強並搭配社會增強：「太讚了，你有接著說耶！」

2. 提示下的增強與獨立完成行為時的增強強度要有差別，提示下是較小的增強，獨立表現要給大的增強。

🔍 教學資訊箱

1. 建議要先確認學生偏好的刺激，可以從原級再逐步轉換到次級刺激物。

2. 教學刺激物若是次級刺激物，可考慮下列教學程序的層次安排：

MO（動機操作）	A（前事刺激）	B（行為）	C（後果）
呈現兒童喜歡的次級刺激物	情境：教學者與學生面對面坐著，先跟兒童級該刺激物一起做個小活動，如，玩玩具汽車 教學者：「我們玩……？」	學生接續說出「汽車」	獲得類化增強物
	由命名轉換到互動式語言，或以三秒延宕提示，引導兒童接續說出汽車		

3. 互動式語言之語言操作的前事刺激是語言刺激，若是以命名方式（受控於非語言刺激）引導學生說出接續的名詞，教學者需要謹記需褪除該非語言刺激，始能符合互動式語言的概念。

4. 反應類化的安排，可從未教過的刺激物進行探測，以確認指認能力已經產生。

3-6 互動式語言—回應他人提問

　　當他人提供一系列的資訊時，學生能從中提取相關的內容，並回應他人幾種問題：與人、物有關的問題（是誰／是什麼）、與地點有關的問題（在哪裡）、與動作有關的提問（做什麼）。依據 Skinner（1957）的觀點，互動式語言是受控於口說的語言刺激，因此，本課程的目標是學生能在他人口語的提問下回答問題。此外，Skinner 亦指出回答問題是聽者與說者的結合，也是理解他人語言意涵的具體表現。而回答問題的能力則是後續發展與他人對談、敘說事件的整體脈絡以及作決定的基礎。

3-6-1 回應與人（who）、物（what）有關的問題

教學程序

一、**技能描述**：教學者陳述情境的內容，邀請學生回答與人、物有關的問題。

二、**技能標準**：教學者陳述情境後，並提出與人、物有關的問題，共計二十種不同情境，包含不同人、物，學生能回答 100% 正確率，連續兩次教學（每次約十次教學嘗試），並能跨兩位不同教學者及教學場域。

三、**教學材料**：各種事先設計好的情境至少二十組，以及情境相關圖卡（僅做為提示用途）。

四、「回應與人、物有關的問題」教學單位及範例：

	A（前事刺激）	B（行為）	C（後果）
情境一 （與人有關）	教學者陳述「爸爸在客廳泡茶。」並問：「誰在泡茶？」	學生回答：「爸爸。」	獲得增強或代幣
情境二 （與人有關）	教學者陳述「媽媽在廚房煮菜。」並問：「誰在煮菜？」	學生回答：「媽媽。」	獲得增強或代幣
情境三 （與人有關）	教學者陳述「姊姊在房間唱歌。」並問：「誰在唱歌？」	學生回答：「姊姊。」	獲得增強或代幣
情境四 （與人有關）	教學者陳述：「哥哥買了玫瑰花，回家後放在桌上。」並問：「哥哥買了什麼東西？」或問：「哥哥將什麼東西放在桌上？」	學生回答：「玫瑰花。」	獲得增強或代幣
情境五 （與人有關）	教學者陳述：「老師將考卷放在手提袋裡，開車回家。」並問：「老師將什麼放在手提袋裡？」	學生回答：「考卷。」	獲得增強或代幣

▶ 教學範例

MO（動機操作）	A（前事刺激）	B（行為）	C（後果）
確認兒童的偏好物	情境：事先準備五種情境內容，教學者口述情境 教學指令：教學者提問與人、物有關的問題	學生能回答正確人或物	獲得類化制約增強
	提示策略：可先搭配圖卡，讓學生有具體的圖像作為參考，並搭配口語或字卡提示		

● 3-6-2 回應與地點有關的問題

📝 教學程序

一、**技能描述**：教學者陳述情境的內容，邀請學生回答與地點有關的問題。

二、**技能標準**：教學者陳述情境後並提出與地點有關的問題，共計二十種不同情境，包含不同人物，學生能回答 100% 正確率，連續兩次教學（每次約

十次教學嘗試），並能跨兩位不同教學者及教學場域。

三、**教學材料**：各種事先設計好的情境至少二十組，以及情境相關圖卡（僅做
為提示用途）。

四、**「回應與地點有關的問題」教學單位及範例：**

MO（動機操作）	A（前事刺激）	B（行為）	C（後果）
確認兒童的偏好物	情境：事先準備五種情境內容，教學者口述情境 教學指令：教學者提問與地點有關的問題	學生能回答正確地點	獲得類化制約增強
	提示策略：可先搭配圖卡，讓學生有具體的圖像作為參考，並搭配口語或字卡提示		

▶ **教學範例**

	A（前事刺激）	B（行為）	C（後果）
情境一	教學者陳述「爸爸在客廳泡茶。」並問：「爸爸在哪裡泡茶？」	學生回答：「客廳。」	獲得增強或代幣
情境二	教學者陳述「媽媽在廚房煮菜。」並問：「媽媽在哪裡煮菜？」	學生回答：「廚房。」	獲得增強或代幣
情境三	教學者陳述「姊姊在房間唱歌。」並問：「姊姊在哪裡唱歌？」	學生回答：「房間。」	獲得增強或代幣
情境四	教學者陳述「曉華在公園玩盪鞦韆。」並問：「曉華在哪裡盪鞦韆？」	學生回答：「公園。」	獲得增強或代幣
情境五	教學者陳述「小花在大賣場買生活用品。」並問：「小花在哪裡買生活用品？」	學生回答：「大賣場。」	獲得增強或代幣

3-6-3 回應與動作有關的問題

📝 **教學程序**

一、**技能描述**：教學者陳述情境的內容，邀請學生回答與動作有關的問題。

二、**技能標準**：教學者陳述情境後並提出與事情有關的問題，共計二十種不同
情境，包含不同人物，學生能回答 100% 正確率，連續兩次教學（每次教
學約十次教學嘗試），並能跨兩位不同教學者及教學場域。

三、**教學材料**：各種事先設計好的情境至少二十組，以及情境相關圖卡（僅做
為提示用途）。

四、**「回應與動作有關的問題」教學單位及範例：**

MO（動機操作）	A（前事刺激）	B（行為）	C（後果）
確認兒童的偏好物	情境：事先準備五種情境內容，教學者口述情境 教學指令：教學者提問與動作有關的問題	學生能回答正確動作	獲得類化制約增強
	提示策略：可先搭配圖卡，讓學生有具體的圖像作為參考，並搭配口語或字卡提示		

▶ **教學範例**

	A（前事刺激）	B（行為）	C（後果）
情境一	教學者陳述「爸爸在客廳泡茶。」並問：「爸爸在客廳做什麼？」	學生回答：「泡茶。」	獲得增強或代幣
情境二	教學者陳述「媽媽在廚房煮菜。」並問：「媽媽在做什麼？」	學生回答：「煮菜。」	獲得增強或代幣
情境三	教學者陳述「姊姊在房間唱歌。」並問：「姊姊在做什麼？」	學生回答：「唱歌。」	獲得增強或代幣

🔍 **教學資訊箱**

1. 有關人、物提問的情境設計，物品的詢問方式設計舉例如：情境為「鬧
鐘放在姊姊的房間，以便叫她準時起床」，問題可以設計為：「什麼放
在姊姊的房間？」

2. 如果字卡提示對學生學習依舊產生困難，可以考慮以情境圖卡（與提問
的情境一樣的圖卡）做為提示。而看故事書時能回答故事書的問題，這
部分並不屬於互動式語言的範疇，讀者必須要能區分這兩者的差異。然

而對於強烈依賴視覺線索的學生，可以先搭配圖卡或故事書作為輔助，最終目標還是需要讓學生能受控於口語的語言刺激。

3. 進行地點或動作提問之前，需先確認學生已經具備至少各二十種以上的地點及動詞命名能力。

4. 當學生在三種回應問題的學習已經精熟後，可以使用真實發生的事件或故事書做為類化教材，並於當中穿插三種不同的問題，讓學生開始建構出人、事、時、地、物的基本概念。

5. 對時間的提問，需先確認學生對時間已經具備基本的概念，如準點概念、上下午等。

6. 「互動式語言—回應他人提問」教學檢核表：

項目	檢核	備註
教學材料與指令		
確認學生的注意力	□是　□否	
教學者陳述的句子結構由簡短到複雜	□是　□否	
教學者陳述內容時需清楚明確	□是　□否	
提示方式		
依學生的學習特性選擇提示方式：圖卡、字卡、口語	□是　□否	
錯誤糾正		
確認提示、轉換、重複的步驟	□是　□否	
後效增強		
後效增強具體增強學生之正向反應	□是　□否	

7. 回應他人提問其後續可延伸的能力，以敘說能力為代表。敘說，簡單而言就是陳述一事件的來龍去脈，亦即對於曾經發生的事情，能夠以人、事、時、地、物的方式描述整體事件。例如，周末去度假，可以清楚的交代下列資訊：和誰去、去什麼地方、什麼時間出發、何時抵達、做了哪些活動、心情如何等等。此種整體脈絡的陳述，正是整合上述 3-6-1 到 3-6-3 的課程的具體展現。

3-7 刺激間關聯的連結訓練

　　依據 Freeman and Dake（1997）以及作者的實務經驗，互動式語言中的對談能力，應涵蓋下列幾種語言行為的技能：刺激間關聯的連結訓練、生活相關事件的因果關係、相關字詞的聯想等，最後才是主題式對談的教學。首先，刺激間關聯的連結訓練，主要是幫助個體增加對環境刺激間的連結，尤其泛自閉症者對環境刺激的選擇上常有過度窄化的現象，此訓練可以使自閉症者能注意到刺激物的多重面向，亦等同發展出多重線索的反應能力（Keogel et al., 1989）此外，刺激間關聯的連結訓練也有助於環境刺激間因果關係的建立。依照Freeman 和 Dake（1997）及鳳華（2006）的觀點，刺激間關聯的連結訓練之教學可依序安排如下：(1)以「是」連結之相關詞組；(2)連結感官知覺的詞彙，如：聞起來、嘗起來……等；以及(3)再逐漸加入動作、前置詞或感覺的詞彙。以下分別說明教學的詳細步驟。

3-7-1 以「是」連結的相關詞組的教學

教學程序

一、**技能描述**：類似於名詞＋形容詞的連結訓練，教學者呈現一物品（名詞），提問問題後，學生能回答問題並以「是」連結兩個詞組。

二、**技能標準**：學生能100%正確將兩種刺激組連結，至少能回答三十組，跨不同情境，或通過五組刺激組的探測。

三、**教學材料**：應準備至少三十組的名詞+形容詞的詞組，以及相關圖卡二生肖（僅作為提示之用）。

四、「以『是』連結的相關詞組」教學單位及範例

配對的詞組	A（前事刺激）	B（行為）	C（後果）
名詞＋形容詞	階段一：呈現一物品圖片或字卡＋問題：「什麼和××在一起」	○○和××在一起	類化制約增強
	階段二：呈現圖片或文字「名詞／形容詞」＋問題：「為什麼××和○○在一起？」	因為××是○○的	類化制約增強

▶ 教學範例

配對的詞組	A（前事刺激）	B（行為）	C（後果）
蘋果＋紅色	階段一：呈現蘋果圖片或字卡＋問題：「什麼和蘋果在一起」	紅色和蘋果在一起	類化制約增強
	階段二：呈現圖片或文字「蘋果／紅色」＋問題：「為什麼蘋果和紅色在一起？」	因為蘋果是紅色的	類化制約增強
草地＋綠色	階段一：呈現草地圖片或字卡＋問題：「什麼和草地在一起」	綠色和草地在一起	類化制約增強
	階段二：呈現圖片或文字「草地／綠色」＋「為什麼草地和綠色在一起？」	因為草地是綠色的	類化制約增強

⬤ 3-7-2 連結感官知覺詞彙的教學

📝 教學程序

一、**技能描述**：以感官知覺的動詞連結名詞+形容詞，教學者呈現一物品（名詞），提問問題後，學生能回答問題並以「感官動詞」連結兩個詞組。

二、**技能標準**：學生能 100%正確將兩種刺激組以感官動詞連結，至少能回答二十組，跨不同情境，或通過五組刺激組的探測。

三、**教學材料**：應準備至少三十組的名詞+形容詞的詞組，以及相關圖卡（僅作為提示之用）。

四、「連結感官知覺詞彙」的教學單位及範例

配對的詞組	A（前事刺激）	B（行為）	C（後果）
名詞＋形容詞（與感官知覺有關的）	階段一：呈現一物品圖片或字卡＋問題：「什麼和××在一起」	○○和××在一起	類化制約增強
	階段二：呈現圖片或文字「名詞／形容詞」＋問題：「為什麼××和○○在一起？」	因為××＋感官動詞＋○○的	類化制約增強

▶ 教學範例

配對的詞組	A（前事刺激）	B（行為）	C（後果）
檸檬＋酸的	階段一：呈現檸檬圖片或字卡＋什麼和檸檬在一起	酸的和檸檬在一起	類化制約增強
	階段二：呈現文字「檸檬／酸的」＋「為什麼這兩個在一起？」	因為檸檬嘗起來是酸的	類化制約增強

🔍 教學資訊箱

1. 上述的教學提示可以是口語或字卡，最終的標準是學生要能受控於口語的語言刺激。

2. 上述詞組的組合練習是名詞加上形容詞，生活中的各種物品都是可以練習的詞組。

3. 有關動作詞組的範例，如，將小朋友和鞦韆放在一起，學生需要能以動詞的詞組連結兩個物品，亦即能回答：「小朋友在盪鞦韆」。

4. 有關前置詞的範例，如，將枕頭和床放在一起，詢問為什麼這兩樣東西在一起，學生須能以前置詞連結兩個刺激物：「因為枕頭會放在床上」。

5. 此課程建議要延伸到相關事件的連結，相關事件的連結對後續閱讀理解有重要意義。教學程序類似上述的教學範例，茲舉例說明如下：

配對的詞組	A（前事刺激）	B（行為）	C（後果）
（事件一＋事件二）	階段一：呈現〈爸爸拿他的公事包〉和〈爸爸要走出門上班〉（字卡或圖卡）＋ 什麼和爸爸出門有關	爸爸拿公事包和〈出門上班〉有關	類化制約增強
	階段二：為什麼這兩個事件有關	因為爸爸上班時都會帶公事包	類化制約增強

6.「刺激間關聯的連結訓練」教學檢核表：

項目	檢核		備註
教學情境與指令			
確認學生的增強物與注意力	□是	□否	
教學材料的安排，以學生生活中常出現的物品為主，教學者提問要分兩階段提問，先請學生回答形容詞，之後再提問「為什麼兩個會在一起？」的問題	□是	□否	
提示方式			
提示方式：口語、字卡	□是	□否	
褪除提示方式：提示後獨立，或以五秒固定延宕提示策略	□是	□否	
後效增強			
具體增強學生之正確反應，特別強化二刺激物的連結關係	□是	□否	
類化制約增強搭配描述型回饋	□是	□否	

3-8 生活相關事件的因果關係

　　因果關係的理解是個體未來發展抽象思考的基礎，而因果關係現象經常蘊含在生活的各種事件中以及情緒經驗的理解。對生活事件因果關係的連結，是理解的具體展現，是互動式語言的重要基石，也是未來高層次邏輯思考問題解決的先備能力。

教學程序

一、**技能描述**：教學者呈現一情境並提問問題後，學生能以「因為……所以」的方式陳述因果關係。

二、**技能標準**：學生能 100%正確以「因為……所以」陳述因果關係，至少能回答三十組，跨不同情境，或通過五組刺激組的探測。

三、**教學材料**：應準備至少三十組能引發因果關係陳述的情境，以及相關圖卡（僅作為提示之用）

四、**以「因為……所以」連結的相關詞組的教學單位及範例**

MO（動機操作）	A（前事刺激）	B（行為）	C（後果）
確認學生的偏好物	呈現一情境圖片。 教學者提問：「為什麼會×××？」	因為〇〇所以××	類化制約增強

▶ 教學範例

MO（動機操作）	A（前事刺激）	B（行為）	C（後果）
確認學生的偏好物	呈現喉嚨痛的圖片。 教學者提問：「為什麼會喉嚨痛？」	因為感冒生病了，所以喉嚨痛	類化制約增強

教學資訊箱

　　1.上述的教學提示可以是字卡或口語，最終的標準是學生要能受控於口語的語言刺激。

2. 教學材料可以是生活中的各種情境，可以依類別進行教學，例如：生理需求或病痛的因果（如，因為口渴所以要喝水、因為感冒生病所以喉嚨痛；因為蛀牙所以牙齒痛等）、生活經驗的因果（因為下雨所以要撐傘、因為很熱所以開冷氣等），及物理狀態的因果（因為有電池所以玩具車會動、因為有插電所以洗衣機會運轉等）。

3. 反應類化的安排，可準備為教學過的刺激材料進行探測，以確認學生已經具備因果關係的理解力。

4.「刺激間關聯的連結訓練」教學檢核表：

項目	檢核		備註
教學情境與指令			
確認學生的增強物與注意力	□是	□否	
教學材料的安排，以學生生活中常出現的情境為主，教學者提問：「為什麼？」的問題	□是	□否	
提示方式			
提示方式：口語、字卡	□是	□否	
褪除提示方式：提示後獨立，或以五秒固定延宕提示策略	□是	□否	
後效增強			
具體增強學生之正確反應，特別強化因為……所以的連結關係	□是	□否	
類化制約增強搭配描述型回饋	□是	□否	

3-9 相關字詞的聯想

　　Skinner（1957）指出，互動式語言是透過自由聯想的學習過程，聯想能力的流暢也同時反映了語言內涵的豐富度。相關字詞聯想的訓練類似擴散思考的能力，也能增加個體思考的彈性，對自閉症者而言，可以藉以突破其固著的臨床症狀。教學程序大致上是教學者先呈現一生活常用的語詞，學生則練習去回應與該語詞相關的詞語，初期訓練時多需要較多的提示協助，以及強力的後效強化物，再逐步退除協助與增強（鳳華，2006；Freeman & Dake, 1997）。

📝 教學程序

一、技能描述：教學者呈現一字詞後，學生能接續或聯想出相關的詞彙。

二、技能標準：學生能 100% 獨立接續詞組，至少能接續二十個詞組。

三、教學材料：應準備至少二十組能引發因果關係陳述的情境，以及相關圖卡（僅作為提示之用）。

四、「相關字詞的聯想」的教學單位及範例

MO（動機操作）	A（前事刺激）	B（行為）	C（後果）
確認學生有興趣的材料	呈現一個字或詞 教學者提問：「說說看和這有關的事物？」	學生聯想相關詞彙	類化制約增強

▶ **教學範例**

MO（動機操作）	A（前事刺激）	B（行為）	C（後果）
確認學生有興趣的材料，如下雨	呈現下雨（字卡或口說） 教學者提問：「想想看和下雨有關的事物？」	學生回答：雨傘、搭公車、雨衣、雲層很黑、涼爽的	類化制約增強

🔍 教學資訊箱

　　1. 上述的教學提示可以是字卡或口語，最終的標準是學生要能受控於口語的語言刺激。

2. 相關字詞的聯想，亦可以用圖示方式，類似擴散思考或概念圖的方式，讓學生可以被引導出相關的字詞。例如：超市的概念圖可以如下：

3. 語詞接龍的教學，可以先提供一個字彙庫，讓學生可以從該字彙庫中選取有關的詞彙。例如，提供一系列跟雨有關的字彙庫，讓學生可以自由挑選其中他有興趣的字彙。

4. 相關字詞的聯想是後續開啟主題式對談的基礎。字詞聯想訓練完成後，主題式對談的訓練就能開展。開始練習時，可以使用開放式的問題詢問，如：「你對什麼主題有興趣」？若學生無法回答，則提供選擇式的問題，如：「你想談公園或是大賣場」？接著對話。訓練的階段可分為以下五個階段（Freeman & Dake, 1997）：(1)先進行與主題相關字詞的聯想；(2)將字詞轉化說出完整的句子；(3)語言精緻化的練習；以及(4)將各單獨的句子連成一個合乎邏輯的一連串對話。以下分別說明之。

(1) 與主題相關字詞的聯想：例如談話主題可設定為：公園，接著透過相關字詞聯想的使用（提示語：公園有什麼？），請孩子說出與公園有關的詞語，並協助孩子用紙寫下來，至少四個，如：鞦韆、溜滑梯、蹺蹺板、草地。

(2) 將這些字詞讓學生說出完整的句子，可以用互動式語言方式引導說出：公園裡有鞦韆，教學者則提供覆誦的回應，再持續將其他字詞引導說出完整的句子。

(3) 語言精緻化：針對上述的詞語加上簡單的刺激聯結關係訓練，如：顏色、感官知覺、動作等的提示，目的在達成語言的精緻化。範例如

下：將孩子說的語詞依相關性配對寫下來：鞦韆／好玩、溜滑梯／好
快、蹺蹺板／高高低低、草地／綠色。

(4) 串連成句：在串連成句的過程，首先應先將單獨的語詞串聯成一個句
子，再將各單獨的句子連成一個合乎邏輯的一連串對話。主題式對話
訓練於此完成。

語言行為大項四
進階說者（延伸語言操作）

　　Skinner（1957）從操作的觀點，以功能與控制的取向界定語言，發展出六種基礎（初級）語言操作，並延伸出次級語言操作及多重控制的概念，本進階語言行為大項將涵蓋進階命名、自動附加及多重控制之教學程序。本篇的進階說者會讓讀者耳目一新，並跳脫行為分析無法處理高階認知或語言的迷思，本語言行為大項也配合本書第一部分的理論概述，讓讀者能將理論與實務教學結合，為泛自閉症者及其他有需要的特殊族群提供清楚的教學方針。

4-1 進階命名─多重線索

? 教學理由

環境中的非語言刺激涵蓋有多元的特性，讓該刺激的獨特性能不同於其他刺激物。例如，蘋果會有不同的顏色、形狀或味道，這些特性可以讓蘋果與其他水果有所區隔。然而泛自閉症者受限於其固著及高度選擇的特性，可能會只選擇物品的某個特定的面向做反應，而讓個體侷限了他對環境非語言刺激的掌控力；這部分和 Keogel 指出多重線索的辨識能力是泛自閉者的核心能力之一的概念相符。如何讓學習者看到非語言刺激時，能掌握刺激物的多元特性，則是本課程進階命名教學重點之一。

✍ 教學程序

一、**教學目標**：學生能依據多元的語言刺激做出適當的回應。

二、**習得技能描述**：教學者呈現一系列語言刺激物時，學生能指認出正確的刺激物。

三、**技能標準**：學生能依教學者的多元指令，找出正確的刺激物，每次教學至少有四至五個目標，教學至少二十次，連續二個教學時段達 80%正確率，跨不同教學者與情境。

四、**教學材料**：教學材料建議可從與生活相關的物品為先（如，毛巾、湯匙、玩具、水果模型等）。

五、「進階命名—多重線索」教學單位：（以命名物品為例）

教學階段	MO（動機操作）	A（前事刺激）	B（行為）	C（後果）
階段一： 二種區辨線索	確認學生的偏好物	情境：需準備能區辨二種線索的材料，例如，教學者：「找出紅色的毛巾？」材料需要有紅色的毛巾和藍色的毛巾，以及紅色的餐巾	學生能找出正確的刺激物	獲得類化增強物
		提示策略：手勢或示範		
階段二： 三種以上區辨線索	確認學生的偏好物	情境：需準備能區辨二種線索的材料，例如，教學者：「找出紅色的小浴巾？」材料需要有紅色的大浴巾、紅色的小浴巾和藍色的浴巾，以及紅色的餐巾	學生能找出正確的刺激物	獲得類化增強物
		提示策略：手勢或示範		

【前事安排與 S^D】

1. 確認學生的偏好物以增加學生學習動機。

2. 指令需簡潔有力，避免出現與指令無關的語言。

3. 教學刺激物的安排，必須要能展現區辨力：二種區辨線索至少要有三種物品，才能展現兩兩刺激的區辨；三種區辨線索則需要至少四種物品以展現區辨力。

【教學提示】

1. 可採用手勢或示範提示。再逐步褪除提示。

2. 如果無法褪除提示，要確認學生是否已經精熟基本命名的先備技能。

【後效】

1. 當學生有做出給的反應時，教學者給予類化制約增強並搭配社會增強：「太讚了，這個就是×××！」

2. 提示下的增強與獨立完成行為時的增強強度要有差別，提示下是較小的增強，獨立表現要給大的增強。

教學資訊箱

1. 建議教學項目的選擇應以兒童生活中常會出現的物品為主，使教學與生活結合。

2. 教學活動可以安排在日常生活中，例如，要刷牙，請兒童找到他的牙刷；要穿衣服或洗澡則準備毛巾等，其後效增強正是他所需要的物品，以符合自然增強的教學概念。

3. 反應類化的安排，可從未教過的刺激物進行探測，以確認指認能力已經產生。

4. 多重線索的教學是必須同時結合動機策略、提示及增強後效的。其中動機是主要引發後續教學的重點，動機可以是當下學生有興趣的物品、他喜歡的物品或正在進行他有興趣的活動。掌握動機後，就可以將當下的情境轉換為教學活動，例如，學生喜歡盪鞦韆，他正在盪鞦韆時，可以使用中斷連鎖的策略，讓鞦韆的擺動暫停，自動引發學生與教學者眼神接觸的目標行為，後效增強則是讓他繼續盪鞦韆（自然增強）。如果是要加入多重線索的概念，教學者必須要在教學前做好事前的準備，例如，如果是要學生能區辨二種線索的材料，例如，教學者：「找出紅色的毛巾？」材料需要有紅色的毛巾和藍色的毛巾，以及紅色的餐巾，紅色的毛巾和藍色的毛巾是要確認顏色的區辨力（因為控制了毛巾這個特徵），而紅色的毛巾和紅色的餐巾則是要確認物品區辨力，因為二種物品的顏色是一樣的，而只有一個面向——物品不一樣。這個教學就可以安排在游完泳之後要有浴巾、沐浴之前要帶毛巾等，結合當下的動機，並搭配自然增強——獲得他要的毛巾。

5. 「進階命名─多重線索」教學檢核表：

項目	檢核	備註
教學材料與指令		
確認學生的增強物與注意力	□是　□否	
每次準備的目標刺激物，需依照區辨線索的數量做安排	□是　□否	
教學指令，簡潔清楚，沒有其他無關干擾語言	□是　□否	
提示方式		
提示方式：手勢或示範提示	□是　□否	
後效增強		
具體增強學生之正確反應	□是　□否	
以自然增強為主	□是　□否	

4-2 進階命名—命名事件

❓ 教學理由

　　兒童具備命名的能力，是兒童展現控制環境力的開端，而能命名環境中的事件，則是掌控環境力的進階表現。例如，要教導學生情緒因果關係，理解情緒發生的原因，學生必須能命名事件；或要教學生問題解決的能力，學生必須要能先命名環境的事件，之後再針對所發生的事件找出適當的處理方式。因此命名事件對社會情緒課程中的情緒因果關係及問題解決是相當重要的。本課程的先備技能正是基本命名操作，命名事件的能力正是可以將這些基礎命名操作組合成複雜語言並成為有意義的概念。

📝 教學程序

一、**整體學習目標**：能在環境中說出環境中的事件，並能以主詞、動詞及受詞的方式陳述；或描述事件時，能加入形容詞及副詞以豐富描述的內容。

二、**習得技能描述**：當呈現事件圖片時，學生能正確命名至少五十種事件。

三、**技能標準**：學生能依圖片中的事件說出該名稱，每次教學至少五種事件刺激、每個時段二十次教學，連續二個教學時段達 80% 正確率，跨不同教學者與情境。

四、**類化探測**：在沒有正式教學的情形下，學生能以隨機學習的方式，自己學會命名事件的能力。

五、**教學材料**：教學材料可以是教學者以真人示範，或是以圖片形式呈現，建議可以從簡單的動詞＋名詞的簡單事件為主，再逐步加入主詞始能陳述完整事件的順序。

六、「進階命名—命名事件」教學單位：

1. 命名動詞＋名詞

教學階段	MO（動機操作）	A（前事刺激）	B（行為）	C（後果）
階段一： 互動式語言 引發命名	確認學生的偏好物	情境：教學者與學生面對面坐著，呈現一個影片活動或圖片（如，堆積木） 教學者：「這人在做什麼？」或「這小女孩在做什麼？」	學生說出「堆積木」	獲得類化增強物
		提示策略：使用互動式語言接續的教學策略，引發命名事件		
階段二： 純粹命名事件	確認學生的偏好物	情境：教學者呈現數張事件圖片 教學者：「告訴我圖片的人在做什麼事？」之後不再有該指導語	說出事件名稱	獲得類化增強物
		提示策略：以三秒延宕提示，引導兒童接續說出事件名稱，若沒有出現接續語言，則給覆誦提示		

【前事安排與 S^D】

1. 確認學生的偏好物以增加學生學習動機。

2. 教學刺激的安排，可從動態的事件示範再到圖卡刺激。

3. 階段二要能建立純粹命名事件的能力，因此教學者的指導語只在剛開始教學前說一次即可。

【教學提示】

1. 階段一可採用互動式語言接續教學的概念引發命名。

2. 階段二則採固定延宕提示的方式，讓學習者有機會做出獨立反應，未出現正確反應再給覆誦提示。

【後效】

1. 當學生有說出正確反應時，教學者給予類化制約增強並搭配描述回饋。

2.延伸課程：命名主詞＋動詞＋名詞

MO（動機操作）	A（前事刺激）	B（行為）	C（後果）
確認學生的偏好物	承續上一個課程的教學材料 教學者：「這人在做什麼？」或 「這小女孩在做什麼？」	學生說出「他在堆積木」	獲得類化增強物
	使用覆誦的教學策略，引發完整命名事件，接著以延宕提示策略逐步褪除		

🔍 教學資訊箱

1. 教學項目的選擇應以兒童生活中常會出現的活動事件為主，使教學與生活結合。

2. 教學材料的建議：

(1) 學生會的活動，如運動（投籃球、跳格子、跳繩等）、遊戲（堆積木、玩車子、猜拳、玩大富翁等）。

(2) 生活日常事件，如盥洗、用餐、準備餐點、整理家務及購物等。

(3) 生活意外事件，如打破杯子、切到手受傷、地板濕而滑倒等。

3. 刺激類化的安排，各種刺激物（包含動態影片或圖片）的準備，建議每樣刺激物至少要準備三種以上的相似刺激物。

4. 「進階命名—命名事件」教學檢核表：

項目	檢核		備註
教學材料與指令			
確認學生的增強物與注意力	□是	□否	
每次教學至少準備五種不同的教學材料	□是	□否	
階段二要能建立純粹命名事件，教學者的指導語只在剛開始教學前說出即可。	□是	□否	
提示方式			
提示方式：以互動式語言接續的方式引發命名	□是	□否	
褪除提示方式：提示後獨立，或三秒固定延宕	□是	□否	
後效增強			
具體增強學生之正確反應	□是	□否	
類化制約增強搭配描述型回饋	□是	□否	

4-3 自動附加

? 教學理由

　　Skinner（1957）認為自動附加須以初級語言行為作為基礎，沒有初級語言操作，自動附加則不會發生；而自動附加的功能是修飾基本語言操作，或更精確地描述語言行為，並對聽者產生不同的行為反應。語言的精確度及複雜度也因著自動附加而因應而生。說者為了要準確傳遞訊息，當中會包含有區辨的過程，可能是對事件的確定程度，或呈現事件中多寡的議題，讓描述的概念更為精準。

📝 教學程序

一、**整體學習目標**：當個體為精確描述環境中的事件時，(1)能依據說者自己對情境的掌握度，選擇以適當的動詞做表述；(2)當陳述的事件須以量化的方式展現以凸顯其精確度時，說者能以適當的量詞做陳述。

二、**習得技能描述**：當呈現事件圖片時，學生能正確命名至少五十種事件。

三、**類化探測**：在自然情境下蒐集學生的語言樣本，分析學生使用自動附加的類型及頻率。

四、**教學情境設計如下**：

　1. 安排情境一：讓學生真正看到或只是聽到聲音，或是由他人告知的不同情境，當教學者問：「同學在做什麼？」能夠以「我看到」、「我聽到」或「別人告訴我」的方式陳述一事件。

　2. 安排情境二：讓學生觀察一個與數量有關的事件（可以是影片片段），當教學者問：「請告訴我你看到什麼？」學生可以以準確的量詞陳述事件。

五、「自動附加」教學單位：

教學類型	A（前事刺激）	B（行為）	C（後果）
類型一： 精確描述事件	情境：讓學生看到同學在做一件事（如，堆積木），再走向教學者 教學者：「同學在做什麼？」	學生說出「在堆積木」	獲得類化增強物
	教學者：「你如何知道同學在堆積木？」	學生：「因為我看到同學在堆積木」	獲得類化增強物
	提示策略：可以先用字卡方式讓學生選擇他想要使用的語詞（呈現我看到、我聽到、別人說），再褪除字卡		
類型二： 以量詞精準陳述事件	情境：呈現一小段影片，音樂會的場合，會場坐滿人 教學者：「告訴我演唱會的情形？」	學生：「會場人很多」	獲得類化增強物
	如果說者沒有呈現準確的量詞，則再繼續詢問：「再更清楚的告訴我演唱會的情形？」	學生：「演唱會會場的人都坐滿了」	
	提示策略：可以先用呈現各種字卡，讓學生選擇他想要使用的語詞（坐滿了、坐滿一半、坐滿八成），再褪除字卡		

【前事安排與 S^D】

　　1. 類型一教學情境的安排，可以是看到、聽到、聞到或由他人告知的情形。

　　2. 類型二的情境要能展現下列的狀態：多／少；全部／一半／部分／沒有；空的／滿的／部分滿，讓學生能學習使用數量概念更清楚的陳述事件。

【教學提示】

　　1. 類型一及類型二都可採接續提問的方式讓學生講述的事件更精確，若需要，可搭配字卡方式，讓學生依實際情境作出適當的選擇，再將字卡逐步褪除。

【後效】

　　1. 當學生有說出正確反應時，教學者給予類化制約增強並搭配描述回饋。

教學資訊箱

1. 教學項目的選擇應以兒童生活中常會出現的活動事件為主,使教學與生活結合。

2. 教學材料的建議,需先確認安排的事件或情境是學生熟習可以命名的,可以是某人在運動(投籃球、跳格子、跳繩等)、遊戲(堆積木、玩車子、猜拳、玩大富翁等)等。

3. 表述量詞的情境安排,可以是人潮、車潮、瓶罐的內容物、雪花片、積木等物品。

4. 情境的安排可以是讓學生看到正在發生的事件;或是由他人告知,或讓學生聽到事件中的聲音等,讓學生可以學習使用「我看到」、「我聽到」或「別人說」等不同的附加語詞。

5. 「自動附加」教學檢核表:

項目	檢核	備註
教學情境與指令		
確認學生的增強物與注意力	□是　□否	
第一類的教學情境的安排,以學生生活中常出現的活動事件為主,教學者提問要分二階段提問,先請學生描述事件,之後再提問「你如何知道?」	□是　□否	
第二類的教學是加上量詞以精確描述事件	□是　□否	
提示方式		
提示方式:給予三種字卡讓學生選擇適當的反應	□是　□否	
褪除提示方式:提示後獨立,或以五秒固定延宕提示策略	□是　□否	
後效增強		
具體增強學生之正確反應	□是　□否	
類化制約增強搭配描述型回饋	□是　□否	

4-4 聚斂式／擴散式多重控制

? 教學理由

人類的語言大多是錯綜複雜的，初級語言操作提供了語言的基本架構，實際的人際互動中採用單一初級語言操作的卻很少見。大部分的時候，我們所使用的語言都包含了不同種類的多重因果關聯。針對語言的複雜性，Skinner 運用了多重因果關聯的概念來分析，其中包含有聚斂式多重控制以及擴散式多重控制。Feng、Chou 和 Tsai（2015）運用語言行為中聚斂式和擴散式多重控制的原理，教導自閉症兒童回答分類的問題並學習提供多重解答。本課程即參酌該研究，期待能提供一個嶄新的教學形式，增進教學彈性及想像力。

教學程序

一、**整體學習目標**：當教學者呈現多重刺激時，要求學生能以多元反應方式回應該提問，以顯示出聚斂式思考及擴散式思考的能力。

二、**習得技能描述**：當教學者的提問是涉及二種以上語言操作刺激，能依其提問回應五種以上反應。

三、**技能標準**：學生能依多元刺激的提問，說出二至五種以上反應，每個時段十次教學，連續二個教學時段達 80%正確率，跨不同教學者與情境。

四、**類化探測**：在沒有正式教學的情形下，學生能依提問自發說出正確的反應，以展現擴散思考的能力。

五、「聚斂式／擴散式多重控制」教學單位：

1. 聚斂式＋擴散式

教學階段	MO（動機操作）	A（前事刺激）	B（行為）	C（後果）
階段一： 聚斂式	確認學生的偏好物	情境：教學者與學生面對面坐著 教學者：「請說出紅色的水果」	學生說出「草莓」	獲得類化增強物
		提示策略：使用圖片提示		
階段二： 聚斂式＋擴散式	確認學生的偏好物	情境：教學者呈現數張事件圖片 教學者：「請說出紅色的水果，至少三種」	學生說出「草莓」、「櫻桃」、「番茄」	獲得類化增強物
		提示策略：以三秒延宕提示，引導兒童說出答案，若沒有出現，則給圖片提示		

2. 擴散思考

教學階段	MO（動機操作）	A（前事刺激）	B（行為）	C（後果）
階段一： 擴散式	確認學生的偏好物	情境：教學者與學生面對面坐著 教學者：「長長的脖子，喜歡吃樹葉、身上有斑紋的是……」	學生說出「長頸鹿」	獲得類化增強物
		提示策略：使用圖片提示		
階段二： 聚斂式	確認學生的偏好物	情境：教學者呈現數張事件圖片 教學者：「請說出至少三種長頸鹿的特徵」	學生說出「脖子長長的」、「喜歡吃樹葉」、「是哺乳動物」	獲得類化增強物
		提示策略：以三秒延宕提示，引導兒童說出答案，若沒有出現，則給圖片提示		

【前事安排與 S^D】

1. 確認學生的偏好物以增加學生學習動機。

2. 第一類型的教學刺激的安排，從分類再加上一種辨識刺激，先確認兒童已經具備該類型的分類能力。

3. 第二類型的教學是先從聚斂式的訓練，再轉換到擴散式的教學。

【教學提示】

1. 可採用圖卡提示，必要時再加入覆誦提示。

2. 轉換階段則採用時間延宕策略。

【後效】

1. 當學生有說出正確反應時，教學者給予類化制約增強並搭配描述回饋。

🔍 教學資訊箱

1. 教學項目的選擇應配合兒童偏好的物品為優先，以引發學習動機。

2. 教學材料的建議：

   (1) 區辨刺激＋類別：紅色的水果、綠色的水果、黃色的水果；陸上交通工具、水上交通工具、空中交通工具；餐具類廚房用品、鍋具類廚房用品等。

   (2) 第二種類型的聚斂式教學，可搭配說者複雜命名中，刺激物特徵的教學，將多種特徵作為引發聚斂反應的刺激源。

3. 反應類化的探測，可記錄學生是否有出現自發未教過的反應，以確認聚斂式或擴散式思考能力已經產生。

4. 「聚斂式／擴散式多重控制」教學檢核表：

項目	檢核		備註
教學材料與指令			
確認學生的增強物與注意力	□是	□否	
第一類型教學刺激的安排，從分類再加上一種辨識刺激，先確認兒童已經具備該類型的分類能力	□是	□否	
第二類型的教學是先從聚斂式的訓練，再轉換到擴散式的教學	□是	□否	
提示方式			
提示方式：圖片，必要時加覆誦	□是	□否	
褪除提示方式：提示後獨立，或三秒固定時間延宕	□是	□否	
後效增強			
具體增強學生之正確反應	□是	□否	
類化制約增強搭配描述型回饋	□是	□否	

 結　語

　　　　生命是需要滋潤的，情緒交流是滋潤生命的源頭。

如何讓自閉症者感受並能享受生命的美好，情感的交流互惠是首要關鍵。

　　　　而社交溝通與語言行為則是開啟交流互惠的管道，

　　　有溝才能通，溝通之道在於能以各種語言形式傳遞各種訊息

　生命感動人之處正是以社交溝通及各種語言形式傳遞訊息、分享情感

　　　　　讓他們不再孤單，不再因不確定而產生焦慮，

　讓他們也能體會原來生命的悲喜怒怕都是可以分享的、彼此支持的。

　　　　讓每個生命不再孤獨，讓生命充滿喜悅與平安。

參考文獻

中文部分

宋維村（2001）。自閉症的行為特徵。**臺東特教簡訊**，14，1-5。

姜忠信、宋維村（2001）。自閉症患者相互注意協調能力的發展——回顧與前瞻。**自閉症學術文集**，125-143。

洪蘭譯（1997）。**心理學**。臺北市：遠流。

許君翎、陳姵瑱、鳳華（2012）。亞斯柏格兒童情緒辨識及情緒推論能力探究。論文發表於第十四屆臺灣兒童青少年精神醫學會年會，臺北市。

陳皎眉、楊家雯（2009）。情緒調節與情緒管理。**T & D 飛訊**，10，26-36。

張春興（1989）。**張氏心理學辭典**。臺北市：東華。

張春興（1994）。**現代心理學**。臺北市：東華。

張春興（2013）。**現代心理學（重修版）**。臺北市：東華。

張明莉、鳳華（2004）。單一嘗試教學對國中自閉症學生電話使用之學習成效研究。**特殊教育學報**，20，25-56。

黃鈺菁、鳳華（2007）。學齡前自閉症兒童相互注意協調能力學習成效初探之研究。**特殊教育研究學刊**，32（1），121-142。

鳳華（2001）。中部地區自閉症兒童心智理論之發展現況及心智理論訓練對高功能自閉症兒童社會技巧之成效研究。行政院國家科學委員會專題研究計畫成果報告（NSC 89-2413-H-018-026）。

鳳華（2005）。B. F. Skinner 語言行為（Verbal Behavior）與自閉兒童之語言教學。**特教園丁**，20（3），20-28。

鳳華（2006）。從 Skinner 的互動式語言談高功能自閉症學生社會互動語言之教導。**特殊教育季刊**，101，25-33。

鳳華（2007）。中部地區亞斯伯格症者心智理論之發展現況及心智理論社會技

巧教學成效結案報告。行政院國家科學委員會專題研究報告（精簡版），
NSC-95-2413-H-018-003。

鳳華（2011）。國小階段亞斯伯格症者在意圖理解與推理表現之比較研究。行
政院國家科學委員會專題研究報告（精簡版），NSC 99-2410-H-018 -010。

鳳華（2012）。彰化縣行為輔導成果報告。彰化縣：彰化縣政府。

鳳華、姚祥琴（2004）。單一嘗試教學法對增進國中自閉症學生－主題式談話
行為之成效研究。東臺灣特殊教育學報，6，89-116。

鳳華、鍾儀潔、彭雅真（譯）（2012）。J. Cooper 等著。應用行為分析（Ap-
plied behavior analysis）。臺北市：學富。

廖思雅（2012）。意圖解讀訓練課程對泛自閉症兒童之教學成效研究。未出版
之碩士論文，國立彰化師範大學，彰化市。

蔡秀玲、楊志馨（1999）。情緒管理。臺北市：揚智文化。

蔡馨惠（2015）。語言行為。載於鳳華等著，應用行為分析導論（p. 211-
235）。新北市：心理。

應小端（譯）（1999）。T. Grandin 等著。星星的孩子：一個畜牧科學博士的自
閉症告白（Emergence: labeled autistic）。臺北市：天下文化。

鍾佳蓁、鳳華（2005）。核心反應訓練對學齡前自閉症兒童象徵性遊戲行為之
影響研究。特殊教育研究學刊，29，175-197。

鍾儀潔、鳳華（2014）。訓練特教老師實施兩種偏好評量法。特殊教育學報，
40（2），93-112。

英文部分

Adamson, L. B., & Chance, S. E. (1998). Coordinating attention to people, objects, and
language. In A. M. Wetherby, S. F. Warren, & J. Reichle (Eds.), *Communication
and language intervention series: Vol.7. Transitions in prelinguistic
communication* (pp.15-37). Baltimore: Brookes.

American Psychiatric Association (APA) (2013). *Diagnostic and statistical manual of
mental disorder* (5th ed.). Washington, DC: Author.

Astington, J. W., & Jenkins, J. M. (1995). Theory of mind and social development. In J. Dunn (Ed.), *Connection between emotion and understanding in development* (pp.157-167). Hove, UK: Lawrence Erlbaum Association.

Baer, D. M., Peterson, R. F., & Sherman, J. A. (1967). The development of imitation by reinforcing behavioral similarity of a model. *Journal of the Experimental Analysis of Behavior, 10*, 405-416.

Bandura, A. (1977). *Social learning theory*. New York: General Learning Press.

Baron-Cohen, S. (1992). Out of sight or out of mind: Another look at deception in autism. *Journal of Child Psychology and Psychiatry, 33*, 1141-1155.

Baron-Cohen, S. (1995). The eye detection detector and the shared attention mechanism. In C. Moore, & P. J. Dunham (Eds.), *Joint attention: Its origins and role in development* (pp. 49-54). New Jersey: Lawrence Erlbaum.

Baron-Cohen, S., Tager-Flusberg, H., & Cohen, D. J. (2000). *Understanding other Minds: Perspectives from developmental cognitive neuroscience* (2nd ed.). New York: Oxford University Press.

Baron-Cohen, S., O'Riordan, M., Stone, V., Jones, R., & Plaisted, K. (1999). A new test of social sensitivity: Detection of faux pas in normal children and children with Asperger syndrome. *Journal of Autism and Developmental Disorders, 29*, 407-418.

Bellovin, E. (2011). *Response and Stimulus Prompts*. Retrieved from http://www.scholasticinterventions.org/2011/12/01/prompting

Bijou, S. W., & Baer, D. M. (1965). *Child development: Vol. 2. Universal stage of infancy*. New York: Appleton-Century-Crofts.

Bridges, K. M. B. (1932). Emotional development in early infancy. *Child Development, 3*, 324-341.

Birnbrauer, J., & Leach, D. (1993). The Murdoch early intervention program after 2 years. *Behaviour Change, 10*(2), 63-74.

Brüne, M., & Brüne-Cohrs, U. (2005). Theory of mind—evolution, ontogeny, brain mechanisms and psychopathology. *Neuroscience and Biobehavioral Reviews*, *30* (4), 1-19.

Bondy, A. S., & Frost, L. A. (1994). The picture exchange communication system. *Focus on Autistic Behavior*, *9*(3), 1-19.

Butterworth, G. (1995). Origins of mind in perception and action. In C. Moore, & P. J. Dunham (Eds.), *Joint attention: Its origins and role in development* (pp.29-40). New Jersey: Lawrence Erlbaum.

Carpenter, M., Nagell, K., & Tomasello, M. (1998). Social cognition, joint attention, and communicative competence from 9 to 15 months of age. *Monographs of the society for research in child development, 255*, 63, No.3.

Carter, M., & Grunsell, J. (2001). The behavior chain interruption strategy: A review of research and discussion of future directions. *The Journal of the Association for Persons With Severe Handicaps*, 26, 37-49.

Charles, E. P., Bybee, M. D., & Thompson, N. S. (2011). A behaviorist account of emotions and feelings: Making sense of James D. Laird's feelings: The perception of self. *Behavior and Philosophy, 39*, 1-16.

Charlop-Christy, M. H., & Daneshvar, S. (2003). Using video modeling to teach perspective taking to children with autism [Electronic version]. *Journal of Positive Behavior Interventions, 5*, 12-21.

Cooper, J., Heron, T., & Heward, W. (2007). *Applied behavior analysis* (2nd ed.). Columbus, OH: Merrill.

Corkum, V., & Moore, C. (1995). Development of joint visual attention in infants. In C. Moore & P. J. Dunham (Eds.), *Joint attention: Its origins and role in development* (pp.61-84). New Jersey: Lawrence Erlbaum.

DeCasper, A. J., & Spence, M. J. (1987). Prenatal maternal speech influences on newborn's perception of speech sounds. *Infant Behavior and Development, 2*, 133-150.

Delaney, P. F., & Austin, J. (1998). Memory as behavior: The importance of acquisition and remembering strategies. *The Analysis of Verbal Behavior, 15*, 75-91.

DeLeon, I. G., & Iwata, B. A. (1996). Evaluation of a multiple-stimulus presentation format for assessing reinforcer preferences. *Journal of Applied Behavior Analysis, 29*, 519-532.

Denham, S. A. (1986). Social cognition, prosocial behavior, and emotion in preschoolers: Contextual validation. *Child Development, 57*, 194-201.

Denham, S. A., Blair, K. A., DeMulder, E., Levitas, J., Sawyer, K., Auerbach-Major, S., & Queenan, P. (2003). Preschool emotional competence: Pathway to social competence? *Child Development, 74*(1), 238-56.

Dube, W. V., MacDonald, R., Mansfield, R. C., Holcomb, W. L., & Ahearn, W. H. (2004). Toward a behavioral analysis of joint attention. *The Behavior Analyst, 27*, 197-207.

Ekman, P. (1972). *Emotions in the human face*. New York: Pergamon Press.

Ekman, P. (1999). Basic Emotions. In T. Dalgleish & M. Power (Eds.), *Handbook of cognition and emotion* (pp. 45-60). Chichester: John Wiley & Sons Co..

Feng, H., Lo, Y., Tsai, S., & Cartledge, G. (2008). The effects of theory-of-mind and social skill training on the social competence of a 6th-grade student with autism. *Journal of Positive Behavior Interventions, 10*(4), 228-242.

Feng, H., & Williamson, P. (2003). *The effects of discrete trial teaching on the situational-based emotion identification of two preschoolers with Autism*. Paper was presented at the 29th Annual Convention of Associaltion for Behavioral Analysis, San Fransico, CA , May, 25, 2003.

Feng, H., Xu, S., Lee., G., & Sun, W. (2014). *Teaching children with autism creative use of common objects to engage in symbolic pretend play activities*. Paper was presented at the 40th Annual Convention of Association for Behavioral Analysis, Chicago, May, 24, 2014.

Fisher, W. W., Piazza, C. C., Bowman, L. G., Hagopian, L. P., Owens, J. C., & Slevin, I. (1992). A comparison of two ap-proaches for identifying reinforcers for persons with severe and profound disabilities. *Journal of Applied Behavior Analysis*, *25*, 491-498.

Flavell, J. H., Miller, P. H., & Miller, S. (1993). *Cognitive development*. Englewood Cliffs, NJ: Prentice-Hall.

Freeman, S., & Dake, L. (1997). *Teach me language: A language manual for children with autism, Asperger's syndrome and related developmental disorders* (2nd). Langley, B. C.: SKF Books.

Frith, U. (1989). Autism and "Theory of Mind". In C. Gillberg (Ed.), *Diagnosis and treatment of autism* (pp. 33-52). New York: Plenum Press.

Frost, L., & Bondy, A. (1994). *The picture exchange communication system training manual.* Cherry Hill, NJ: Pyramid Educational Consultants, Inc.

Frost, L., & Bondy, A. (2002). *The picture exchange communication system training manual* (2nd ed.). Cherry Hill, NJ: Pyramid Educational Consultants.

Gewirtz, J. L, & Pelaez-Nogueras, M. (1992). Infant social referencing as a learned process. In S. Feinman (Ed.), *Social referencing and the social construction of reality in infancy* (pp. 151-173). New York: Plenum.

Gillberg, C. (1998). Asperger syndrome and high-functioning autism. *The British Journal of Psychiatry, 172*, 200-209.

Gillott, A., Furniss, F., & Walter, A. (2004). Theory of mind ability in children with specific language impairment. *Child Language Teaching and Therapy, 20*, 1-11.

Glenn, S. S., Ellis, J., & Greenspoon, J. (1992). On the revolutionary nature of the operant as a unit of behavioral selection. *American Psychologist, 47*, 1329-1336.

Goetz, E. M., & Baer, D. M. (1973). Social control of form diversity and the emergence of new forms in children's block building. *Journal of Applied Behavior Analysis*, *6*, 209-217

Gómez, J. C., Sarria, E., & Tamarit, J. (1993). The comparative study of early communication and theories of mind: Ontogeny, phylogeny, and pathology. In S. Baron-Cohen, H. Tager-Flusberg et al. (Eds), Understanding other minds:

Perspectives from autism (pp. 397-426). New York: Oxford University Press.

Green, G. (1996). Early behavioral intervention for autism: What does research tell us? In C. Maurice (Editor), *Behavioral intervention for young children with autism: A manual for parents and professionals*, (pp.29-44). Austin, TX: PRO-ED.

Green, G. (2001). Behavior analytic instruction for learners with autism: Advances in stimulus control technology. *Focus on Autism and Other Developmental Disabilities*, 16(2), 72-85.

Greenspan, S. I., Weider, S., & Simon, R. (1998). *The child with special needs: Encouraging intellectual and emotional growth.* Reading, MA: Perseus Books.

Greer, R. D., & Ross, D. E. (2008). *Verbal behavior analysis: Inducing and expanding new verbal capabilities in children with language delays.* Boston: Allyn & Bacon.

Greer, R. D., Pistoljevic, N., Cahill, C., & Du, L. (2011). Effects of conditioning voices as reinforcers for listener responses on rate of learning, awareness, and preferences for listening to stories in preschoolers with autism. *The Analysis of Verbal Behavior, 27*(1), 103-124.

Guevremont, D. C., Osnes, P. G., & Stokes, T. F. (1988). The functional role of preschoolers' verbalizations in the generalization of self-instructional training. *Journal of Applied Behavior Analysis, 21*, 45-55.

Gustein, S. E., & Whitney, T. (2002). Asperger syndrome and the development of social competence. *Focus on Autism and Other Developmental Disabilities, 161*, 11-20.

Hall, G. A., & Sundberg, M. L. (1987). Teaching mands by manipulating conditioned establishing operations. *The Analysis of Verbal Behavior, 5*, 41-53.

Harris, P. L. (1989). Autism. In P. L. Harris (Ed.), *Children and emotion.* Oxford: Blackwell.

Hetherington, E. M., & Parke, R. D. (1993). *Child psychology: A contemporary viewpoint* (4th ed.). New York: McGraw-Hill.

Hoffman, M. L. (1983). Affective and cognitive processes in moral internalization: An information processing approach. In E. T. Higgins, D. Ruble, & W. Hartup (Eds.), *Social cognition and social development: A Socio-cultural perspective* (pp. 236-274). New York: Cambridge University Press.

Hoffman, M. L. (1991). Empathy, cognition, and social action. In W. M. Kurtines & J. L. Gewirtz (Eds.), *Handbook of moral behavior and development: Advances in theory, research, and application, 1*, (pp. 275-303). Hillsdale, NJ: Lawrence Erlbaum Associates.

Holth, P. (2005). An Operant Analysis of Joint Attention Skills. *Journal of Early and Intensive Behavior Intervention, 2*(3).

Howlin, P., Baron-Cohen, S., & Hadwin J. (1999). *Teaching children with autism to mind-read*. West Sussex, UK: Wiley.

Jolliffe, T., & Baron-Cohen, S. (1999). The strange stories test: A replication with high-functioning adults with autism or Asperger syndrome. *Journal of Autism and Developmental Disorders, 29*, 395-406.

Jones, E. A., & Carr, E. G. (2004). Joint attention in children with autism: Theory and intervention. *Focus in Autism and Other Developmental Disabilities, 19*(1), 13-26.

Kerr, S., & Durkin, K. (2004). Understanding the thought bubbles as mental representations in children with autism: Implications for theory of mind. *Journal of Autism and Developmental Disorders, 34*, 637-648.

Koegel, L. K., Frea, W. D., & Surratt, A. V. (1994). Self-management of problematic social behavior. In E. Schopler & G. B. Mesibov (Eds.), *Behavioral issues in Autism* (pp. 81-97). New York: Plenu-m Publishing Co., Inc.

Koegel, R. L., Schreibman, L., Good, A., Cerniglia, L., Murphy, C., & Koegel, L. (1989). *How to teach pivotal behaviors to children with autism: A training manual*. CA: University of California, Santa Barbara.

Laird, J. D. (2007). *Feelings: The perception of self*. New York: Oxford University Press.

Leaf, R., & McEachin, J. (1999). *A work in progress: Behavior management strategies and a curriculum for intensive behavioral treatment of autism*. New York, NY: DRL Books Inc.

Leekam, S. R., & Perner, J. (1991). Does the autistic child have a meta-representational deficit? *Cognition, 40*, 203-218.

Leslie, A. M. (1987). Pretence and representation: The origins of "theory of mind". *Psychological Review, 94*, 412-426.

Lovaas, O. I. (1977). *The autistic child: Language training through behavior modification*. New York: Irvington.

McKay, M., Wood, J. C., & Brantley, J. (2007). *The dialectical behavior therapy skills workbook*. Oakland, CA: New Harbinger Publications, Inc.

Meltzoff, A. N., & Moore, M. K. (1983). Newborn infants imitate adult facial gestures. *Child Development, 54*, 702-709.

Michael, J. (2004). *Concepts and principles of behavior analysis* (rev. ed.). Kalamazoo, MI: Society for the Advancement of Behavior Analysis.

Michael, J. (2007). Motivating operations. In J. Cooper, T. Heron, & W. Heward (Eds.), *Applied behavior analysis* (2nd ed.) (pp.373-391). Columbus, OH: Merrill.

Michael, J., Palmer, D. C., & Sundberg, M. L. (2011). The multiple control of verbal behavior. *The Analysis of Verbal Behavior*, *27*, 3-22.

Morgan, B., Maybery, M., & Durkin, K. (2003). Weak central coherence, poor joint attention, and low verbal ability: Independent deficits in early autism. *Developmental Psychology, 39*(4), 646-656.

Mundy, P., & Crowson, M. (1997). Joint attention and early social communication: Implications for research on intervention with autism. *Journal of Autism and Developmental Disorders, 27*(6), 653-676.

Mundy, P., Sigman, M., & Kasari, C. (1994). Joint attention, developmental level, and symptom presentation in young children with autism. *Development and Psychopathology, 6*, 389-401.

Muris, P., Steerneman, P., Meesters, C., Merckelbach, H., Horselenberg, R., Hogen, T., & Dongen, L. (1999). The TOM test: A new instrument for assessing theory of mind in normal children and children with pervasive developmental disorder. *Journal of Autism and Developmental Disorders, 29*, 67-80.

Myles, B. S., & Simpson, R. L. (1998). *Asperger syndrome: A guide for educators and parents*. Austin, TX: PRO-ED.

Myles, B. S., & Simpson, R. L. (2001). Effective practices for students with Asperger symdrome. *Focus on Exceptional Children, 34*(3), 1-14.

Novak, G., & Pelaez, M. (2004). *Child and adolescent development: A behavioral systems approach*. Thousand Oaks, CA: Sage.

Nuzzolo-Gomez, R., Leonard, M. A., Ortiz, E., Rivera, C. M., & Greer, R. D. (2002). Teaching children with autism to prefer books or toys over stereotypy or passivity. *Journal of Positive Behavior Intervention, 4*, 80-87.

Ockleford, E. M., Vince, M., Layton, C., & Reader, M. R. (1988). Responses of neonates to mothers' and others' voices. *Early Human Development, 18*, 27-36.

Osterling, J., & Dawson, G. (1994). Early recognition of children with autism: A study of first birthday home videotapes. *Journal of Autism and developmental Disorders, 24*, 247-257.

Palmer, D. C. (1991). A behavioral interpretation of memory. In L. J. Hayes, & P. N. Chase (Eds.), *Dialogues on verbal behavior: The first international institute on verbal relations* (pp. 261-279). Reno, NV: Context Press.

Pelaez, M., Virués-Ortega, J., & Gewirtz, J. L. (2012). Acquisition of social referencing via discrimination training in infants. *Journal of Applied Behavior Analysis, 45*(1), 23-35.

Pennsylvania Department of Education (2010). http://www.pattan.net/Videos/Browse/? topic=3

Perner, J., & Wimmer, H. (1985). "John thinks that Mary thinks that···": Attribution of second-order beliefs by 5-10 years old children. *Journal of Experimental Child*

Psychology, 39, 437-471.

Piaget, J. (1972). *The psychology of the child*. New York: Basic Books.

Pons, F., Harris, P. L., & de Rosnay, M. (2004). Emotion comprehension between 3 and 11 years: Developmental periods and hierarchical organization. *European Journal of Developmental Psychology, 1*, 127-152.

Premack, D., & Woodruff, G. (1978). Does the chimpanzee have a theory of mind? *Behavioral and Brian Science, 4*, 515-526.

Rincover, A. (1981). *How to use sensory extinction*. Austin, TX: Pro-Ed.

Ringdahl, J. E., Vollmer, T. R., Marcus, B. A., & Sloane, H. S. (1997). An analogue evaluation of environmental enrichment: The role of stimulus preference. *Journal of Applied Behavior Analysis, 30*, 203-216.

Roscoe, E. M., & Fisher, W. W. (2008). Evaluation of an efficient method for training staff to implement stimulus preference assessments. *Journal of Applied Behavior Analysis, 41*, 249-254.

Schaffer, R. (1984). *The child's entry into a social world*. London: Academic Press.

Schlinger, H. D. (2008). Listening is behaving verbally. *The Behavior Analyst, 31*(2), 145-161.

Schwartz, I. S., Garfinkle, A. N., & Bauer, J. (1998). The picture exchange communication system: Communicative outcomes for young children with disabilities. *Topics in Early Childhood Special Education, 18*, 144-159.

Sigman, M., & Kasari, C. (1995). Joint attention across contexts in normal and autistic children. In C. Moore & P. J. Dunham (Eds.), *Joint Attention: Its origin and role in development*, (pp. 189-203). Hillsdale, N. J.: Lawrence Erlbaum.

Sigman, M. D., Kasari, C., Kwon, J., & Yirmiya, N. (1992). "Responses to the negative emotions of others by autistic, mentally retarded, and normal children." *Child Development, 63*, 796-807.

Simpson, R. L. (2005). Evidence-based practices and students with autism spectrum disorders. *Focus on Autism and Other Developmental Disabilities, 20*(3), 140-

149.

Skinner, B. F. (1953). *Science and human behavior*. New York: Free Press.

Skinner, B. F. (1957). *Verbal behavior*. Acton, MA: Copley Publishing Group.

Skinner, B. F. (1974). *About behaviorism*. New York: Knopf.

Sroufe, L. A. (1996). *Emotional development: The organization of emotional life in the early years*. New York: Cambridge University Press.

Stone, W. L., & Caro-Martinez, L. M. (1990). Naturalistic observations of spontaneous communication in autistic children. *Journal of Autism and Developmental Disorders*, *20*, 437-453.

Sun, W., & Feng, H. (2018). *Teaching children with autism to relate self to others*. Oral presentation at the ABAI's 44 Annual Convention in San Diego, CA, USA , on May 26, 2018.

Sundberg, M. L. (2007). Verbal behavior. In J. Cooper, T. Heron, & W. Heward, *Applied behavior analysis* (2nd ed.) (pp.525-547). Columbus, OH: Merrill.

Sundberg, M. L., & Partington, J. W. (1998). *Teaching language to children with autism or other developmental disabilities*. Pleasant Hill, CA: Behavior Analysts, Inc.

Sundberg, M. L., Loeb, M., Hale, L., & Eigenheer, P. (2002). Contriving establishing operations to teach mands for information. *The Analysis of Verbal Behavior, 18*, 15-29.

Sundberg, M. L., Michael, J., Partington, J. W., & Sundberg, C. A. (1996). The role of automatic reinforcement in early language acquisition. *The Analysis of Verbal Behavior, 13*, 21-37.

Szatmari, P., Brenner, R., & Nagy, J. (1989). Asperger's syndrome: A review of clinical features. *Canadian Journal of Psychiatry, 34*, 554-560.

Tager-Flusberg, H., & Sullivan, K. (1994). A second look at second-order belief attribution in autism. *Journal of Autism and Developmental Disorders, 24*, 577-586.

Taylor, B., & Hoch, H. (2008). Teaching children with autism to respond to and initiate bids for joint attention. *Journal of Applied Behavior Analysis, 41*(3), 377-391.

Thompson, R. A. (1994). Emotion regulation: A theme for search definition. Monographs of the Society for research. *Child Development: Development of emotion regulation: Biological and behavioral considerations, 59* (2/3), 25-52.

Tomasello, M. (1995). Joint attention as social cognition. In C. Moore, & P. J. Dunham (Eds.). *Joint attention: Its origins and role in development* (pp.103-130). New Jersey: Lawrence Erlbaum.

Triesch, J., Teuscher, C., Deak, G. O., & Carlson, E. (2006). Gaze following: Why (not) learn it? *Developmental Science, 28*, 675-735.

Tu, J. C. (2006). The role of joint control in the manded selection responses of both vocal and non-vocal children with autism. *The Analysis of Verbal Behavior*, 22, 191-207.

Venezia, M., Messinger, D. S., Throp, D., & Mundy, P. (2004). The development of anticipatory smiling. *Infancy, 6*(3), 397-406.

Volkmar, F. R., Carter, A., Grossman, J., & Klin, A. (1997). Social development in autism. In D. J. Cohen & F. R. Volkmar (Eds.), *Handbook of autism and pervasive developmental disorders* (2nd Ed.) (pp.173-194). New York: John Wiley & Sons, Inc.

Wellman, H. M. (1990). *The child's theory of mind* [electronic resource]. Cambridge, Mass.: MIT Press.

Wellman, H. M. (1993). Early understanding of mind: The normal case. In S. Baron-Cohen, H. Tager-Flusberg, & D. Cohen (Eds.), *Understanding other minds: Perspectives from autism* (pp.10-39). Oxford, England: Oxford University Press.

Wellman, H. M., & Lagattuta, K. H. (2000). Developing understandings of mind. In S. Baron-Cohen, H. Tager-Flusberg, & D. J. Cohen (Eds.), *Understanding other minds: Perspectives from developmental cognitive neuroscience* (2nd ed.) (pp. 21-49). New York: The Oxford University Press.

White, F., Hayes, B., & Livesey, D. (2005). *Developmental psychology: From infancy*

to adulthood. Pearson Education Australia: Sydney.

Williams, T. I. (1989). A social skills group for autism children. *Journal of Autism and Developmental Disorders, 19*(1), 143-155.

Wimmer, H., & Perner, J. (1983). Beliefs about beliefs: Representation and constraining function of wrong beliefs in young children's understanding of deception. *Cognition, 13*, 103-128.

Wing, L. (1997). Syndromes of autism and atypical development. In D. J. Cohen & F. R. Volkmar (Eds.), *Handbook of autism and pervasive developmental disorders* (2nd ed.) (pp.148-172). New York: John Wiley & Sons, Inc.

國家圖書館出版品預行編目（CIP）資料

自閉症兒童社會情緒及語言行為教學實務手冊／
鳳華等作 . -- 二版 . -- 新北市：心理，2019.11
　　面；　　公分 . --（障礙教育系列；63159）

　　ISBN 978-986-191-887-7（平裝）

　　1. 特殊教育　2. 自閉症

529.6　　　　　　　　　　　　　　　　108017127

障礙教育系列 63159

自閉症兒童社會情緒及語言行為教學實務手冊
（第二版）

作　　　者：鳳華、孫文菊、周婉琪、蔡馨惠
執行編輯：高碧嶸
總 編 輯：林敬堯
發 行 人：洪有義
出 版 者：心理出版社股份有限公司
地　　　址：231026 新北市新店區光明街 288 號 7 樓
電　　　話：(02) 29150566
傳　　　真：(02) 29152928
郵撥帳號：19293172 心理出版社股份有限公司
網　　　址：https://www.psy.com.tw
電子信箱：psychoco@ms15.hinet.net
排 版 者：龍虎出版製作有限公司
印 刷 者：龍虎出版製作有限公司
初版一刷：2014 年 10 月
二版一刷：2019 年 11 月
二版三刷：2023 年 9 月
Ｉ Ｓ Ｂ Ｎ：978-986-191-887-7
定　　　價：新台幣 430 元